马克思主义新闻观
教育统编教材

丛书主编　李昌文
　　　　　常　庆

网络与新媒体

主　编　高欣峰　郑青华
副主编　宋守山　许金普

山东大学出版社
SHANDONG UNIVERSITY PRESS
·济南·

图书在版编目(CIP)数据

网络与新媒体 / 高欣峰，郑青华主编. —济南：
山东大学出版社，2022.5
马克思主义新闻观教育统编教材 / 李昌文，常庆主编
ISBN 978-7-5607-7441-1

Ⅰ. ①网… Ⅱ. ①高… ②郑… Ⅲ. ①互联网络—传
播媒介—教材 Ⅳ. ①G206.2

中国版本图书馆 CIP 数据核字(2022)第 065541 号

策划编辑　滕希功
责任编辑　张彩芸
封面设计　张　荔

出版发行　山东大学出版社
社　　址　山东省济南市山大南路 20 号
邮政编码　250100
发行热线　(0531)88363008
经　　销　新华书店
印　　刷　山东和平商务有限公司
规　　格　720 毫米×1000 毫米　1/16
　　　　　19.5 印张　348 千字
版　　次　2022 年 5 月第 1 版
印　　次　2022 年 5 月第 1 次印刷
定　　价　52.00 元

前　言

每个时代都有其占据主导地位的媒体形态，网络与新媒体便是这个时代的弄潮儿。以互联网、大数据、人工智能为代表的新媒体技术正在重塑社会生活的方方面面，对传媒业更是形成了革命性的影响。《网络与新媒体》是传播学专业核心课程，也是广告学、数字媒体艺术等专业的专业基础课，在新闻传播学科中占据重要地位。

一、教材特点

新技术日新月异，"新媒体"这个概念本身具有发展性，代表着时代与前沿。我们对这版《网络与新媒体》的定位突出以下三个特点。

一是时代性与前沿性。在梳理网络新媒体演变历史的基础上，以中外网络与新媒体最新案例为主要教学材料，帮助学生把握规律、了解前沿、研判未来发展趋势。

二是学科交叉性。教材中选择的案例涉及农业、科技、教育、财经等多个领域，能够帮助学生结合自身特点与所在学校学科优势进行职业规划。

三是专创融合性。围绕"创意、创作、创新、创业"打造具有新闻传播学科特色的"专创融合"创新创业模块，培养学生的创新创业能力与素养。

二、内容结构

教材包括了"发展与演变""应用与研发""运营与管理""文化与素养""创新与创业"五大模块，共10章。其中"发展与演变"篇主要从长时段的维度对网络与新媒体的发展历程进行梳理。"应用与研发"篇主要包括网络与新媒体工具与平台的应用、内容的生产与传播、产品的研究与开发等。"运营与管理"篇主要包括网络与新媒体运营的理念与思维、实务与策略。"文化与素养"篇主要包括网络与新媒体对工作、学习、生活等方面的改变，以及网络与新媒体对公民素养要求的变化。"创新与创业"篇包含了行业与产业研究、典型案例分析，旨在培养学生的新媒体创新创业能力。

三、课程目标

课程的总体目标是帮助学生通过梳理网络与新媒体发展历史掌握规律，通过中外最新案例剖析了解前沿，通过分析演变规律把握行业发展趋势，通过学科交叉、专创融合规划职业发展。

（一）知识目标

让学生了解中外网络与新媒体发展历史，知道互联网发展过程中的关键节点、代表性产品的特点及基本操作应用、代表性项目的创业过程及经营理念；了解网络与新媒体相关的技术基础知识；了解网络与新媒体发展的趋势。

（二）能力目标

让学生能够熟练掌握即时通信、社区、搜索引擎、社交媒体等新媒体的使用，让学生能够快速地利用开源资源和相关工具开发网络与新媒体产品，培养学生甄别、筛选、利用信息的能力，培养学生在具体领域利用新媒体进行创新创业的能力。

（三）素质目标

培养学生良好的新媒体素养，明辨信息的真伪；引导学生利用网络与新媒体进行终身学习；帮助学生理解网络新媒体在社会变迁中的重要角色，成为“互联网+”时代具有批判能力和责任意识的现代公民。

本教材可作为新闻传播学相关专业的基础性教材，也可供新闻从业者、互联网工作者和研究者参考。

高欣峰

2021 年 8 月

目　录

第一篇　发展与演变

第二篇　应用与研发

第三篇 运营与管理

第四篇 文化与素养

第五篇 创新与创业

第一篇　发展与演变

不了解过去就永远处于孩提状态。不利用往昔的成果，世界必定永远只是混沌初开。

——马库斯·图利乌斯·西塞罗

第一章　从口耳相传到网络传播

【本章概述】

自人类有史以来,信息传播和精神交流活动就始终伴随着人类的活动与发展。从口耳相传的口语传播时代到文字符号体系的形成,从印刷技术的发明到广播、电视、摄影等电子传播手段日新月异的更新……传播媒介的演进与发展,传播技术的革命与丰富,既引发着社会信息传播结构要素、作用机制、运作逻辑的调整与完善,更可能导致社会发展目标、基本构造、运作逻辑的根本性再造。本章以宏观视角观照人类传播媒介史脉络,梳理人类传媒发展的规律和趋势,从而在网络与新媒体快速发展、在深度重构人类传播形态的媒介史“大变局”中、在“未来已来”的新节点上,把握媒介文明的发展形态与动向。

【知识结构图】

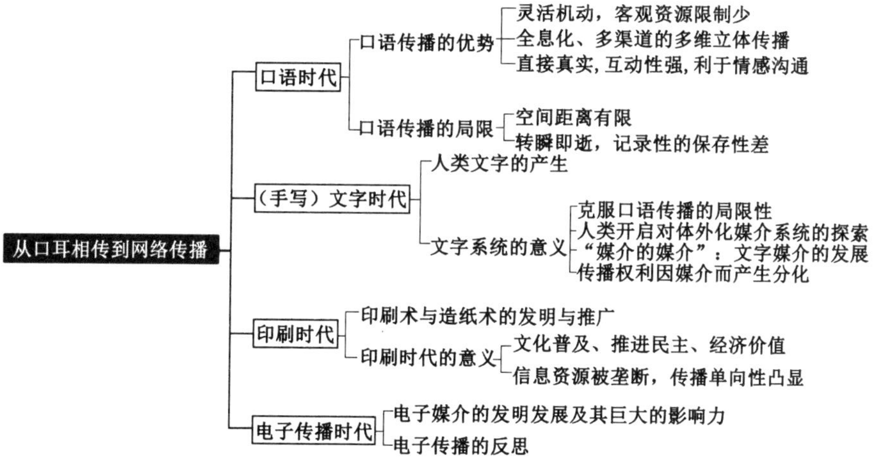

【学习目标】

- 清晰了解人类传媒史发展脉络。
- 宏观把握媒介史发展的规律与趋势。
- 深入思考媒介发展的方向与影响。

21世纪以来,人类传媒发展日新月异。新的媒介技术、新的传播现象、新的传播形态不断涌现,传统媒体与新媒体融合形态层出不穷。快速发展的媒介技术不仅拓宽、丰富了人类信息传播共享通道,同时,“一切媒介都要重新塑造它们所触及的一切生活形态”①。它们改变了人类的生活状态,变革了人们的生产和生活方式,也转变了人类的社会结构,构建出了新的媒介文明。

纵观人类媒介发展历程,以伊尼斯(Harold Adams Innis)、麦克卢汉(Marshall Mcluhan)为代表的加拿大媒介环境论学者将媒介史划分为口语时代、文字时代、印刷时代和电子时代。以技术作为分野,媒介也据此被划分为史前媒介、文字媒介、印刷媒介和电子媒介。作为人类信息传播与交往活动的载体、通道与交汇枢纽,人类传播媒介的技术革新决定了信息传播的方式、规模和速度的变革,进而推动了人类的经济政治活动和文化社会发展。马克思主义唯物史观认为,以“主体-主体”为基本结构的交往活动同物质生产活动一样,对社会历史的发展起着重要作用,交往形式的发展与人类历史发展构成同步关系,并将生产力和社会交往的发展作为社会进步的标尺。

第一节　口语时代

在语言产生之前,人类祖先经历了漫长的原始传播时代,传播史学者称之为“前语言传播时代”。在这个时代,人类传播与动物传播没有本质区别,人类祖先依靠肢体动作、表情、吼叫或简单的音节传递模糊信息、协调族群活动、表达直观情绪。在漫长的劳动进化与发展过程中,语言作为人类最基本的传播手段,顺应劳动中相互协作的需要而产生。正如恩格斯所言,“劳动的发展必然促使社会成员更紧密地互相结合起来,因为劳动的发展使互

① [加拿大]埃里克·麦克卢汉、弗兰克·秦格龙编:《麦克卢汉精粹》,何道宽译,南京大学出版社2000年版,第203页。

相支持和共同协作的场合增多了，并且使每个人都清楚地意识到这种共同协作的好处。一句话，这些正在生成中的人，已经达到彼此间不得不说些什么的地步了”[①]。语言出现后，人类社会以口语为核心的信息传播系统形成，并开始了不断向更新更高的阶段发展的历史进程。

史前传播主要以口语传播为主。人自身就是传播的媒介，以声音为载体，脱口而出、穿耳而入、口耳相传。口语传播的优势首先体现在灵活机动上。人类无须借助体外化媒介和高超的媒介技术，亦不受场所、成本等客观因素限制，传播过程可以随时启动、即时反馈、随时中止。其次，口语传播过程通常并不只有单一的语音内容，而往往伴随着肢体动作、语调语气、表情神态等副语言符号，从而形成了全息化、多渠道的多维立体传播情境，信息的内容、理解空间也得到大大拓展。再者，口语传播要求传授者同时在场，不借助任何中间媒介且语境完整，人与人之间的传播直接而真实，互动频繁而高效，情绪饱满而立体，是质量极高的传播活动。尤其在说服他人和情感沟通方面，口语传播是不可取代的形式。直到今天，口语依然是人类最基本、最常用、最灵活的传播媒介。

当然，借助音声符号的口语传播、口耳相传的传播方式，其局限性也是十分明显的。例如，口语依靠人体的发声机能传发接收信息，由于受人体能量所限，信息传播的空间范围便被局限在了有限的距离之内。其次，音声符号转瞬即逝、无影无形、记录性差。口语信息的保存和复制再传递，只能依赖人的脑力记忆。由此限制了口语信息的保存时间，复述信息的保真性也大打折扣。人类为克服口语传播的时空局限性做出了长久而丰富的尝试。无论是黔桂地区山间回荡的悠扬民歌，还是黄土高原一吼震秦川的雄浑秦腔，传统民歌民谣大都体现出以独特的发声方式突破人类声音声量与穿透力局限的功能，借助声乐技巧以歌声托举意义传向远方，极力扩大人声在空间中的传递范围。而上古人类已将语音信息编码为诗、歌、谣的形式，把信息整合为合乎韵律、富有节奏、形式整齐的文本结构，并且重章迭唱、多次重复，能够大大降低人的记忆难度，辅以信息的大量冗余减少口耳相传过程中的信息遗失和讹误。

然而，这些都不能从根本上彻底避免口语传播的局限性。人类需要能够将信息传得更远、留存得更久、保持得更真实的媒介。为了适应越来越复

---

① 《马克思恩格斯选集》第3卷，人民出版社2012年版，第991页。

杂的社会生活和越来越广阔的活动空间，人类不断地发明和采用一些较为原始的体外化媒介。如用约定俗成的实物、结绳或图形画面等有形符号来记录、保留、传递重要信息，或利用鼓角、狼烟来进行和保持远距离联系等。这些原始媒介的传播功能已经接近文字，人类在使用这些媒介时，已经开始尝试进入一个独立于自身之外的符号表意系统，向功能更强、效率更高的体外化信息系统进军了。

第二节　(手写)文字时代

据《易经・系辞下》记载："上古结绳而治，后世圣人易之以书契。"在文字产生之前，世界上很多民族都有结绳记事的记录。而根据考古学发现，人类用图形绘画来传递信息，从旧石器时代就已经开始。到了新石器和铜石并用时代，这些早期绘画就已发展成了一种图画文字。人类开始用象征符号取代实物和图画，实现了传播符号从具象到抽象的跨越。

人类文字产生的时间，多数学者推定在公元前3000年左右。中国汉字的形成与发展也至少有5000年的历史，公元前4800～前4300年的半坡陶文，被认为是中国最早的原始文字。文字符号体系的发明与发展成熟，克服了口语传播的局限性，扩大了信息传播的时空广度。它能够将转瞬即逝的声音信息固定下来加以长久保存，让人类知识和经验的记录与积累不再只能依赖人脑的记忆。它消除了方言差异造成的交往隔绝的状况，方言不再成为交往的障碍，以方言为人类族群标志的原始氏族不复存在，只要"书同文"，就可以归入统一的共同体制下。文字符号将信息从人体剥离独立出来，使意义可以被携带传递到遥远的地方，拓展了人类交流与社会活动空间。不同方言的多部落融合成新的统一的民族文化共同体，系统的书面文字成为共同体实现管理与统治的核心手段——国家在此基础上得以形成和维系。人类文明的传承也不再仅只能依靠口耳相传，而有了切实可靠的"信史"纪录。"口头语言与书面语言有着本质的区别，单纯的口头交流代表原始氏族和部落的交往水平，书面语言的产生则意味着文明社会的出现。"①

伴随着文字符号体系的形成，人类同时开启了对体外化媒介系统的探索。"人类在学会把声音和它们所指的对象分离开以后，又学会了把声音同

① 张纯厚：《人类历史上的交往传播变革与国家和民族建构》，《山西大学学报》(哲学社会科学版)2016年第5期。

发出声音的人也分离开来，从而使它们更易于携带。”[①]“文字”本身作为信息的载体，它的承载媒介开始了演化过程。从自然界的石壁、泥板、甲骨，到人工加工的陶器、青铜器，再到技艺更加精湛、成本更加低廉、携带更加轻便的竹简、布帛……按照伊尼斯对媒介进行的分类，“某种媒介可能更加适合知识（信息）在时间上的纵向传播”[②]，庞大沉重但不易腐化的媒介可以久传于世，其承载的信息也不会受侵蚀而损耗，于是媒介本身便兼具了“一言九鼎”“一字不易”的慎重、权威和“永世流芳”的神圣意义。而另一些媒介更适合“知识在空间中的横向传播”[③]，轻便易携的媒介扩大了信息抵达的距离，实现了广阔空间的协同一体，有利于跨地域的信息通传，适合广袤地区的治理和贸易。媒介的发展拓宽了人类传播的时间效度和空间范围。

口语传播时代，传播权利没有媒介差异，传播主体在口语媒介的使用层面是平等的、没有分化的。随着人类媒介的发展，包括传播者、受众在内的传播主体逐渐发生了分化。在造价低廉的纸张发明普及之前，文字媒介不论轻重，都对成本和技术有非常高的要求。对文字媒介的生产、占有和使用以对自然和社会资源的占有为前提。文字媒介自然成为统治阶级的特权。同时，随着文字的产生，语言媒介产生了口语和书面语的区分。孔子所谓“不读《诗》，无以言”，将“文言”作为精英语言和教育语言的规范加以规定，“口语”作为日常用语被排除在了精英文化门槛之外。然而，由于生产力低下，社会财富总量稀缺，普通的劳动大众没有学习书面语读写的条件，只有具有一定政治经济能力的、占社会总人口极少数的统治阶级成员，经过接受长期强化教育，才能得以进入书面语传播场域。而对书面语的运用能力又在很大程度上决定了使用者在统治阶级内部的上升空间。信息的生产与传播的壁垒建构起来，文化的载体被垄断，统治阶级内部形成了文化资源共享与分配的闭环，将下层民众排除在外。

由此，阶层区分和阶层流动机制得以固化；媒介技术成为人类传播的核心，媒介技术进步、传播媒介的发展与丰富成为改变人类生活生产方式和思维方式的重要力量，不仅推动人类精神交往方式演变，更进而推进人类文明进展。

---

① ［美］威尔伯·施拉姆、威廉·波特：《传播学概论》，何道宽译，中国人民大学出版社 2010 年版，第 8 页。

② ［加拿大］哈罗德·伊尼斯：《传播的偏向》，何道宽译，中国人民大学出版社 2003 年版，第 27 页。

③ ［加拿大］哈罗德·伊尼斯：《传播的偏向》，何道宽译，中国人民大学出版社 2003 年版，第 27 页。

第三节 印刷时代

文字的发明突破了人类以自身为信息载体和传播媒介的局限，是人类传播的一次巨大飞跃。但早期的手抄文字传播需要消耗大量的人力精力，传播效率低下，且经济成本、技术成本和教育成本的高昂，造成了少数群体对文字传播的垄断，绝大部分民众依然只能依靠口语进行交流。人类的精神文明和信息资源如同浩瀚海洋，而手抄文字则如同容量有限的水桶。恩格斯翻译的西班牙诗人金塔纳(Manuel J. Quintana)的诗歌《咏印刷术的发明》中如是呼唤："禁锢在独卷手抄书内的思想，无法传扬到四面八方！还缺少什么？飞翔的本事？大自然按照一个模型，创造出无数不朽的生命，跟它学吧！我的发明！"

为了实现人类思想"飞翔的本事"，早在公元105年，中国东汉时代的蔡伦就在前人经验的基础上，发明了利用破布、麻头、旧渔网、树皮等原料制造植物纤维纸的方法。公元7世纪的唐代，中国已经出现了雕版印刷。11世纪，宋代的毕昇发明了胶泥活字印刷术……造纸术和印刷术是中华民族为世界文明和人类传播的发展做出的两大贡献，标志着人类已经产生了大批量复制文字的观念并掌握了相应技术。但由于古代中国封建社会政治、经济、文化条件的制约，中国造纸和印刷事业长期停滞在小手工作坊和人工劳作的水平和规模。公元751年，造纸术传入阿拉伯，进而传播到西亚、北非。公元1150年，阿拉伯人在西班牙建立欧洲第一个造纸厂，西班牙殖民者又将造纸技术带到美洲。至19世纪，源自中国的造纸术已在世界各国普及。在掌握中国造纸术的同时，欧洲人将机械技术引入造纸。1450年前后，德国美因茨工匠约翰·古登堡用合金制成拼音字模，发明了金属活字印刷术，他将造酒用的压榨机改装成印刷机，让文字信息的机械化生产和大批量复制成为可能，标志着人类印刷时代新纪元。19世纪初，由蒸汽机驱动的印刷机开始普及，印刷媒介生产力呈指数级提升。20世纪初，借助现代工业技术的木浆造纸普及，印刷品价格大大降低。

廉价造纸术的应用、印刷术的普及和发展、印刷时代的到来，大大降低了信息传播的成本，提高了信息传播效率。《圣经》得以大量印刷，以读写能力为基础的公共教育也随着教科书价格的大幅降低下沉至大众阶层，人类迎来了近代大众报刊的诞生……"书籍不再是某种华丽的装饰或学者的收藏品了。人们开始创作供普通人阅读的书。”从而，“知识不再是由一个头脑注入另一个头脑中的细流，而成一条滔滔洪流，数以千万计的头脑汇入了这条洪流”。① ——真正意义上的“大众传播”时代开启了。印刷媒介开始在社会变革和社会生活中扮演越来越重要的角色，不仅推动了文化交往，更具有重要的革命意义。“印刷术的出现有时被看作是现代世界的首次民主革命”②，由于印刷术的发明，以报刊、小册子为代表的廉价印刷读物广泛传播；文艺复兴时期，古希腊文献通过印刷出版并快速从拜占庭传送到西欧学者中间；16 世纪，马丁·路德将带有文字和图片的印刷宣传品发放到普通民众中去，推广宗教改革……改革与革命者们“左手拿传单，右手拿枪弹”③，一次次政治革命和思想变革运动得以广泛宣传，加速了封建制度的崩溃和思想枷锁的破除。“密涅瓦的猫头鹰”在新制度黎明到来之前振羽高翔。

印刷媒体对于推进民主时代到来的意义，不仅表现在助益资产阶级新思想的传播与普及，更表现为信息与媒介本身的价值。政治信息的透明、公众获取信息的数量、公众舆论通过报纸形成并对政治生活进行参与和监督……这些既是民主政治的表征，也是其先决条件。“当大量的公民开始谙熟政治事件和任务，民主政府成为可能。”④以报纸为代表的印刷媒体减少了政治信息的垄断、封锁、阻塞，保证了民众对政治生活享有更多的知情权、表达权和监督权，在代议制民主中起到了枢纽作用。同时，以媒介为旋涡中心，统治阶级的宣传和控制、公众舆论的制约与监督互相作用、彼此斗争，媒介话语权和信息传播权成为重要的政治权力。

人类对于信息的大量需求应资本主义发展而产生。在商品经济社会，信息成为个体之间、个体与世界之间相连的纽带，并与人们的物质利益直接相关。印刷媒介承载的信息内容使得市场主体行为降低了盲目性和碰运气的成分，成为市场主体盈利的重要杠杆。信息既是服务于商品交换的重要引擎，同时因其在政治、经济等社会活动中的重要地位使它自身具有了宝贵的经济价值，进而成为市场上的重要商品。随着资本主义制度的确立与发展，作为商品的信息内容不仅由书面文字作者掌握，同时还被统治阶级与商

① ［英］S.G.韦洋斯：《世界史纲：生物和人类的简明史》，曼叶平、李敏译，燕山出版社 2004 年版，第 554 页。

② ［英］艾伦·麦克法兰：《现代世界的诞生》，管可秾译，上海人民出版社 2013 年版，第 7 页。

③ 《毛泽东选集》第 1 卷，人民出版社 1991 年版，第 170 页。

④ ［美］威廉·麦克高希：《世界文明史》，董建中、王大庆译，新华出版社 2003 年版，第 444 页。

人控制着传播权利。媒介与信息生产不再只依靠个体，传播单位和传播产业组建起来，在信息的采集、编辑、制作、传输等传播链条的各个环节进行职业化、专业化、机械化生产加工。随着技术的快速发展，尤其是电子传播时代到来后，传播者需要凭借较高的权力和较多的资本才能占有媒介技术，收集信息资源，生产媒介产品，而民众作为“信息受众”的角色则付出一定的经济资本来购买媒介产品。大众传播成为技术密集型/资金密集型产业。信息资源被重新分配，大众传播的单向性愈加突显。

第四节 电子传播时代

19 世纪，在几代科学家的不懈努力下，无线电波的基本原理及其发射、接收方法被发现和发明。1895 年，意大利人马可尼和俄国科学家波波夫同时发明了无线电报，无线电报被主要用于航海通讯。20 世纪初，匹兹堡大学教授范斯顿在他设于美国马萨诸塞州的实验电台首次做实验性广播，广播从此诞生，无线电爱好者掀起了一股热潮，以播放音乐为主的广播电台迅速成为热门娱乐工具。1920 年 8 月 31 日，美国商务部为匹兹堡的 KDKA 电台颁发营业执照，这是具有合法经营权的第一家无线电新闻台，于 11 月 2 日晚 8 点开播。我国的第一家广播电台开播于 1923 年 1 月 24 日，是美国记者奥斯汀利用华商资本在上海外滩开设的。1928 年 8 月 1 日，国民政府在南京开办的“中央广播电台”开播。1940 年 12 月 30 日，延安的新华广播电台开始播音。这是中国共产党创办的第一个广播电台，这一天也被确定为中国人民广播事业的创建纪念日。

电视的发明同样经历了科学家不屈不挠的努力。1926 年，英国科学家贝尔德在综合此前各国几代科学家各项研究成果和技术发明的基础上，完成了电视画面的完整组合及播送，又于 1928 年将电视画面从伦敦发射到格拉斯和纽约，实现了电视画面由无线波进行远距离传送与接收。1936 年 11 月 2 日，英国广播公司(BBC)在伦敦建立了世界上第一个公共电视发射台，定期播出电视节目。电视的研究与发展在第二次世界大战期间陷入停滞，直至 20 世纪 50 年代之后迎来迅猛发展的时期。美国无线电公司于 1940 年首先成功试制彩色电视，1954 年，美国全国广播公司(NBC)首先正式播送彩色电视节目。中国在 1958 年 5 月 1 日成立北京电视台(中央电视台前身)，正式开始播出电视节目，1973 年 5 月 1 日，试播彩色电视节目。

如果说印刷传播实现了文字信息的大量生产和复制，那么广播电视最重要的贡献之一，就是实现了声画信息的远距离快速传播。借助无线电波，人们通过广播传递真实生动的声音。电视以图像为主体，兼具声音、文字、口语等多种人类传播媒介，对受众进行多媒体综合传播。广播和电视的发明与普及，一举消弭了信息受众与传播对象之间的时空距离。一方面，广播电视突破了印刷媒体所建构的“一般过去时”的时间概念，声画直播成为可能，人类对于世界的感知开启了同时、同步的“现在进行时”时代。另一方面，真实、生动、形象的声音和画面让媒介真正成为人类耳朵和眼睛的延伸，带着受众置身现场，真切地被现场音画环绕。我们所生活的世界被建构成了紧密联系的“地球村”。

除了广播电视即时流动的音画声传播技术，人们还发明了摄影术捕捉、固定画面，用唱片保存、传递声音，用录像带记录、播放影像……机械复制时代全面降临，原本紧密依附人体、高度要求传受双方“在场”的音画媒介，都如同文字脱离口语、借助纸张之翼展翅高飞一般，形成了独立于人体的体外化信息系统。这对于人类传播史来说是一个巨大的转变。自有文字以来，人类远距离的信息传播和长时间的信息保存，都由文字承载。即使印刷时代降低了文字媒介的传播成本，提高了普通大众接触信息的机会，但印刷媒体的接触仍然需要具备基本的阅读能力，而阅读能力的习得则需要经过长时间的教育过程。但电子传播时代到来后，与日常生活场景高度相似的音画信息重新成为人们接收信息的手段，人们接收来自电子媒介的音画信息不存在理解上的障碍，“我们又回到了声觉空间，重新构建远古的思想感情”[①]。音画信息本身具有强大的冲击力和不容置疑的真实感，它们借助电子媒介进行远距离、大体量、无障碍传播，突破了印刷媒介的接受门槛，能够使信息触达最广泛的大众。电子媒介在宣传说服、大众动员、社会整合等方面呈现出强大的影响力。

然而，电子媒介为受众呈现的音画绝非真实存在的客观物质环境，而是介于真实环境与受众中间，经过大众媒介及其“把关人”有选择性地加工之后，有意识地建构起来的“拟态环境”。在印刷传播时代，文字拉开了受众与现场之间的时空距离，一方面，受众尚能够清楚地认知到文字信息的“转述”立场；另一方面，传播者将现场信息进行符号编码，再由接受者进行文字符

① [加拿大]埃里克·麦克卢汉、弗兰克·秦格龙编：《麦克卢汉精粹》，何道宽译，南京大学出版社2000年版，第249页。

号的解读译码、画面还原，这一过程固然让文字信息缺乏音画信息的冲击力和感染力，却留给了接受者冷静思考、理性辨别的空间。可以说，电子媒介呈现的拟态环境越“仿真”，越是模糊和掩盖了客观环境和拟态环境之间的差异，反而让受众与真实环境距离更远。

媒介研究学者对人类传播史由印刷传播时代向电子传播时代转变的思考不止如此。尼尔·波兹曼、梅罗维茨等媒介环境论学者认为，印刷媒介的文字遵循着线性逻辑，与现实之间保持着克制的距离。固定留存在纸张上的文字亦鼓励人们在文字间停留、重复阅读，从而达到文本细读和深入思考的效果——总之，印刷媒介能够助益于逻辑思考能力的培养，进而培养人们的理性精神，因而被认为是精英文化的有益载体。

电子媒介这种以动态音画为中心的媒介，则主要追求的是强烈的感官刺激，致力于吸引注意力，而不是理性思考。经过剪辑之后，破碎的画面和断裂的逻辑取代了印刷媒介的连贯性。不停流动、转瞬即逝的声音和画面也完全不容许受众的注意力有片刻停留，更毋论细品深思。印刷文字貌似白纸黑字、乏味枯燥，实则具有强大的表现力和延展性，为信息接收者提供了想象空间和自我创造的条件。而电视画面提供给受众不可改变的唯一固定的形象，将想象空间完全封闭。以图像为主要表达形式的传播方式彻底改变了印刷时代形成的思维逻辑。而信息的接受方式也由印刷时代的“聚精会神”式转向了“精神涣散”式。“‘沉思’的注意力根本不可能出现，只有观众们的‘分心的’注意力通过一系列的震撼和直接刺激反复出现。”[①]一个趋向扁平化的、逻辑破碎的、呈现奇观的电子传播时代到来了，媒介不仅“成为”人的延伸，带着人们身处拟态环境之中，甚至可能会“取代”人的分辨与思考能力。它让人们省时省力地被动接受等待浅层信息的供给，而不愿费时费力地去深入思考和研究。电子媒介以展示“景观”为目的，而“景观是一种更深层的无形控制，它消解了主体的反抗和批判否定性，在景观的迷人之中，人只能单向度地默从”[②]。

【本章小结】

经历漫长的演进，人类发明了丰富多样的媒介形态，发展了日新月异的媒介技术。从媒介技术角度看，人类媒介的演化从自然符号系统发展到人

---

① [韩]康在镐:《本雅明论媒介》，孙一洲译，中国传媒大学出版社 2019 年版，第124 页。

② [法]居伊·德波:《景观社会》，王昭凤译，南京大学出版社 2006 年版，第 14 页。

工纸媒系统，又推进到电子媒介技术。从人类与媒介的关系看，人类从口语时代的人与媒介的合一共在，发展到媒介与符号脱离人体形成独立的体外媒介体系。从媒介符号性质角度看，人类从远古时期使用原始简单的形象符号，到高度抽象为发达的文字符号体系，又在电子传播时代后再次回归借助形象影音传播信息的方式。从媒介资源与权利看，人类信息资源和媒介权利传播从远古时期无差别共享，渐渐演变为精英阶层的垄断……对媒介史发展逻辑线的梳理，有助于我们放眼未来，在新媒体快速发展、目不暇接的时代，把握住媒介和技术演进的规律和趋势。

【思考与训练】

1.知识归纳：绘制人类媒介技术发展史思维导图。

2.思考总结：在媒介发展史推进过程中，不同阶段的媒介形态是如何将客观真实图景进行建构与呈现的？

【延伸阅读】

1.陈力丹：《精神交往论》，中国人民大学出版社 2016 年版。

2.[加拿大]哈罗德·伊尼斯：《传播的偏向》，何道宽译，中国人民大学出版社 2003 年版。

3.[加拿大]马歇尔·麦克卢汉：《理解媒介》，何道宽译，译林出版社 2019 年版。

4.[法]居伊·德波：《景观社会》，张新木译，南京大学出版社 2017 年版。

5.[美]尼尔·波兹曼：《娱乐至死》，章艳译，中信出版社 2015 年版。

6.[美]沃尔特·李普曼：《公众舆论》，闫克文、江红译，上海世纪出版集团 2006 年版。

7.[美]本尼迪克特·安德森：《想象的共同体——民族主义的起源与散布》，吴叡人译，上海人民出版社 2016 年版。

第二章　网络与新媒体发展简史

【本章概述】

互联网的诞生引发了一场场世界级的变革浪潮，不仅影响了世界的文明进程，对中国的社会发展也产生了深远的影响。本章以时间为线索，梳理了互联网诞生与发展历程，同时从媒体和传播角度对互联网在中国的发展进行了阶段性划分，对每一阶段互联网所带来的变革进行了总结与剖析，这有助于我们从历史角度形成对互联网发展的清晰认知。每一场变革背后都会伴随着新媒体形态的出现，从门户网站到博客，从社交网站到微博、微信，技术赋能之下各种新媒体形态层出不穷。本章还介绍了不同发展阶段代表性新媒体的发展历程，通过了解新媒体概念起源、传播特征将有助于我们更全面地认识新媒体、理解新媒体的内在规律，更深刻地感受到新媒体发展在历史变革中发挥的重要作用。

【知识结构图】

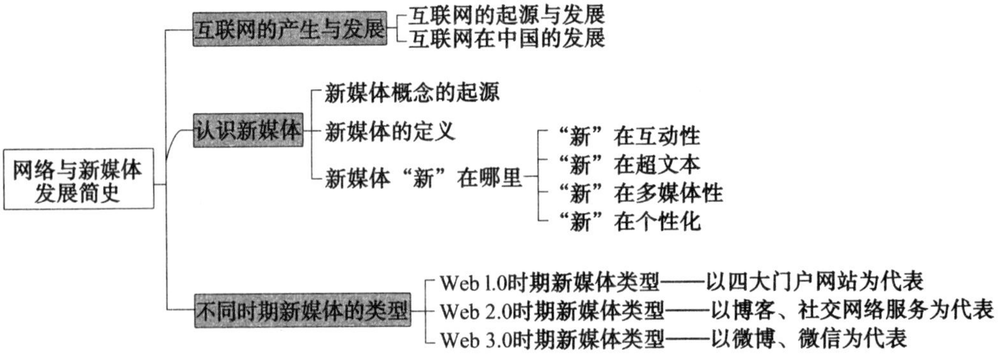

【学习目标】

- 了解互联网在中国的发展历程。
- 了解新媒体的定义，掌握新媒体四个重要特征。
- 了解不同时期新媒体的主要类型以及发展历程。

第一节　互联网的产生与发展

互联网是一种全球性的计算机网络，纵横交错地连接着全球的网络。在互联网技术的影响下，传播学者麦克卢汉“地球村”的预言已成为现实，互联网逐渐嵌入到全球生态系统运行中，像交通、能源、电力一样，成为支撑社会运行的基础设施。互联网的诞生标志着人类历史掀开了网络时代的新篇章，深刻影响了人类社会的文明进程，引发了世界范围内的一场场变革浪潮。

一、互联网的起源与发展

互联网不仅是全球性信息系统，而且是迄今为止传输速度最快、传播范围最广的媒体。2020 年互联网世界统计（IWS）数据显示，截至 2020 年 5 月，全球互联网用户数量达到 46.48 亿人，占世界人口的 59.6%。通过网络的连接，实现了全球信息的传递与资源共享。

互联网，又称“因特网”（Internet），指按照一定的通信协议组成的国际计算机网络。通信协议即 TCP/IP 协议（Transmission Control Protocol/Internet Protocol 的简写，中译名“传输控制协议/因特网互联协议”）。所谓“协议”就是计算机之间进行通信时的一种“语言”，计算机只有采用统一的协议才能与其他的计算机进行“对话”，实现信息的交换。而不同的网络只有采用统一的协议才能实现互联互通。[①] TCP/IP 协议是互联网最基本的协议，也是国际互联网的基础。

1969 年，互联网的雏形阿帕网（ARPAnet）诞生。时值美国和苏联两国冷战时期，出于军事和研究的目的，美国国防部高级计划研究署与美国一些大学共同开发了军用计算机网络阿帕网。

1974 年，美国学者文顿·瑟夫（Vinton Cerf）和鲍勃·坎（Bob khan）提

---

① 参见彭兰：《中国网络媒体的第一个十年》，清华大学出版社 2005 年版，第 14 页。

出了 TCP 和 IP 协议，这使全球的电脑连接成为可能。不过，直到 1983 年 TCP/IP 协议才被指定为网络的标准协议，为所有的网络采纳。自此，美国全国性互联网才算真正建立起来。

1989 年，欧洲物理实验室的英国科学家蒂姆·伯纳斯·李（Tim Berners Lee）提出了万维网（World Wide Web，WWW）的技术设想。互联网不仅可以传送文字、图像、声音、视频等在内的多媒体化信息，而且通过超链接还可以实现网络信息之间的相互连接，网络信息之间的关系也因为超链接变得更加丰富、多元。清华大学彭兰教授认为，万维网的普及使得“Web 网站”（通常简称为“网站”）成为互联网主要信息获取渠道，从根本上为互联网成为一种大众传播媒介奠定了基础。

1994 年，马克·安德森（Marc Andreessen）等人创办美国网景公司，并推出互联网浏览器。浏览器极大地方便了人们在网上的搜索和浏览行为，激起了用户上网的热情。同时，浏览器的使用也加速了互联网的普及速度。

20 世纪 90 年代初，克林顿政府提出了“信息高速公路”计划，政府机构、科研单位、企业以及普通家庭的计算机相连接，用户在家或者办公室可以像使用电话一样迅速传递和接收信息，最大限度地实现了信息资源共享。在 20 世纪 90 年代全球化的浪潮中，互联网的商业价值被开发，“信息资源”成为最有价值的资源。克林顿政府提出的“信息高速公路”计划，进一步推动了互联网的商业化进程。

1996 年以后，世界各国纷纷加大对网络基础设施建设的投入，互联网在全球迅速拓展。1998 年 5 月，时任联合国秘书长安南在联合国新闻委员会上提出，在加强传统的文字和声像传播手段的同时，应利用最先进的第四媒体——互联网。自此互联网作为继报刊、广播、电视之后的“第四媒体”身份正式得到认可。互联网的出现，不仅是一场技术革命，更是一次重要的社会革命，它将人类带入一个全新的网络化时代、数字化时代。

二、互联网在中国的发展

根据中国互联网络信息中心（China Internet Network Information Center，CNNIC）发布的第 46 次《中国互联网络发展状况统计报告》，截至 2020 年 6 月，中国互联网用户数量为 9.4 亿，是全球互联网用户数量最多的国家。伴随着互联网在世界范围内掀起的信息化浪潮，中国也意识到信息领域的落后就是所有领域的落后，于是在这股汹涌而来的浪潮中紧随潮流，顺势而动。

20世纪90年代初，在中国改革开放的大背景下，加入互联网大家庭已经成为势在必行的一件事。改革开放为中国互联网的发展提供了良好的社会和市场环境，此外，媒体技术的突破以及逐渐完善的制度保障也为互联网的发展提供了强有力的支持。

虽然相比于西方国家，中国的互联网事业起步略晚，但是发展速度很快。中国互联网信息传播最早的研究者闵大洪先生，从媒体和传播角度将中国互联网的发展历程划分为四个阶段：初始阶段、互联网1.0阶段、互联网2.0阶段、互联网3.0阶段。闵大洪认为互联网1.0阶段奠定了网络媒体的地位，互联网2.0阶段造就了自媒体的局面，互联网3.0阶段造就了社会化媒体和媒体社会化的局面。

(一)初始阶段(1994～1998年)

1994年4月20日，是中国互联网发展史上“开天辟地”的大日子——这一天中国全面接入互联网，成为国际互联网大家庭的第77个成员。1995年5月，当时的中国电信管理机构——邮电部宣布向社会开放接入服务，从此中国互联网进入完全开放的市场化阶段。最早的一批民营互联网接入服务提供商和互联网内容提供商开始出现，如和讯、世纪互联、中网、瀛海威等。瀛海威公司不仅提供接入服务，而且还提供BBS、聊天室、电子报纸等多项服务。瀛海威公司在北京白颐路口竖起的巨大广告牌“中国人离信息高速公路还有多远——向北一千五百米”，成为此阶段呼唤百姓上网最具号召力的标志。

1995～1998年是我国网络传播活动的萌芽探索阶段。

一方面，中国互联网媒体经历了从无到有、从少到多的初级发展阶段。1995年1月12日，《神舟学人》电子版正式发刊，成为中国第一份上网的中文电子杂志。电子报刊的出现标志着我国报刊业开始告别纸质出版发行的传统方式，正式进入网络传播的新时代。1995年开始，中国媒体上网数量增加，一些广播电台、电视台也意识到网络的重要性，开始走上互联网。1998年起，搜狐、新浪、网易等商业门户网站在短时间内迅速崛起，依靠强大的网络信息采集能力全面进军互联网新闻传播领域，给国内原有的新闻传播格局带来了巨大的变化和冲击。

另一方面，随着互联网在中国的发展，国家对互联网的管理也逐渐重视起来。在这期间,国家出台了首个互联网管理法规《中华人民共和国计算机信息网络国际联网管理暂行规定》,并授权国务院新闻办公室为网络新闻传播的主管部门,开始建立相应的管理体制。通过法规和制度来规范互联网传播秩序,这也是塑造良好互联网环境的重要一环。

(二)互联网 1.0 阶段(1999～2004 年)

1999～2004 年,党中央着力布局新闻网站发展,以中央主要新闻宣传单位为建设重点,中国网络媒体的地位得到进一步提升,同时网络传播的法制管理也进入新阶段。

在党中央的部署下,新闻网站建设呈现出几个主要特点。一是众多新闻媒体网站在内容提供、网络服务、基础设施改善等方面加大投入,纷纷改版甚至一改再改。二是众多有实力的主流新闻媒体网站走出"网络版""电子版"的初级阶段,纷纷改称"××网""××在线",并以新的域名与之相配,显示了他们今后的发展定位是以新闻主打的大型综合网站。三是北京千龙网、上海东方网、天津北方网的开通标志着区域内众多主流新闻媒体合力共建大型传播平台模式的诞生。四是除主流媒体加大网站建设之外,地方新闻媒体也出现上网热潮,地级甚至县级新闻媒体纷纷进军网络传播领域。五是众多新闻媒体网站实行公司化运作,力求迈出办传统媒体的老思路和老办法,尽快找到适于网络媒体发展的赢利模式。例如,《北京青年报》进行网络版改版,并宣布由北京青年报网际传播技术有限公司负责其经营;新华网由正式注册的新华网络有限公司进行经营,按市场规则独立运营。①

在重点建设新闻网站的同时,网络新闻传播法规建设以及相应管理机构设立同时起步。2000 年 4 月,国务院新闻办公室正式成立网络新闻宣传管理局,负责统筹协调全国互联网络新闻宣传工作。各省、自治区、直辖市新闻办也陆续设立相应机构,形成了自上而下的管理体制。2000～2004 年,为了保证互联网健康、有序发展,政府有关部门相继出台了《互联网内容服务管理办法(草案)》《互联网从事登载新闻业务管理暂行规定》《互联网电子公告服务管理规定》《互联网出版管理暂行规定》等一系列法规。由此,我国以行政法规形式将网络新闻传播纳入了法制化管理的轨道,结束了以往网络新闻传播自由无序的发展局面。

此外,除了必要的法律约束,互联网的健康、有序发展也需要"自我约

① 参见闵大洪:《中国网络媒体 20 年:1994～2014》,电子工业出版社 2016 年版,第 56～57 页。

束、相互监督、公平竞争、健康发展”的行业自律机制。2002年3月26日，中国互联网协会正式发布《中国互联网行业自律公约》，全国1200多家单位签约，初步构成了行业自律工作开展的格局。实践证明，加强互联网行业和网站的自律机制建设是符合互联网特点的有效措施。2003年12月8日，中国互联网协会互联网新闻信息服务工作委员会成立，组织制定和实施互联网新闻信息服务自律规范，开展自律教育活动。为加强行业自律，参会的人民网、新华网、中国网、新闻浪、搜狐网、网易网等30多家互联网新闻信息服务单位共同签署了《互联网新闻信息服务自律公约》，承诺自觉接受政府管理和公众监督，坚决抵制淫秽、色情、迷信等有害信息的传播，抵制与中华优秀传统文化和道德规范相违背的信息内容。

（三）互联网2.0阶段（2005～2009年）

2005年是互联网发展新阶段的起点，互联网传播全面进入Web 2.0阶段。“Web 2.0”的概念自2002年提出，到2005年成为国际互联网最热的词汇之一，随之在中国互联网界也被普遍使用，“互联网2.0”与“Web 2.0”只是名称不同，在概念上并没有本质区别。互联网传播全面进入Web 2.0阶段，呈现出两个方面的特点：一方面，中国网络媒体在重大事件中发挥了巨大的信息传播能力，从边缘媒体跻身主流媒体之列；另一方面，公民媒体力量逐渐壮大，表达与监管的矛盾逐步凸显，互联网监管面临新挑战。

从2005年到2009年，博客、播客、维客、多媒体网络杂志、新型网络社区、社区搜索聚合、图片分享、视频分享等各类新型网站不断涌现，在“两会”报道、汶川地震、北京奥运会等重大事件面前具备了巨大的信息传播能力。以汶川地震的报道为例，2008年5月12日下午汶川发生8.0级大地震，地震发生后，新华网于12日14点46分发布第一则地震报道快讯：“12日14时35分左右，北京地区明显感觉到有地震发生了。”随后，各类新闻网站、门户网站、专业网站以及各类Web 2.0网站迅速调动各种手段和资源，以文字、图片、视频、直播等多种方式进行抗震救灾的报道。回顾此次报道，从行动速度、媒体规模、报道手段、网站配合等多方面展现了网络媒体在重大事件中所发挥的巨大能量。网络媒体的地位也从边缘媒体跻身主流媒体的行列，成为网络信息传播中不可忽视的主要力量。

闵大洪认为，Web 2.0的本质是“参与式的架构”，互联网上“一人一媒体”及“所有人向所有人的传播”变得更加容易简便，使传播内容更加多元、传播形态更加多样。博客被视为 Web 2.0 最主要的表现形态。2005 年大量新兴的 Web 2.0 网站均提供博客服务，新浪、搜狐等门户网站也加入这一行列。中国互联网络信息中心第 22 次调查数据显示，截至 2008 年 6 月底，中国博客及个人空间数量已超过 1 亿。伴随着博客注册数量的急剧增加，网民的声音在网络空间的影响力逐渐凸显，尤其是对于社会热点问题、突发的社会公共事件，比如 2007 年厦门 PX 项目事件、2009 年的上海钓鱼执法事件等，网民不再仅仅是单纯的围观者，一批“公民媒体”“公民记者”“公民记录者”利用多种网络传播手段参与到新闻报道中，成为网络传播中一股新兴的传播力量。

虽然，Web 2.0 大大降低了互联网的传播门槛，为普通民众等民间声音提供了表达的空间和平台，但与此同时，人肉搜索、虚假新闻、低俗淫秽色情内容、网络群体事件等各种网络乱象纷纷出现，给互联网传播治理带来了前所未有的挑战。提高文明办网水平，营造和谐、健康、向上的网络环境，大兴文明办网、文明上网之风，成为这一阶段中国网络媒体和网络传播的主旋律，也成为以后网站承担社会责任的长期要求。

(四)互联网 3.0 阶段(2010 年至今)

2010～2013 年是中国互联网快速发展的时期，也是网络传播复杂生态环境形成的时期。中国是一个复杂的大国，互联网就像是现实社会的镜子，现实中存在的各种社会问题、矛盾冲突、不满、愤怒都会延伸到互联网上，不同的利益集团、各种政治力量、各个阶层的民众、各路“水军”，甚至是不怀好意的煽动者，都可以在互联网上发声，以达到各自的目的。互联网复杂的生态环境由此形成。

互联网传播生态的复杂性既是由复杂的现实社会带来的，也是由互联网现阶段微博、微信、移动客户端、社交网站等新技术、新应用带来的。在这些新应用中微博成为最抢眼、普及度最高的互联网应用。2011 年，除了四大门户网站开设微博外，国内提供微博服务的网站有 50 多家。不过，经历了微博的野蛮生长期，一些盲目跟风、经营不善、业务调整的网站开始关停微博服务，退出微博市场。比如，2014 年 7 月 23 日，腾讯正式宣布将腾讯网与腾讯微博团队进行整合，退出微博。2014 年 11 月，网易微博宣布关闭。其中，新浪微博因其推出时间最早，用户数量和影响力最大，成为大众接受度最高、使用率最高的大众化应用。微博、微信、移动客户端、社交网站等新应用的普及，赋予了每一个互联网个体话语权，一定程度上改变了过去政府和主流媒体引导社会舆论的格局，网民成为热点事件和突发事件的主要参与者、推动者。这一阶段，在复杂的网络传播环境下，网络舆情持续高涨，从网络监督到网络反腐，网民的舆论影响力与日俱增。下面从三个典型案例来看一下网民巨大的舆论影响力。

2010 年，猫扑网上网友的一篇帖子引爆了网络，这篇帖子描述了一起校园车祸。2010 年 10 月 16 日晚，李某某在河北大学校内醉酒驾车，撞死撞伤各一名女生，被拦下后嚣张地宣称“有本事你们告去，我爸是李刚”。李刚是事发地河北省保定市某公安局副局长，“我爸是李刚”被认为是权力膨胀的叫嚣，引起了网友的极大愤慨。随后，猫扑网发起了名为“‘我爸是李刚’造句大赛”的活动，以此表达和宣泄自己的愤怒，活动一周内涌现出 36 万条造句。这句话也成为网友们嘲讽跋扈“官二代”的流行语。2011 年，河北保定李某某交通肇事案一审宣判，法院以交通肇事罪判处李某某有期徒刑六年。

2011 年，郭某某在微博炫富，网友发现其认证身份为“中国红十字会商业总经理”，由此引发了舆论风暴，红十字会被推向舆论的风口浪尖。事件发生后，微博搜索“郭某某”和“红十字”关键词发现，九成言论是负面情绪，且多数网友涉及红十字会必提郭某某，甚至高喊：不捐款给红十字会是因为不想捐给郭某某。虽然根据警方的调查，郭某某以及她的资金来源都与中国红十字会毫无关系，但还是导致了红十字会乃至整个中国慈善体制陷入一场严重的信任危机中。

2012 年，陕西包茂高速发生一起特大交通事故，事故不幸造成了 36 人死亡、3 人受伤的惨剧，在交通事故现场，陕西一官员面带微笑的照片在互联网上大范围传播，成为舆论关注的焦点。有网友称，此官员为陕西省安监局局长杨某某，并被网友扒出拥有数十块名表，佩戴价值十多万元的眼镜和名贵腰带，再次引发互联网的巨大反响。2013 年，经陕西省纪委调查，杨某某在任职期间严重违纪并涉嫌犯罪，对其涉嫌的犯罪问题移交司法机关依法处理。

这三个案例，都是网友积极参与事件曝光、引导网络舆论、利用互联网履行社会舆论监督的典型案例。网民利用网站、论坛、博客、微博等社交媒体，对可能存在问题的人员、问题官员的丑行进行爆料揭露、声讨抨击，也利用段子、视频、PS 照片、漫画等手段进行讽刺恶搞，这种民间力量的监督是对执政党实行监督的一种必然方式，但是也存在侵犯个人隐私、人身攻击、虚假信息等各种问题。这一股强大的民间力量,既推动了网络环境下社会矛盾的解决,但也加剧了网络舆情环境的复杂性。

2014 年至今是新技术持续赋能互联网传播、传统媒体与新媒体逐渐走向融合的时期。

2014 年,中国接入互联网已有整整 20 年的时间,20 年来媒体格局已发生巨大变化,原来居于中心位置的传统媒体滑向边缘位置,互联网等新媒体迅速走向中心位置。在各种新媒体的冲击下,传统媒体面临着人才流失、用户流失、广告投放量减少、盈利锐减等严峻现实。推动传统媒体转型升级是必行之举,国家也通过一系列会议和文件将传统媒体与新媒体的融合提高到国家战略的层面。

2014 年 8 月,中共中央全面深化改革领导小组第四次会议审议通过了《关于推动传统媒体和新兴媒体融合发展的指导意见》。习近平总书记强调,推动传统媒体和新兴媒体融合发展,要遵循新闻传播规律和新兴媒体发展规律,强化互联网思维,坚持传统媒体和新兴媒体优势互补、一体发展,坚持先进技术为支撑、内容建设为根本,推动传统媒体和新兴媒体在内容、渠道、平台、经营、管理等方面的深度融合,着力打造一批形态多样、手段先进、具有竞争力的新型主流媒体,建成几家拥有强大实力和传播力、公信力、影响力的新型媒体集团,形成立体多样、融合发展的现代传播体系。这次会议对于推进我国媒体融合发展意义重大,因此,有学者也将 2014 年称为“媒体融合元年”。

2015 年 3 月 5 日,在第十二届全国人大三次会议上,李克强总理在《政府工作报告》中提出“互联网＋”行动计划。“互联网＋”不限于互联网行业,它将重点促进以云计算、物联网、大数据为代表的新一代信息技术与现代制造业生产性服务业等的融合创新。互联网传播的每一次“升级”,都是新技术赋能的结果,移动互联网、云计算、大数据、人工智能等诸多前沿技术纷纷助力新媒体传播。在政策和技术的引领下,“互联网＋媒体”正在塑造网络传播新的格局。

2019 年,《求是》杂志发表了习近平总书记《加快推动媒体融合发展　构建全媒体传播格局》的讲话。习近平总书记强调,要不断提升主流媒体的传播力、引导力、影响力、公信力,要求构建全媒体传播格局。要坚持移动优先策略,建设好自己的移动传播平台,管好用好商业化、社会化的互联网平台,让主流媒体借助移动传播,牢牢占据舆论引导、思想引领、文化传承、服务人民的传播制高点。推动媒体融合发展、建设全媒体是面临的一项紧迫课题。目前，几乎所有的主流媒体都有自己的微博、微信公众平台和新闻客户端，以及针对不同用户群体的融合传播矩阵，在复杂的互联网传播环境下主流媒体的影响力和竞争力也在提升。传统媒体与新媒体互联互通、相互融合，已经成为整个生态系统的发展趋势。

第二节　认识新媒体

麦克卢汉曾提出，媒介即讯息，新媒体作为一种新的社会形态与经济形态，已经成为社会发展的基本动力，深刻影响着我们的社会生活和社会行为。随着各种新技术不断迭代，新媒体也处在不断变动中，需要我们去探究新媒体概念的起源，了解学者对新媒体定义的不同阐释，理解新媒体到底“新”在何处。全面地认识新媒体是我们理解传媒业与社会变革的基础。

一、新媒体概念的起源

对于新媒体概念的起源，目前学界有两种观点。

第一种观点认为，新媒体概念起源于 20 世纪 60 年代。1967 年，美国哥伦比亚广播电视网(CBS)技术研究所所长戈尔德马克(P. Goldmark)发表了一份商品开发计划书，他在计划书中将“电子录像”称为“New Media”(新媒体)，“新媒体”的概念由此诞生。这也是目前学界普遍认可的一种说法。

第二种观点认为，新媒体的概念至少可以追溯到 20 世纪 50 年代。1959 年 3 月 3 日，麦克卢汉应邀赴芝加哥，参加全美高等教育学会举办的会议。在此次会议上，麦克卢汉发表了题目为“电子革命：新媒体的革命影响”的演讲，使用了“New Media”这种表述。

在这次听众逾千人的大会上，麦克卢汉宣称：“从长远的观点来看问题，媒介即是讯息。所以社会靠集体行动开发出一种新媒介(比如印刷术、电报、照片和广播)时，它就赢得了表达新讯息的权利。……今天，印刷术的君王统治结束了，新媒介的寡头政治篡夺了印刷术长达 500 年的君王统治。寡头政治中，每一种新媒介都具有印刷术一样的实力，传递着一样的讯息。……电子信息模式的讯息和形式是同步的。我们的时代所得到的信息不是新旧媒介的前后相继的媒介和教育的程序，不是一连串的拳击比赛，而是新旧媒介的共存，共存的基础是了解每一种媒介独特的外形所固有的力量和信息。”①

虽然麦克卢汉在这次演讲中使用了“新媒体”这种表述，但有学者认为麦克卢汉所说的“新媒体”并不是一个具有特定含义的概念，其中“新”只是相对于“旧”而言，“新媒体”一词出自麦克卢汉的说法，并不能成立。

1969 年，美国传播政策总统特别委员会主席罗斯托（E. Rostow）在向尼克松总统提交的报告书中，也多处使用了“New Media”一词。而当时，“新媒体”一词更多指向电子媒体中的创新性应用。

20 世纪 80 年代，伴随着计算机技术的发展，“新媒体”一词开始广泛使用，并不久扩展至全世界。1994 年，中国全面接入互联网，新媒体与互联网有了越来越多的关联。

在 Web 1.0 时代，很多人眼里的“新媒体”指代的就是网络媒体，而在当时“新媒体”一词的使用频率也远远低于“网络媒体”。进入 Web 2.0 时代后，微博、微信、社交网站等一些新社会化媒体应用形式出现，其传播模式与网站相比明显不同，因此，也被一些人称为“新媒体”。

清华大学彭兰认为，“新媒体概念经历了一定的演变过程，在不同阶段它指向不同技术。在做‘新媒体’这个名词定义时，我们要关照其源流及演变过程，当下更重要的任务是将目前这个阶段的新媒体概念界定清楚，并在一定程度上兼容未来发展。因此，我主张定义应更多地建基于 20 世纪 80 年代后的‘新媒体’。从那时以来的新媒体，虽然具体技术和形态有些变化，但其基本特征是较为稳定的”②。

二、新媒体的定义

虽然“新媒体”已经成为一个耳熟能详的词汇，但是关于新媒体的定义，国内外媒体和学者，还没有形成一种共识或普遍认同的说法。

早期，联合国教科文组织对新媒体下过一个定义：新媒体就是网络媒体。国外《连线》（*Online*）杂志给新媒体的定义：由所有人面向所有人的传播（Communications for all，by all）。

国内学者也从不同的视角对新媒体的内涵给出了诠释，具有代表性的

---

① ［加拿大］马歇尔·麦克卢汉：《麦克卢汉如是说》，何道宽译，中国人民大学出版社 2006 年版，第 3 页。

② 彭兰：《“新媒体”概念界定的三条线索》，《新闻与传播研究》2016 年第 3 期。

观点主要有以下几种。

中国传媒大学廖祥忠认为，新媒体是以“数字媒体为核心的新媒体”，通过数字化交互性的固定或即时移动的多媒体终端向媒体提供信息和服务的传播形态。①

清华大学彭兰认为，新媒体主要指基于数字技术、网络技术及其他现代信息技术或通信技术的高度互动的媒介形态，包括网络媒体、手机媒体和这两者融合形成的移动互联网，以及其他数字媒体形式。②

中国传媒大学宫承波对“新媒体”这一概念做了广义和狭义两种界定。广义上的新媒体，是利用数字技术、网络技术、移动通信技术和智能技术，通过互联网、宽带局域网、无线通信网和卫星等渠道，以电视、电脑和移动终端等为主要输出终端，向用户提供视频、音频、语音数据服务、社交服务、休闲游戏、远程办公、在线教育等集成信息和娱乐服务的所有新的传播手段或传播形式的总称。狭义的新媒体指新兴媒体，以桌面互联网媒体、移动互联网媒体、智能媒体、互动电视媒体为代表。它们依托全新的传播技术，以改变传播形态为主要诉求，强调体验和互动，内容生产日趋分散化和个性化。③

清华大学熊澄宇用三句话定义了新媒体：(1)“新媒体”是一个相对的概念。广播相对报纸来说是新媒体，电视相对广播来说是新媒体，网络相对电视来说是新媒体。(2)“新媒体”是一个时间的概念。在一定时间段内，总有一种占主导地位的媒体形态。200 年前的报纸、100 年前的广播、50 年前的电视和今天的计算机网络代表着不同时代的新媒体形态。(3)“新媒体”是一个发展的概念。它不会也不可能终止在某一固定的媒体形态上，新媒体将一直并永远处于发展的过程中。④

中国人民大学匡文波则认为应从四个角度理解“新媒体”概念：(1)“新媒体”是一个通俗的说法，严谨的表述是“数字化互动式新媒体”。从技术上看，“新媒体”是数字化的；从传播特征看，“新媒体”具有高度的互动性。“数字化”“互动性”是新媒体的根本特征。新媒体的传播过程具有非线性的特点，信息发送和接收可以是同步的，也可以异步进行。诸如楼宇媒体、车载电视，由于缺乏互动性，不属于“新媒体”的范畴。(2)“新媒体”是指“今日之

---

① 参见廖祥忠：《何为新媒体？》，《现代传播》2008 年第 5 期。

② 参见彭兰：《新媒体导论》，高等教育出版社 2016 年版，第 2 页。

③ 参见宫承波：《新媒体概论》，中国广播影视出版社 2020 年版，第 3 页。

④ 参见熊澄宇：《对新媒体未来的思考》，《现代传播》2011 年第 12 期。

新"。"新媒体"是一个相对概念，其内涵会随着传媒技术的进步而有所发展，但从人类传播史的角度而言应是一个时代范畴，特指"今日之新"而非"昨日之新"或"明日之新"。我们不应当以"昨日之新"作为标准界定新媒体，20世纪初出现的广播、电视，在当时都是新出现的媒体，但是现在属于传统媒体。我们更无法以"明日之新"作为标准界定新媒体，否则目前就没有新媒体了。(3)"新媒体"的"新"是以国际标准为依据的。一些在国人看来是"新"的媒体形式，在发达国家早就有了，不能称为"新媒体"。例如车载移动电视。(4)"新媒体"亦是一个宽泛的概念，是利用数字技术，通过计算机网络、无线通信网、卫星等渠道，以及电脑、手机、数字电视机等终端，向用户提供信息和服务的传播形态。目前，新媒体主要包括网络媒体、手机媒体、网络电视等媒体形态。①

以上定义从传播对象、时间维度、技术维度、传播方式、显著特征等多角度对新媒体进行了界定。但随着数字技术、网络技术、移动通信技术、智能技术的不断更新迭代，新媒体的内涵和外延仍在不断变化中，我们需要用动态思维去理解新媒体的含义。

三、新媒体"新"在哪里

在前面新媒体的定义中，我们提到了"新媒体"的"新"是一个相对的概念，其内涵和外延也在不断地丰富和变化中。虽然学界和业界对新媒体的定义没有形成共识，但是对于新媒体呈现出的特点，观点相对一致。下面从互动性、超文本、多媒体性、个性化四个维度来阐释，相较于传统媒体而言，新媒体到底"新"在哪里。

(一)"新"在互动性

互动是网络传播的本质特征，也是新媒体传播的本质特征。

首先要明确，随着受众身份和地位的不断提升，"受众"概念逐渐被"用户"概念取代。匡文波认为，新媒体传播中，没有受众只有用户，传统媒体的传者和受者定位非常明确，传者是信息的发布者，受者只能被动地接收，不管喜欢或讨厌，无从表达对信息的看法。但是新媒体使传者和受者之间的界限变得模糊，受众不再是被动的信息消费者，而是具有了与传者交互信息

① 参见匡文波:《"新媒体"概念辨析》,《国际新闻界》2008年第6期。

的功能，甚至转变成传者的身份。[1] 因此，在新媒体环境下，用户已经从接收信息的被动地位，跃升到参与新媒体互动传播的中心位置。

互动性除了体现在用户传受身份的变化上，还体现在整个信息生产、传播的过程中。以新闻生产和传播为例，在“人人都有麦克风”的时代，新闻生产已不再是新闻记者和编辑的特权，用户可以利用网络媒体、社交媒体、自媒体等渠道参与到新闻生产过程中。一方面，用户为编辑提供新闻线索，成为新闻来源提供者；另一方面，用户在特定条件下本身就是新闻的现场记录者，可以直接进行信息采集、制作与发布。

在新闻传播过程中，用户与媒体的互动方式不再局限于传统媒体的热线电话、来访、书信等，互动方式更加丰富、多元。用户可以通过评论、留言、转发、点赞等方式与编辑及其他用户进行全方位互动。比如，微信公众号中，用户通过留言、分享、收藏、点赞、在看的形式进行阅读反馈，与编辑和用户进行互动；在新闻官方网站中，反馈则以留言、评论、论坛、聊天室、话题讨论、查看相关阅读等形式为主。注意力稀缺的时代，用户关注度是媒体竞争力的重要体现，而互动则是与用户建立联系最便捷、有效的方式，因此新媒体从业人员需要提高与用户互动的意识，提升用户参与感，增强用户黏性与活跃度。

（二）“新”在超文本

传统媒体和新媒体在文本传播结构上存在很大不同。传统媒体受时间和空间的限制，文本结构是线性的、单一的。以广播为例，听众只能按照广播或者电视节目播放时间收看，不能前进或后退，也不能按照自己的意愿进行节目选择和跳转，自主性差；并且，广播以声音这一单一传播形式为主，形式较为单调。而新媒体利用超文本信息组合方式，打破了传统媒体时间和空间上的限制，文本结构由线性、单一的信息呈现转变为非线性、立体的信息呈现。

超文本是一种按照信息之间的关系，非线性地存储、组织、管理和浏览信息的计算机技术，采用超链接的方式将各种文本组织起来，使网上的文本变成非线性的网状结构，实现不同空间信息的快速访问，实时交互。而超媒体是超文本的延伸，进一步拓展了超文本链接的信息类型，不仅可以实现文

---

[1] 参见匡文波：《关于新媒体核心概念的厘清》，《新闻与传播研究》2012 年第 10 期。

本之间的跳转，还可以实现声音、视频、动画等形式之间的跳转。这种架构方式让文本可以无限扩展，丰富了信息的层次，延展了特定信息的相关内容。超文本信息在这种无限链接过程中被重新组织起来，为人们主动获取信息提供了最便捷的途径。

网络新闻传播正是借助于网络信息文本的超链接方式，通过超文本、超媒体的方式来组织新闻内容以及有关新闻背景，使网民在阅读新闻时，能按照自己的意愿和思路，实现新闻内容的“跳转”以及表达方式的转换，更好地体现读者主体地位以及自由联想的思维规律，这种超文本结构大大增加了新闻报道的综合性、信息量、可选择性和自主性。①

(三)“新”在多媒体性

相比于广播、电视等传统媒体，新媒体的表现形式呈现出传播手段多样化、多媒体融合的特点。新媒体整合了传统媒体的优势，信息既可以以文字、图片、音频、视频、流动画面等方式相对独立地呈现，也可以以图文组合、文字视频组合、音视频组合等多种形态融合呈现。这种内容元素的综合，打破了单一媒介形态的限制，使信息呈现出动静结合、声像兼备、多元立体的网络样态，极大地丰富了信息传播形态，进一步增强了内容感染力和影响力。

伴随着互联网技术和数字化技术的发展，5G 通信技术的快速推进与应用，大数据、云计算、人工智能、虚拟现实等诸多前沿技术纷纷赋能网络新闻传播，信息的多媒体呈现展现得更加淋漓尽致。以央视新闻官网为例，2019 年 2 月 19 日，央视新闻官网正式推出“VR 浸新闻”栏目，开始 VR 全景新闻的大胆尝试(见图 2-1)。在《幸福坐标——重访总书记扶贫足迹》这篇新闻报道中，全篇报道以 VR 实景视频为基础，在真实的画面场景中融合文字报道、现场视频，并辅助音乐、语音解说，对总书记扶贫走过的地方进行了 360 度全方位展现。报道一共使用了 35 个全景 VR 视频，以时间轴和地域为类别对新闻现场进行复现，带给受众更具沉浸感、临场感的视听体验。

① 参见董天策:《网络新闻传播学》，福建人民出版社 2009 年版，第 50 页。

图 2-1　央视新闻官网《幸福坐标——重访总书记扶贫足迹》报道
(资料来源:https://news.cctv.com/yuanchuang/xfzb/pc/index.shtml)

(四)"新"在个性化

个性化也是新媒体的一个重要特征。在新媒体环境下,信息泛滥和信息过载已经成为网络环境的常态,在海量的信息面前,找到用户需要或者感兴趣的信息是一件并不容易的事情。在传统媒体时代,用户只能被动地接受大众传媒发布的信息,信息内容并非为某人定制,而是属于一对多的无差别推送,用户的个性化需求得不到满足。但在新媒体环境下,智能算法推荐系统的引入改变了现有的信息传播模式,基于人工智能和大数据技术的智能算法推荐系统,可以根据用户需求实现信息的个性化推荐,为用户推送真正有价值、感兴趣的信息。算法推荐对于用户最具吸引力的地方,不仅在于减少了用户信息搜索的时间成本,还在于"我想要的你都有,你给我的都是我想要的"。如今,随意打开一个资讯类网站或者社交类 App,都会有"猜你喜欢""推荐"这样的版块,系统会根据你的浏览、搜索、购买记录,用户画像,位置信息等,自动为你提供个性化的内容和服务,这部分内容就是智能算法为用户做的搜索和推送。

在这里需要注意的是,新媒体智能推荐系统的应用,虽然满足了用户个性化的需求,实现了用户信息的个性化推送,但也存在"信息茧房"的局限性。用户若长期只接触自己感兴趣的信息，缺少对其他领域内容的接触与认识的话，会使用户局限在有限领域内，失去对社会的全面认知。此外，低俗内容和“标题党”现象也是算法推荐存在的显著问题。不同于人工编辑和人工筛选，基于技术理性的算法容易将低俗内容和“标题党”内容推荐给用户，造成不良信息的传播和扩散。随着算法不断优化与迭代，相信这些负面问题在未来会得到一定程度的弱化或解决。

第三节　不同时期新媒体的主要类型

从1994年我国全面接入国际互联网开始，我国的互联网发展经历了初始探索阶段，以门户网站和新闻网站为代表的Web 1.0阶段，以博客、社交网站为代表的Web 2.0阶段，以及以微博、微信、移动客户端为代表的Web 3.0阶段。伴随着互联网技术的发展，每一个阶段的新媒体在互联网大环境下经历了不同的发展历程，有的起起伏伏，有的兴盛衰落，有的繁荣至今。新媒体类型在不断丰富和拓展的同时，我们的生活也随着新媒体的发展而改变。

一、Web 1.0时期新媒体类型

Web 1.0时代，传播者利用互联网进行信息的大规模发布，用户是被动的信息接收者，信息交流以单向为主。在网络初兴的5年时间里，一批有勇气的传统媒体作为“报刊上网”的先行者，率先尝试发行电子版和网络版。而在传统媒体争先恐后奔向互联网的时候，国内涌现出一批互联网商业门户网站。它们凭借灵活的经营方式、多元化的盈利模式，发展势头迅猛，成为网络新闻媒体中的新起之秀。

门户网站是指提供某类综合性互联网信息资源并提供有关信息服务的应用系统。门户网站提供新闻资讯、邮箱、网络游戏、电子商务、网络社区等各种业务类型，因其业务类型包罗万象，所以有“网络超市”之称。Web 1.0时期典型的门户网站有新浪、搜狐、网易三大门户网站。

（一）新浪

新浪网成立于1998年，是一家服务于中国及全球华人社群的领先在线媒体及增值资讯服务提供商。新浪的前身是四通利方信息技术有限公司和

华渊公司。1993年12月，由四通集团出资，王志东和严援朝共同创办了四通利方信息技术有限公司，提供中文软件产品开发、销售与服务。1996年4月，开通了“利方在线”中文网站，相继提供论坛、新闻等信息服务。1995年4月，华渊公司在美国硅谷由三位斯坦福大学的华裔研究生创立。1998年12月1日，四通利方宣布并购海外最大的华人网站公司“华渊资讯”，成立全球最大的华人网站“新浪网”。

新浪网成立半个月，美英发动对伊拉克的空中打击行动，战争的急迫要求使得新浪意识到新闻网站时效性的重要性，新浪网恢复了1998年世界杯期间实行的24小时滚动新闻更新制度并延续至今，成为国内第一家实行24小时滚动新闻制度的网站。1999年2月，新浪网推出“科索沃战争专题”；1999年5月8日，新浪网率先发布“中国驻南联盟大使馆8日凌晨被炸”的消息。科索沃战争和五八事件的报道，确立了新浪网在门户网站中的第一网络媒体的地位。2000年4月13日，“中国最大的门户网站”新浪网率先登陆美国纳斯达克，成为中国第一家上市的互联网公司。

（二）搜狐

搜狐公司的前身是张朝阳于1996年8月创立的爱特信信息技术有限公司。1996年11月，爱特信公司获得第一笔风险投资，投资者包括《数字化生存》一书的作者美国学者尼古拉·尼葛洛庞蒂（Nicholas Negroponte），尼葛洛庞蒂也是张朝阳在麻省理工学院的老师。1998年2月，爱特信推出中国第一个大型分类查询搜索引擎，搜狐品牌由此诞生。1998年4月，爱特信公司获得包括英特尔、道琼斯、恒隆等公司的风险投资。尼葛洛庞蒂的支持、国际资本的投资使得搜狐网从一开始就裹挟着闪耀的光环，1998年张朝阳被美国《时代周刊》评为全球“数字英雄”。不过，此时期的搜狐网把发展重心放在了搜索引擎上，忽略了新闻属性对于网站的重要性，导致搜狐网在新闻媒体领域一直落后于新浪网。2000年7月12日，搜狐网在美国纳斯达克挂牌上市。

（三）网易

1997年5月，软件工程师出身的丁磊创立了网易公司，主要提供互联网信息服务。网易公司在成立后的短短一年内，创立了中国互联网历史上一系列第一：中国第一家提供中文全文搜索的网站、建立第一个免费电子贺卡部、第一个网上虚拟社区、第一个大容量免费个人主页基地等，网易在开发互联网应用、服务及其他技术方面始终保持业界领先地位。邮件业务是网易公司的发展重点及重要基础服务，免费模式受到了众多网民的青睐，也聚集了一大批忠实的用户。2000 年 6 月 30 日，网易在美国纳斯达克挂牌上市。2002 年，网易逐渐淡化网络新闻领域的竞争，转向“同城约会”及网络游戏等收费项目。由此新闻门户三足鼎立的局面逐渐转变为新浪、搜狐两家“龙虎斗”的格局。2004 年，新浪、搜狐和网易三大门户网站先后迎来全年度盈利，网络新闻媒体的全盛模式开启。

二、Web 2.0 时期新媒体类型

2005 年，Web 2.0 概念的出现标志着新媒体网络发展进入新阶段，此阶段最重要的特征是新媒体的交互性逐渐显现。用户除了被动地接收信息外，还可以根据自己的需求，主动搜索需要的信息，传播者与用户、用户与用户之间的分享与互动初步形成，以人与人之间的关系为核心的社会化网络构建完成。博客、SNS(社交网站)是 Web 2.0 时期的典型代表。

(一)博客

博客最初的名字是“Weblog”，由“Web”和“log”两个英文单词构成，本源的意义是“网络日志”。在国内，一般将“Blog”和“Blogger”都称为“博客”，所以“博客”有名词和动词的双重含义。简单来说，Blog 是以网络为载体，由个人管理、不定期进行内容更新，迅速、便捷地发布个人心得并兼有与人交流功能的个性化综合平台。典型的博客可以以文字、图片、音视频、超链接等多种形式呈现，同时允许阅读者留下自己的意见，以达到相互交流的目的。作为 Web 2.0 的重要应用，博客以超链接为基本手段，将诸多文章串联起来，真正发挥了 Web 2.0 技术的优点，因此有人形象地将博客比喻为网络时代的个人“读者文摘”。

2002 年初，博客开始正式引入中国，方兴东和王俊秀首先将“Blog”翻译成“博客”。2002 年 8 月，方兴东和王俊秀创立了中国第一家专业博客网站——博客中国。不过由于“博客”概念刚刚被引入中国，大多数互联网用户并不熟识博客网站，当时全国的博客用户数量还不足 1 万人。

2003 年是博客快速发展元年，博客流量经历了暴涨的关键时期。博客流量的暴涨与一名名叫“木子美”的博客用户有关，2003 年 6 月，“木子美”开始发表网络日记，8 月某日，木子美在博客发布了自己与广州某著名摇滚歌

手的“一夜情”故事，一炮而红，并迅速形成了“木子美”现象，为网站带来了巨大访问量，此事件也成为博客历史上重要的里程碑事件。据艾瑞市场咨询(iResearch)发布的《中国博客市场研究报告》数据显示，2003 年到 2004 年，中国博客用户由 20 万增长到 100 万。2005 年初，中国的博客用户数量已经达到 1600 万，这标志着博客正式从精英走向了大众，互联网发展到个人化时代。[①] 中国互联网络信息中心发布的《2007 年中国博客市场调查报告》数据显示，2006 年国内博客用户占到国内总网民数的 26%，平均每 5 个互联网用户中就有一个是博客的使用者。[②] 由此可见，当时博客在国内的流行程度。

2008 年后，随着腾讯 QQ 等社交网络平台的强势崛起和功能融合，博客发展陷入瓶颈，半数以上互联网用户已经不再继续活跃在博客平台，博客逐渐陷入衰退的境地，用户流量迅速流失。

(二)SNS 社交网站

SNS 是英文“Social Networking Services”的简称，即社会性网络服务，指帮助人们建立社会性网络的互联网应用服务。SNS 又可以翻译成“Social Network Site”，即社交网站。

社交网站“人”以及“人与人的关系”是网站的核心要素，每个用户都可以通过“熟人的熟人”或者相同的爱好、学习经历、旅行经历、相同话题等多线索地编织自己的人际网络。这种以“兴趣爱好”为纽带扩展人际关系的方式，不需要刻意组织，更多时候是伴随着内容关系自然形成。另外，SNS 最大的亮点就是能够通过熟人的互动拓展真实交际圈，现实中的线下关系跨越到线上和线下，形成更大的关系网，现实生活中人际关系延伸到网络中，形成虚拟与真实纵横交错的复杂现象。

SNS 的诞生和发展与 20 世纪 60 年代美国著名心理学家斯坦利·米尔格拉姆(Stanley Milgram)提出的“六度分隔理论”密切相关。“六度分隔理论”又被称为“六度空间理论”“小世界理论”，认为你和任何一个陌生人之间所间隔的人不会超过六个，也就是说，最多通过五个中间人你就能够认识任

① 参见国家互联网信息办公室、北京市互联网信息办公室：《中国互联网 20 年》，电子工业出版社 2014 年版，第 107 页。

② 参见中国互联网络信息中心：《2007 年中国博客市场调查报告》，2007 年 12 月 26 日，http://www.cnnic.cn/qywm/xwzx/rdxw/2007nrd/201207/t20120710_31549.htm。

何一个陌生人。按照“六度分隔理论”，任何两个素不相识的人之间通过一定的联系，总能够产生必然联系或关系，每个个体的社交范围都可以不断放大，最后形成一个大型社会化网。SNS基于“六度分隔理论”而兴起，它的迅速崛起与发展又进一步验证了“六度分隔理论”的可实现性。

国内SNS的发展经历了三次浪潮，每一次发展浪潮都与国外的知名社交网站相关联。

国内SNS第一次发展浪潮是借鉴Friendster而兴起。2003年3月，全球首家社交网站Friendster在美国上线，并迅速走红。Friendster成为国内外创业者模仿的对象，此时在大洋彼岸，中国第一批社交网站也在悄悄萌芽。

2003年8月，毕业于斯坦福大学的刘健和饶磊回国，仿照Friendster模式创立了中文版SNS网——友友觅，友友觅2003年底正式上线运营。同样热衷于Friendster模式的王兴也在2003年放弃美国博士学位回国创业，开发并推出了“多多友”。同年，马云和刘勇在美国获得100万美元风险投资后回国筹办了亿友网。类似Friendster的网站在不到一年的时间内涌现了十多家，比较知名的除了以上提到的三家之外，还有友友网(you2you)、友友网络(YOYOnet)和联趣网(LianQu)等。国内第一波社交网站都以寻找朋友的朋友方式来扩展交际圈，虽然严格遵循了六度分隔理论和模式，但第一批社交网站由于用户体验差、资金匮乏、营销不利、商业模式不清晰等各种问题纷纷关闭。

国内SNS第二次发展浪潮由MySpace掀起。2003年9月，MySpace在线社区成立，MySpace所创造的多媒体个性化空间，迅速吸引了成千上万的年轻用户，也对中国SNS发展产生了重要影响，国内的SNS创业者相继宣布“我们要做中国的MySpace”。随着SNS概念在国内逐渐为人熟知，国内SNS进入快速发展时期。据统计，2005年国内新诞生的SNS网站就达数百家，其中较为知名的模仿者有猫扑网、51.com、碰碰网、网友天下、魔时网等。

值得关注的是，2005年6月6日，腾讯公司正式推出了QQ空间，为用户提供个性化网络分享平台和服务。从个人主页到个性化空间再到各种互动效果的SNS娱乐应用，QQ空间越来越趋于生活化、娱乐化、细分化以及无线化，极大地满足了用户多方面的需求。腾讯依托即时通信领域的优势，相对容易地跨越了SNS发展最大的用户门槛。腾讯2009年第四季度财报显示，QQ 空间年末活跃账户数同比增长 158.6%，达到了 3.878 亿，进一步巩固了中国最大社交网络服务平台的地位。腾讯依靠海量的用户群、长远的战略布局以及强大的平台效应一直保持着难以撼动的竞争优势，成为这一轮 SNS 竞争中最大的赢家之一。

国内 SNS 第三次发展浪潮与 Facebook 模式的借鉴密切相关。Facebook 由马克・扎克伯格（Mark Zuckerberg）于 2004 年 2 月创立，Facebook 由学生群体切入，并逐渐向所有用户开放，根据 Comscore 咨询公司数据显示，2008 年 5 月 Facebook 全球独立访问用户首次超过了竞争对手 MySpace，成为全球知名的现象级社交网站。

在第三波 SNS 发展浪潮中，国内的 SNS 追随者都以成为"中国的 Facebook"为最终发展目标。占座网、导读网、课间操、亿聚网、5Q 校园网等一大批模仿者如雨后春笋般出现。在这次竞争中，校内网和开心网从众多社交网站中脱颖而出，成为遥遥领先的领跑者。2005 年 12 月，王兴在 Facebook 模式的启发下，改进并完善了多多友的基本功能和内容，将陌生人交友模式改为现实学生间的真人交友模式，同时大量移植了 Facebook 的界面和体验，推出了著名的校内网。校内网通过"大巴送注册用户去火车站""校内大使"等活动为校内网迅速积累了大批忠实学生用户，一时之间，上校内网成为当时大学生的一种时尚和潮流。校内网的快速发展某种程度上是 Facebook 的照搬，都是以学生群体为切入口建立忠实用户群，然后在稳定发展的基础上向全民开放。2009 年 10 月 27 日，校内网改名人人网，跨出校园内部这个区域范围，向所有互联网用户提供社交服务。

2008 年 3 月，开心网成立，成为国内第一家以办公室白领用户群体为主的社交网站。开心网通过在线分享照片、日记、心情、互动话题、互动游戏等服务，使其同学、同事、家人保持更加紧密的联系。凭借"开心农场""抢车位""朋友买卖"等几个简单游戏和病毒式推广营销，迅速在国内掀起一股全民 SNS 游戏的热潮。数据显示，截至 2009 年 12 月初，开心网注册用户接近 7000 万，页面浏览量(PageViews)超过 20 亿，在 Alexa 全球网站排名中，开心网位居中国网站第八位、中国 SNS 网站第一名，开心网成为中国受欢迎的社交网站之一。

2012 年 9 月 17 日，千橡集团将开心网和人人网进行合并。随着微博、微信、短视频等移动社交媒体的蓬勃发展，SNS 的用户逐渐流失并转移到移动社交平台。

三、Web 3.0 时期新媒体类型

2010 年，伴随着各类社交媒体不断涌现，中国互联网进入到 Web 3.0 阶段。此阶段最重要的特征是用户成为最稀缺资源，“以用户为中心”的互联网思维成为核心思维。大数据、云计算、人工智能等技术纷纷赋能新媒体传播，受众细分、个性化定制、智能推荐成为新媒体的标配。微博、微信是 Web 3.0 时期的典型代表。

（一）微博的发展历程

微博，即微博客，源自英文单词“microblog”，又被称为“围脖”。微博属于博客的一种形式，但单篇的文本内容通常限制在一定范围内（国内通常为 140 个汉字），使用户能够通过微博融合的多种渠道（包括网页、手机、即时通信、博客、SNS 社区、论坛等）发布文字、图片、视频、音频等形式的信息，具有内容碎片化、使用方式便捷、传播迅速、交互性强等特点。①

2009 年 8 月 14 日，新浪微博内测版开始运营。创办至今已经成为我国微博发展历史上用户最多、影响力最大的微博产品。2010 年 9 月 9 日，新浪对外发布了国内首份针对微博市场的白皮书《中国微博元年市场白皮书》。数据显示，经过一年时间的发展，新浪微博在知名度、使用率、用户黏性、首选率等十项指标上全部位列第一。根据 DCCI 的调查，微博用户以及微博潜在用户使用首选微博网站中，新浪微博以 69.7% 的比例领先于其他主流微博网站。来自艾瑞 IUT 的数据显示，2010 年 3 月至 6 月，国内微博市场月覆盖人数从 5452.1 万增长到 10307 万，新浪微博最多时占据 46.12% 的份额。2010 年，微博以其碎片化传播的特点渗透到社会生活的众多领域，掀起了一轮“微博热”，因此 2010 年也被称为“微博元年”。

新浪在竞争激烈的微博领域成为领头羊并非偶然，这与它的布局时间、品牌背景、名人入驻等因素有关。

2009 年下半年起，新浪网、搜狐网、网易网等门户网站纷纷开启或测试微博功能。2009 年 8 月 14 日，新浪微博开始内测；2010 年 1 月 20 日，网易微博正式上线内测；2010 年 4 月，搜狐微博正式公测；2010 年 4 月 1 日，腾讯微博开始小规模内测。从时间来看，新浪是最早推出规模化服务的门户网

---

① 参见谢耕耘、徐颖：《微博的历史现状与发展趋势》，《现代传播》2011 年第 4 期。

站，抢占了微博市场先机。微博创立的时间恰逢“饭否”“叽歪”“嘀咕”为代表的第一批本土化微博网站关停之际，新浪微博的出现刚好弥补了用户没有交流平台的空缺，用户纷纷转移至新浪微博，绝无仅有的进入时机为新浪积累了一批忠实用户，也为新浪微博未来的发展埋下了伏笔。

另外，作为已经能成熟运营十年的互联网公司，新浪拥有良好的品牌影响力，无论在产品研发、政府公共关系、用户维护等方面都积累了大量经验。首先，新浪微博依附于有良好形象的新浪母体起步，比独立的微博产品更能赢得消费者的信任；其次，新浪微博的产品借鉴了 Twitter 的产品模式，拥有包括发布、转发、关注、评论、私信等多种功能，产品本身也得到用户的认可；最后，政府政策也关乎产品发展，新浪在运营中积累的政府公关经验以及对政府政策的深入研究为新浪微博的发展打下了基础。

此外，在认证名人的数量和质量上，新浪微博有着明显优势，拥有其他产品不可比拟的吸引力。活跃名人的数量是衡量一款产品是否具有吸引力的重要指标之一，作为一个强大的社会化媒体平台，新浪微博提供了一个草根与名人明星沟通的全新渠道，截至 2010 年 7 月，有超过 2 万的名人获得了新浪微博的认证，远超其他微博产品。① 入驻名人的影响力和号召力自然而然地转接到了微博这一平台。新浪微博在创立之初大量引入各行各业名人的策略被普遍认为是新浪成功的关键。

合适的时机采取合适的策略，新浪微博在创立之初就与其他微博拉开了距离，形成了一枝独秀的局面。2012 年以后，微博进入成熟发展期，也面临着内部盈利模式欠缺、政府监管政策收紧等种种问题，尤其是微信的迅速崛起，使得部分原有微博用户活动转移至微信，出现用户流失问题。但微信与微博的发展重心不同，微信主打朋友圈概念，以朋友间的强关系为主，而微博主打用户之间的弱连接，在当前互联网环境下，微博为用户提供了一个相对自由、开放的公共舆论空间，用户既可以关注热点话题，发布、接收信息，也可以参与到公共事务的讨论中，在这点上微博的作用是无可取代的。

2014 年 4 月 17 日，新浪微博正式上市，成为世界上第一个上市的中文社交媒体。新浪 2020 年第四季度财报数据显示，截至 2020 年 12 月，微博平

---

① 参见新浪：《中国微博元年市场白皮书》，2010 年 9 月 10 日，http://www.chinaz.com/news/2010/0910/132189.Shtml。

均日活跃用户数为 2.25 亿，月活跃用户数为 5.21 亿，月活跃用户数中约 94%为移动端用户。从数据看，新浪微博已经牢牢占据了微博领域的霸主地位，地位已不可撼动。

（二）微信

2011 年 1 月 21 日，腾讯公司正式推出微信。微信是一款基于智能手机，可以实现通过网络快速发送语音短信、视频、图片和文字，支持多人群聊的移动通信软件。[①] 微信从推出到成为用户日常必不可少的互联网应用，除了背靠腾讯海量的用户储备、强大的渠道能力之外，微信产品平均每三个月两个版本的迭代速度，不仅使微信产品功能日益完善，也使微信用户增长速度像按了加速键，在短时间内收获了稳定且庞大的用户群。

2011 年 5 月 10 日，微信发布了 2.0 版本，该版本新增了语音对讲功能，微信用户群第一次有了显著增长。2011 年 8 月，微信添加了“查看附近的人”陌生人交友功能，用户达到 1500 万。2012 年 3 月 29 日，腾讯 CEO 马化腾发布微博：“终于，突破一亿！”从零到“亿”的跨越，微信共耗时 433 天。2012 年 7 月 19 日，微信 4.2 版本增加了视频聊天插件，并发布网页版微信界面，从文字到语音再到视频，微信不断地踩中用户互动痛点，满足了用户动态交流的需求。2012 年 8 月 17 日，腾讯向用户开放微信公众平台，短时间内大量机构、企业、个人注册了微信公众号，微信成为新的传播渠道和营销新阵地。2012 年 9 月 17 日，腾讯微信团队发布消息称，微信注册用户已破 2 亿，从 1 亿到 2 亿耗时不到 6 个月。2013 年 1 月 15 日深夜，腾讯微信团队在微博上宣布微信用户数突破 3 亿，成为全球下载量和用户量最多的通信软件，影响力遍及中国（含港澳台）、东南亚、海外华人聚集地和少数西方人。2013 年 8 月 5 日，微信推出 5.0 版本，增加“快捷支付”“扫一扫”等功能，移动支付逐渐成为消费者的习惯。2014 年春节期间微信推出“抢红包”功能，帮助微信在支付领域占据了有利地位。2016 年 9 月 21 日，微信小程序正式开启内测，触手可及、用完即走的微信小程序成为连接人、服务、场景的便捷渠道。2018 年 2 月，微信全球用户月活跃数首次突破 10 亿大关。2020 年腾讯第四季度财报数据显示，微信及 WeChat 合并月活跃账号数为 12.25 亿。腾

① 参见方兴东、石现升、张笑容、张静：《微信传播机制与治理问题研究》，《现代传播》2013 年第 6 期。

讯在报告中称，如今，每天有超过 1.2 亿用户在朋友圈发布内容，3.6 亿用户阅读公众号文章，4 亿用户使用小程序。

微信的出现彻底革新了新媒体格局，重新定义了互联网内容生产与消费、互联网金融、娱乐等领域。研究者王梁将微信功能描述为一个三维沟通矩阵：X 坐标是语音、文字、图片、视频，Y 坐标是手机通讯录、智能手机客户端、QQ、微博、邮箱，Z 坐标是 LBS 定位、漂流瓶、摇一摇、二维码识别。[①] 微信通过纵横交错的立体化社交链，覆盖了用户工作、生活、娱乐的多层次需求面，并且在这个三维空间里，各沟通链条完全交叉，各平台互通共享。从诞生到现在，微信已经不再仅仅是一款实时通信的社交软件，已经发展成了一个满足超过 12 亿用户数字需求的多功能集成互联网平台。

【本章小结】

从互联网的诞生到新媒体的崛起以及不断推陈出新，网络时代的一场场变革深刻地影响着世界及每一个国家。从历史的视角来看，中国顺应时代潮流，及时与国际互联网接轨，互联网媒体经历了从无到有、从少到多、从力量微弱到影响巨大的发展过程。在这个过程中，新媒体的使用者从网民到用户，从被动到主动，从边缘到中心，逐渐成为网络传播中重要的传播力量，不断塑造着新的网络传播格局。

【思考与训练】

1.中国的互联网经历了哪几个发展阶段，每个阶段呈现出怎么样的发展特点？

2.列举日常使用的新媒体 App，并谈谈你对新媒体的理解。

3.相较于传统媒体，新媒体到底“新”在何处？

4.为什么互联网思维的核心是“用户为中心”，用户的重要性体现在哪里？

5.思考：微信这一媒体如何改变了你的生活？

【延伸阅读】

1.刘笑盈：《中外新闻传播史》，中国传媒大学出版社 2012 年版。

① 参见王梁：《微信和微博的差异以及微信发展策略》，《现代视听》2013 年第 7 期。

2.彭兰:《新媒体导论》,高等教育出版社 2016 年版。

3.闵大洪:《中国网络媒体 20 年:1994～2014》,电子工业出版社 2016 年版。

4.[加拿大]马歇尔·麦克卢汉:《麦克卢汉如是说》,何道宽译,中国人民大学出版社 2006 年版。

5.[美]保罗·莱文森:《软边缘:信息革命的历史与未来》,熊澄宇译,清华大学出版社 2002 年版。

6.[美]舍基:《未来是湿的》,胡泳译,中国人民大学出版社 2009 年版。

第二篇　应用与研发

知识面临的危机，绝非只是读者和编辑、作家和他的传记作者、观众和裁判之间的边界模糊那样简单。

——戴维·温伯格

第三章　新媒体内容生产与传播

【本章概述】

网络传播的经典与基础形态往往是交织在一起，共同作用于某些传播形式之中的，由于网络的演进与技术的普及，经典的网络传播形态与前沿的网络传播模式共同存在，累积用户群，并且相互影响。

互联网虽然被称为“新媒体”，但早期以门户网站为代表的传播渠道，基本还是传统的大众传播模式的延续，随着技术发展带来的传播渠道的扩张，新媒体的传播模式也发生了深层变化，逐渐呈现出万众皆媒、万物皆媒的“泛媒”化景观。谈及 20 世纪 90 年代互联网的兴起，其实互联网作为“新媒体”早已进入研究者视野，而新媒体时代的真正开启，与传播形态和内容的流变、用户和媒介关系的变化息息相关。

【知识结构图】

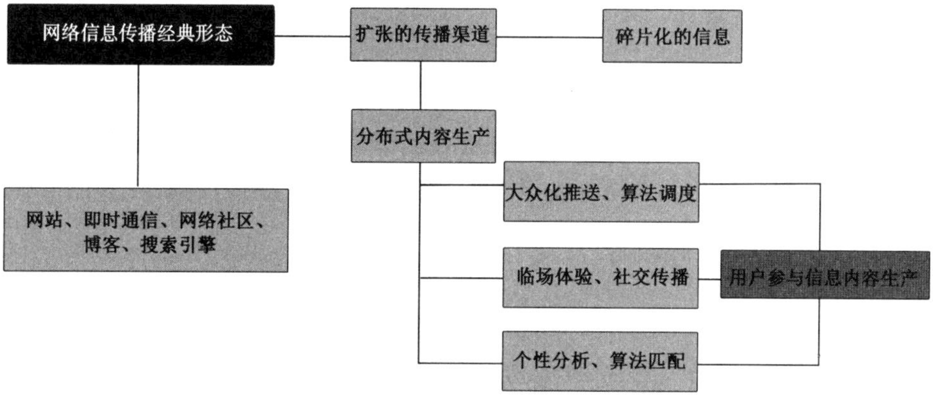

【学习目标】

- 明晰网络信息传播的经典形态。
- 领会各网络信息传播形态、模式的功能与特点。
- 掌握新媒体时代用户如何作为信息生产与传播的基本单位。

第一节　网络信息传播的经典形态

这些典型形式是由一些技术手段支持的，但有些传播形式不只是简单对应一种技术，而是在多种技术平台上体现，例如网络社区、圈子。更重要的是，研究网络传播的典型形式应该关注的是技术所营造的实在传播模式和传播情境，而不是技术本身，因为技术是通过这些情境来发生作用的。

这些网络传播典型形式相互交叉，它们体现了网络传播的复杂基础和机制。同时，这些经典的传播形式又是网站提供服务的主要方式。因此，对它们进行深入研究，具有学理与实践的双重价值。

一、网站传播

网站是20世纪90年代初以来最广泛采用的一种网络传播形式，它是利用Web页面组成的网站来发布各种信息、提供各种服务并与受众进行互动的一种传播形式。实际上网络的很多其他传播模式都可以嵌入Web网站。

网站传播可服务于大众传播，也可应用于组织传播等传播。网络传播的技术基础是万维网。

（一）网站传播的主体与目标

网站传播的主体可以是任何类型的组织与个人，不同的传播主体有着不同的传播目标，从互联网诞生至今的发展轨迹观察，网站传播的主体至少囊括了以下几个方面。

1.ISP

ISP（Internet Service Providerr），意为互联网服务提供商，指向用户提供互联网接口与相关服务的机构。一般来说，ISP又可分为IAP与ICP两类。

IAP(Internet Access Provider),即互联网接入商。它以提供网络接入服务为主,包括专线、拨号、元线等方式,并提供网上信息增值服务和市场推广等,但在中国,除中国电信外,没有纯粹的IAP。

ICP(Internet Content Provide),即互联网内容提供商。它们以提供各类网络信息为主,并围绕内容开展各种服务。它包括综合性网站、专业网站、搜索引擎类网站、电子商务网站、社区型网站、电子商务网站等。

另外也有一些分类,将ISP与IAP视为等同,都是指提供网络接入服务的网络公司。而ICP则与之对应,指提供网络内容的网站。

2.媒体

由于网站传播与传统大众传媒有很多近似之处,而在某些方面又具有自己的优势,因此,媒体也是利用网站进行传播的主要力量。随着新媒体时代的到来,各大新闻媒体对自身运营的网站维护力度也在不断加强,如人民网、新华网、中国日报网等。

3.政府

对于政府来说,利用Web网站进行传播主要有以下几个目标:将政府网站作为政府发言的直接渠道,将政府网站作为塑造政府形象的窗口,将政府网站作为电子政务的平台。如中国政府网,作为全国政务服务总枢纽,提供网上直通部门服务、地方服务与个人服务,同时提供法人服务、公共服务。

4.机构与组织

机构与组织利用网站传播的目标与政府是相似的,包括将网站作为机构或组织信息发布的直接渠道,将网站作为塑造机构或组织形象的窗口,将网站作为对外办公的平台,将网站作为内部办公的平台。

5.企业

与政府、各类机构和组织一样,Web网站也是企业对外信息的发布渠道,是企业形象的塑造窗口。但是,在企业网站的建设中,更应该注重它与电子商务交易平台的结合。企业网站更多的应该是一个营销的平台,是营销手段的革新。

6.个人

大多数个人开办的网站,其基本出发点是满足与分享个人的兴趣爱好。与其他主体所办的网站相比,个人网站通常规模较小,内容略窄、单一化,影响力相对也较小。但不乏少数个人网站有鲜明的特色,积累了很高的人气和大量的用户群。在此类个人网站中,由于自身影响力不断扩大,得到注资进入商业化运作的案例也存在。

（二）网站传播的特点

与网络中的其他传播形式相比，网站传播更多地体现了传统的大众传播的一些特点，当然，它同时也具有网络传播的一些突出特点，这主要表现在以下几个方面。

1.技术上的相对复杂性

虽然建立一个简单的网站比较容易，但是，要维持一个网站的定期更新、长期运转，保证内容的丰富性，却需要较复杂的技术支撑，此外也需要一定的硬件条件。缺乏一定技术背景的普通人，很难将一个网站长期地、制度化地运作下去，因此，在网络中，网站传播是技术门槛相对较高的一种传播形式。

2.特定网站中传播主体的单一性与高控制权

利用网站进行传播需要具有对网页上的信息进行发布的控制权。受众虽然可以浏览网页，但并不能直接对网页进行修改，即使发表留言，也不是直接修改网页内容的方式。而网站则可以删除留言等。因此，网站传播的主体是网站的经营者，传播主体对于在网站上传播的内容的控制权是很高的，这一点，也与传统媒体类似。

网站虽然可以转载其他来源的内容，但是，网站通常要对这些转载的内容进行把关，所以它是由单一传播主体进行控制的传播。

随着 Widget 这一新技术的发展，网站传播的单一传播主体的特点会弱化，但是至少在目前，这仍然是网站传播的一个重要特点。

3.受众的相对不确定性

与即时通信传播、社区传播等相比，网站传播的受众的不确定性更强，虽然网站可以通过一些统计工具来观察网站的流量，但是，对于受众构成的具体特征的把握相对较弱。因此，网站传播对象通常并不是清晰可辨的。

4.可互动性

与传统媒体相比，网站传播具有互动的可能性，例如，通过留言板、电子邮件等获得受众反馈。但是，是否要开放互动功能，取决于传播者的意愿。

二、即时通信传播

即时通信工具已经成为网民广泛使用的互联网服务。目前的即时通信已经从电脑对电脑的交流发展到电脑对手机等其他终端间的交流。它不仅为人际交流提供了新的渠道与手段,也在其他层面影响着人们的生活方式与行为方式。

(一)即时通信传播的功能

即时通信工具在网络中的应用越来越普及,它已成为网络传播的一种非常典型的形式。即时通信工具虽然更多地运用于人际传播,但是在某些时候,它也成为组织传播、群体传播乃至大众传播的工具。在不同层面上,即时通信传播的功能是不一样的。对于个体来说,即时通信传播的功能主要表现为以下几点。

1.个体交流

个体交流是绝大多数网民使用即时通信工具的基本动因。由于交流的便捷性、实时性、可控性,即时通信工具越来越多地成为网民的主要交流工具之一。

即时通信工具上的交流,交流对象明确,基本上是熟人间的交流,在这种可信度的保障下,其交流的质量,比起聊天室等的交流,通常更高。

2.信息共享

即时通信工具可以传送各种形式的文件,还有一些工具提供共享文件夹的功能,有些则提供共享空间服务,可以上传照片、发布日志,因此,它也在网民的信息共享活动中起着重要作用。

3.人脉资源积累

即时通信工具可以逐渐为个体编织起一张人际关系的网络,为个体不断积累人脉资源。一个人未必每次在上网时都会与有即时通信关系的所有朋友进行交流,但是,如有需要时,他可以随时调动网络上的资源。即使在没有明确目的的情况下,人们也会通过即时通信工具进行偶尔的简短的交流,这是进行人际关系网络日常维护的一种方式。

4.个人信息与情绪披露

在一些即时通信工具中,个人的基本信息可以用多种方式表示,除了自己的昵称外,还有签名档、个人图标等。这些小小的功能,在某种意义上成为一扇窗口、一种个人媒体,成为个人有控制地披露个人信息与宣泄情绪的渠道。

运用昵称、签名档、个人图标等方式进行自我披露,方便快捷,可以随时更新，而且可以单方面完成。它很容易将一些需要让交流圈内所有朋友了解的信息（如个人行踪、个人需求等）在瞬间实现推送。在某些时候，这种披露，也成为个体自我宣泄的一种方式。

但是，人们在这个窗口里披露什么，不披露什么，通常是经过精心安排的。它也是人们进行个人形象管理、印象管理的重要手段。

对于群体而言，即时通信工具对于群体信息的交流、群体文化的形成，具有一定的作用。

对于组织而言，即时通信传播的突出功能表现为内部信息的沟通与协同工作。

即时通信能构成一个强大的社会网络，因此，在一些特定的情况下，它又具有群体传播和大众传播的效果。在这个层面，即时通信传播的功能主要体现为大众文化的传播、舆论表达和社会动员等。

现在很多即时通信工具还集成了信息发布、娱乐、博客等功能，它与网络中其他服务的结合更加紧密。

（二）即时通信传播的特点

即时通信传播继承了网络人际传播的一般特点。由于它的广泛运用，它在点对点传播的基础之上形成了一个覆盖范围非常广的较为稳定的社会网络。因此，要深入认识它的传播模式及其影响，既要从点对点的交流层面去观察，又要从更广阔的社会性的交流网络角度去分析。即时通信传播的主要特点表现为以下几点。

1.点对点的交流结构

从技术上看，即时通信交流通常运用的是点对点的技术。个体与个体间的信息传播不需要通过中心服务器，而是直接在交流者的电脑终端之间进行的。由于即时通信交流不需要通过其他中介，因此，交流过程中受到的外来干扰、影响与控制是相对较小的。

点对点的交流结构也意味着即时通信传播是以一对一的交流为主。交流中的两端，在技术结构上是平等的。这样一种点对点的交流结构，有助于保持两个个体间的即时通信交流的稳定性与持续性，这不仅体现在一次交流过程中，还体现在长期的交往行为中。

当然，人们使用即时通信工具时，可以同时与多人交流，甚至可以不让人察觉，这与电话、面对面等点对点交流是有所不同的。可以说，即时通信的点对点可以是"多线程""并行"的点对点交流,而不是"单线程"或"串行"的交流。而这些并发的"线程"之间,交流内容可以互不干扰,除非交流者发生错误,例如将信息发错了窗口。

点对点的交流,也意味着交流的相对私密性。但是,由于技术上的问题,一些即时通信工具在聊天时的内容也容易被他人截获,隐私不能得到充分保障。

此外,基于即时通信的传播也有一对多、多对多的方式。个体在即时通信工具中的签名档等是一种简单而有效的一对多的传播方式,而"群"等则是多对多的传播方式。但是,它们仍然是以点对点交流结构为基础,而且在交流的对象与规模上,即时通信比聊天室更容易控制。

2.同步的交流时效

正如这一技术的名称所揭示的那样,即时通信在交流时效上是实时的,也就是说传播与接受几乎是同步进行的,虽然与面对面的交流相比,它还存在一定的时滞,但是在较为顺畅的网络条件下,这种时滞是很小的,甚至往往被人们忽略不计。

现在的即时通信工具也具备了脱机留言的功能,这使得它的延时性得到增强。这种延时性是对同步的、即时交流的一种有益补充。

由于即时通信交流越来越具有面对面交流的实时性,而同时它又是远程的,交流手段是可变的、可控的,因此很多人会越来越依赖这种交流方式。

3.交流的可控性

个体在即时通信交流中,具有较强的控制性。这主要表现为以下几点:

第一,个体可以选择交流对象,对于一些不愿意进行交流的对象,可以用相应的手段加以拒绝。

第二,个体可以设置自己的在线状态,避免受到不必要的打扰。而同时,在需要进行交流时,又可以主动出击。

第三,个体可以选择交流中采用的手段。对于手段的控制也在很大程度上决定了交流的层次与深度。

第四,个体可以较好地控制交流的时间与节奏。面对面交流中对交流时间的长短与节奏的控制往往不是单方面可以把握的,有时一方想中止交流却碍于情面不得不勉强维持,而在即时通信交流中,交流者很容易找到各种借口来控制交流的节奏。

第五,与同样是作为人际传播手段的电子邮件相比,即时通信工具在交流上的可控性使人们较少受到垃圾信息的骚扰，因而有效交流程度较高。

4.丰富、可切换的交流手段

即时通信工具早期的传播形式是文字，但随着技术的不断发展，图片、动画、声音与视频等的传播不再存在障碍，因此人们交流的手段也日益丰富。

与面对面的交流相比，在某种意义上，即时通信工具的交流手段更为多样，而且人们可以根据交流环境、交流主题的不同而选择不同的交流手段，可以方便地在文字、语音和视频等交流中进行切换，因此，有时交流质量比面对面交流还要好。

5.以个人为节点的复杂的交流网络

即时通信交流从微观上看是点对点的，但是从宏观上看，每一个参与交流的个人只是一个庞大而复杂的交流网络中的一个节点，也就是说，每一个个体都会通过这个网络与他人产生联系。

与那些固定的交流对象的联系，可以说是一种“强联系”，基于“强联系”进行的“点对点”传播，人们之间的信任度较高，因此，信息传播会更有效。除了“强联系”，即时通信交流网络中的个体还可以通过他人的“中转”与素不相识的人产生联系，这种联系可以说是一种“弱联系”，即时通信交流构成的网络的意义，可以由“六度分隔理论”得到揭示，1967 年，美国哈佛大学的心理学教授史坦利·米尔格兰(Stanley Milgram)想要描绘一个联结人与社区的人际联系网，他做了一次连锁通信实验，结果发现了“六度分隔”现象。简单地说，这个现象就是一个人和任何一个陌生人之间所间隔的人不会超过六个，也就是说，最多通过六个人，一个人就能够认识任何一个陌生人。

“六度分隔理论”说明了社会中普遍存在着的“弱纽带”关系，这种关系虽然是“弱联系”，但却发挥着非常强大的作用。

正是由于这种复杂的社会网络，利用即时通信工具进行的传播，有时同样能够产生广泛的社会影响，在某些时候它的能量甚至不亚于大众传播渠道的能量。

当某个信息在这个网络中的某一个节点出发时，如果它被很多人认为有传播价值，就会被这些人不断地转发，一传十、十传百，很容易产生呈几何指数增长的效果。而且由于是熟人间进行的传播，人们对所接收的信息信任度更高，因此传播效果往往更强。

尽管网络中的其他人际传播也会构成复杂的交流网络，但由于即时通信传播的稳定性、持续性、交流的即时性、交流手段的灵活性等，它构建的社会性网络也具有更为稳定的基础结构，在这个社会网络中进行的信息传播也更为高效。

这个交流网络不仅在信息传播方面有较高的效率，也容易造成群体情绪与社会压力的扩散。除了人们之间直接的信息传输外，签名、留言档这样一种传播手段，在情绪与压力扩散方面的作用也是显著的。例如，集体签名行为会给不加入集体行动的人带来心理压力，出于各种因素的考虑，人们有时不得不"从众"，使网络环境有充斥着"乌合之众"的景象。

（三）即时通信传播的社会影响

1.即时通信工具与娱乐化倾向和流行文化的传播

网络的发展顺应了人们的娱乐需求，中国互联网络信息中心 2021 年 2 月发布的《第 47 次中国互联网络发展状况统计报告》显示，我国网络视频用户规模达 9.27 亿，较 2020 年 3 月增长 7633 万，占网民整体的 93.7%。其中短视频用户规模为 8.73 亿，较 2020 年 3 月增长 1 亿，占网民整体的 88.3%，与此同时，短视频应用在海外市场蓬勃发展，这一结果表明，娱乐满足成为互联网一大重要作用。

娱乐需求的满足在很大程度上与流行文化的传播是相辅相成的，而即时通信工具在这些方面具有自己独特的作用。即时通信传播构建了一个以点对点传播为基础的复杂社会网络，这个社会网络的信息传播路径四通八达，人们普遍感兴趣的信息在这个网络里很容易实现"遍在"的效果。而由于使用即时通信工具的网民大多是年轻人，娱乐信息、流行文化是他们的重要兴趣所在，即时通信网络也成为他们交流娱乐资讯、分享流行文化产品的一种重要渠道，因此，这样一种传播网络，有利于流行文化的传播。

在 QQ 等即时交流渠道中，"群"的应用也越来越普及。所谓"群"是一种多人交流的服务。一个网友在创建"群"以后，可以邀请朋友或者有共同兴趣爱好的人到一个"群"里面聊天。在"群"内除了聊天，还有论坛、相册、共享文件等多种交流方式。

"群"的应用使即时通信工具在群体传播方面具有更大的作用。"群"的形成，都是以各种娱乐和流行文化的话题为基础的。

2.通信工具的使用与社会人群的分化

作为一种技术,即时通信工具不仅给人们的交往提供了方便,也无形中影响甚至塑造着人们的思维方式、行为方式以及交往范围。在一定意义上,即时通信工具的使用促使社会人群的分化。这种分化不一定都是显著的结构性的分化或分层,有些只是人们心理上感知到的人群区分。

即时通信工具形成的交际圈带来人群分化。虽然从总体上看,即时通信交流形成了一个宏大的社会网络,但是,对于每一个个体来说,他有自己特定的交际圈,这个圈子只是整个交流网络中的一个极小的局部。每个人的交流对象都是经过选择的,这种选择是一种对他人的认同。由于即时通信工具在很大程度上有积累人脉资源的功能,因此,人们相互认同的基础往往是兴趣、爱好、学历、背景、社会地位等方面的相似性。有很多人可能同时处于几个不同的交流圈子中,如同学的圈子、同事的圈子、朋友的圈子,每一个圈子都具有自己的社会特征。在不同的圈子中,他都会找到与这个圈子中的人的“交集”,也就是与这个交流圈子中的人往往有一定的同质性。即时通信的交流圈子在某种意义上使社会人群出现了更明显的分化。

尽管在网络即时通信工具普及之前,很多人也有自己的交际圈,但是,即时通信交流的频繁和方便,在更大程度上强化了人们的交际圈子,从而促进了各类人群的形成。即时通信交流的自由性与高度选择性,也可以打破过去由物理空间因素规定的人群,而形成由文化因素规定的各种人群。

作为文化符号的即时通信工具的使用带来人群分化。尽管各种即时通信工具的基本功能没有本质区别,但是,经过一段时间的发展,不同的即时通信工具自然形成了不同的使用人群。使用什么样的即时通信工具,在一定意义上成为一种身份的象征。

通过一个早期的互联网案例可以窥见一斑:在中国,MSN 与 QQ 是两种最主要的即时通信手段。虽然在功能上有很多相似性,但是,不同的人群对这两种工具有不同的偏好。根据中国互联网络信息中心 2006 年的调查,在北京与上海的特定用户群中,MSN 占据了一定的优势。调查显示,使用地点为单位的京沪即时通信用户中,MSN 分别以 49.5%、67.5%的占有比例高于 QQ。相应的,在京沪的高端人群中 MSN 所占份额显示出比 QQ 更大的优势,分别领先了 10 个和 30 个以上的百分点。中国互联网络信息中心调查报告把高端用户定义为年龄在 25 岁以上、月收入在 3000 元以上、文化程度在大学本科及以上的用户。在其他地区的特定人群中,QQ 则依然显示出明显的强势。

尽管这个调查没有反映 MSN 和 QQ 用户的全面特征，但它在一定程度上表明，不同人群对于即时工具的使用偏好是不同的。

出现这种分化的原因，首先是因为不同软件的技术特性。使用 QQ 在交流对象上有更强的开放性，允许陌生人之间的聊天。而 MSN 交流的前提是知道他人的账号，这样，人们在 MSN 上受陌生人打扰的概率就非常小。在娱乐功能方面，QQ 较 MSN 更强大。因此，QQ 更适合喜欢交际、娱乐的人，特别是年轻人，而 MSN 则更适合商务人士。

由于技术的差异，人们在进行即时通信工具选择时，就会出现自然分化。而进一步的，圈子带来的连锁效应，会强化这种差异的存在。人们选择即时通信工具时，往往是经自己熟悉的人介绍，做出与他们同样的选择是很自然的事。反过来，为了与自己圈子的人交流，也需要与他们使用相同的工具。因此，这会不断增强某种工具在某类人群中的扩散。

随着即时通信工具的不断普及与发展，MSN 或 QQ 等产品本身也在某种意义上演变为一种文化符号，给使用者以心理暗示，甚至成为身份认同的某个指标。这会促成并不断强化相应的“使用文化”。例如，MSN 已经被贴上“白领”的标签，后来者为了让自己也能打上“白领”的烙印，就会选择这个工具。白领们在使用 MSN 时，也会有意或无意地强化它与白领阶层的吻合性。而 MSN 的开发者微软公司，针对白领用户为主的市场状况，也在不断地强化自己产品的白领化特征，例如开设白领化门户，开展与白领有关的市场营销活动。与之对应的，QQ 的使用者更强调的是年轻、时尚、开放这样的文化特质，而 QQ 的开发者腾讯公司，也针对 QQ 的用户开发出很多衍生产品，如卡通玩具、背包等，通过这些产品来进一步塑造与刺激 QQ 文化。

当然，也有不少人同时使用多种工具。这既是为了技术的互补性，也是为了身份认同的灵活性。

除了即时通信产品外，在很多 ICT（Information Communication Technology，信息通信技术）产品领域，如手机，由于性能、价格、使用方式、产品营销等多方面的原因，不同品牌的产品可能会成为不同社会身份与地位的象征性符号。在社会人群的分化中，它们潜移默化的作用是不可忽视的。

3.即时通信传播与舆论的传播及表达

作为一个规模庞大、节点众多的社会网络，即时通信也可以成为舆论传播的一个渠道，成为舆论表达的一种手段。

即时通信工具要成为舆论传播的一个渠道，前提是互联网或社会上已具备一定的舆论形成的意见气候。即时通信网络是通过点对点的方式进行传播，在这个网络中，不存在大规模的群体互动，很难就一些问题进行广泛而深入的讨论。在舆论形成方面，即时通信工具主要扮演广而告之的角色，只是传达简单的信息和态度、情绪。如果在此之前社会上没有为大多数认同的意见倾向，那么，在即时通信网络中所进行的信息和态度的传递，就会受到各个层级的阻碍。因此，即时通信工具是舆论的传递者与放大者，它只有与其他渠道进行互动才能在舆论形成过程中发挥作用。如果这个渠道是封闭的一个系统，那么并不容易直接酝酿出舆论。

即时通信的网络结构使它进行舆论传播时效率是很高的，信息可以以几何级数的增长速度来扩散，而且，网络的四通八达也可以使相关信息很快遍及大多数用户。基于人际交流的信息与态度传递，也更容易为人所接受。

即时通信网络中舆论表达的主要手段，一是通过一对一的对话方式进行舆论"接力"，二是通过签名档等"集体签名"的方式进行信息传播。

即时通信网络中的舆论表达，更多的是基于简单的二元取向的态度表达，人们只是简单表示"是"与"否"。但是，具有规模效应的态度趋同，在很多时候，甚至比复杂的辩论过程更容易产生舆论的力量，而且也更容易导致从众现象和"沉默的螺旋"效果。

4.即时通信传播与社会动员

为了实现既定的社会目标，通常需要通过社会动员以整合社会资源，调动各方面的力量，吸引最广泛民众共同参与到实现目标的社会行动中来。

在中国，传统的社会动员体制和模式是比较单一的，主要是政党和政府主导的政治动员模式。这种动员模式的主要特征是政府主导，通过党和政府组织来发动，因而具有很强的组织性和制度化特点，自上而下，通过层层发动来实现社会动员，也正因为要通过层层发动来实现社会动员，因而动员的进程比较缓慢，耗时较多，一般说来，这种政治动员必须遵循法律程序，遵守相应的社会规范；动员的效果则取决于政府综合运用各种资源和手段的能力。

而网络的出现，为社会动员提供了很多新的手段与渠道。由于即时通信传播维系着一个庞大的社会性网络，它在社会动员方面，也开始扮演越来越重要的角色。2017 年互联网持续发酵的"江歌案"，就较好地说明了即时通信工具的社会动员功能。与传统的政府或组织所进行的动员机制相比，即时通信工具等所带来的网络社会动员表现出自己的特点，表现为以下几个方面。

第一，社会动员发起机制的民间性。即时通信工具所进行的社会动员通常是民间自发的。虽然到一定阶段，一些网站和媒体的关注会促进相关信息的传播，但是从根本上来说，它是在某些民间意愿的推动下，由民间自行组织的。也正是这种民间性，使得更多网民接受动员加入行动的态度更为自觉、主动。

第二，社会动员网络的扁平性。传统的政府等发起的社会动员需要通过层级式的动员网络，自上而下，这种网络在一定程度上会影响到社会动员的速度与效果。而即时通信工具所依赖的是一个扁平的人际关系网络，这个网络节点多，节点间的链接关系复杂，信息复制与传递速度快，因此，可以在很短的时间内实现广域推送。

第三，社会动员的人情基础。即时通信传播所依赖的人际关系网络，多是由熟人关系形成的网络，人们彼此的信任度较高，有些人还有深厚的友情。以人情为基础进行的劝说，比起制度化的公文式的动员，具有更高的劝服能力。

第四，社会动员过程的相对隐蔽性。与政府进行的社会动员的大张旗鼓相比，即时通信网络中进行的社会动员，可以是“密语”式的，如果不是对整个人际网络中的信息流动有着宏观把握的话，可能无法察觉它所进行的社会动员活动。这种动员过程的相对隐蔽性，使得对其进行控制是较为困难的，同时也有可能使动员结果的爆发力更强。

第五，社会动员的高效率。由于动员网络的扁平化、动员的人情化等因素，即时通信手段所进行的社会动员，通常效率是较高的。

即时通信工具在社会动员方面发挥作用虽然还只是初露端倪，但是已经显示出强大的潜力与能量。如果运用得当，将有助于促进民众的社会参与。但是，如果运用失当，也可能给社会带来潜在的危机。

除了以上几个方面，兼具人际传播和大众传播优势的即时通信传播，在未来可能还会产生其他社会影响。但是无论如何，研究其影响的前提与基础是深入分析它的传播结构与传播模式，分析影响传播的相关因素，以及即时通信传播可能产生社会辐射与效应的社会联结点。

三、网络社区传播

(一)网络社区的含义

1887年,德国社会学家斐迪南·滕尼斯(Ferdinand Tonnies)在《共同体与社会》一书中,将人类群体分为两种类型,即社区和社会。社会是社会共同体,以目的、利益、契约以及距离为基础;社区则是生活共同体,以地域、意识、行为以及利益为特征。

另一种对社会与社区的描述是,社区是"比社会更具体的由自然意志所创生的人类的生存单元和生存共同体,具有黏合性,是以首属群体占统治地位的人类生命单元,而社会则是理性意志的产物,是陌生、反感特点的创造结合体,是次属群体占统治地位的人类生命单元。社区强调的是共同的精神状态、生活方式,它属于精神生活的范畴,地理只是附带次要的条件"①。

网络社区也称"虚拟社区"(virtual community)。1993年,美国学者霍华德·瑞恩高德(Howard Rheingold)在他出版的著作《虚拟社区:电子疆域的家园》(*The Virtual Community: Homestanding on the Electronic Frontier*)中首次提出了这一概念。他是基于自己参加"全球电子链接"这一"新闻组"的体验开始虚拟社区研究的。WELL所代表的是互联网中第一代虚拟社区,它以当时的"新闻组"这样一种技术为平台基础。而今天的网络社区更多的是基于BBS、网站、即时通信工具、博客和SNS等其他技术。

虚拟社区虽然依赖于网络这样一种虚拟空间,地域上的共同性已不成其主要特征,但是,意识、行为及利益的共同性仍然是虚拟社区的重要特点,因此,它仍然是一种社区。

虚拟社区也可以称为虚拟社群,在中国台湾,虚拟社群的称呼更为普遍。

对于虚拟社区,瑞恩高德的定义是,网络中相当多的人展开长时期的讨论而出现的一种社会聚合,他们之间具有充分的人情(human feeling),并在电脑空间里形成了人际关系网络。

尽管关于网络社区的界定大多没有对社区的具体形态做出限制,然而

---

① 夏兴銮:《网格社会≠虚拟社区》,2022年2月10日,http://www.cycnet.com.ytu.yitlink.com:80/education/lecture/000922037.html。

综观近年来国内外关于网络社区的研究，主要研究对象却只是集中在BBS上，这可能是因为BBS的主题与成员都是明确的，像是有一种无形的“边界”包围出一个相对明确的“空间”，因此构成一种典型的社区形式。虚拟社区概念是对传统的社区概念的发展，它取消了共同地域这样一个限制性条件，但是在早期的虚拟社区研究中，人们的头脑中仍然是受着“空间”这一概念的约束的。

但是，在一些新兴的网站、即时通信工具、博客和SNS应用中，尽管有时很难简单地划出人群间的边界，但同样也存在着瑞恩高德所说的“社会聚合”，人们之间的频繁互动，也产生了群体效应。事实上，多数网民在BBS这些传统社区里的活动正在减少，而在一些新形式的社区中的活动增强了。人们只注意传统的网络社区，而忽略了一些新形式人群聚合所具有的社区的意义，那么也有可能会忽略未来网络社会对个体更深层的影响。

实际上，瑞恩高德的定义是具有远见的，他没有将具体的交流手段作为社区的特质，也没有强调社区的空间意识，反而是强调了“人际关系网络”这样一个概念。对于网络社区的界定，不应拘泥于具体的传播手段，也不应将有无明确边界视作社区是否存在的标志，而应通过考察网民间的互动深度以及由此产生的群体意识、行为结果等，来判定这些人群的集合能否称之为社区。

因此，我们将网络社区定义为网络中具有一定稳定关系、互动频繁并对个体产生持续影响的社会集合。某些网络社区是一个相对封闭的网上空间，而某些网络社区则是由一些网民基于兴趣或利益等关系链条所构成的“社会网络”。网络社区的传播可以包括人际传播、群体传播、组织传播和大众传播等多个方面，例如，一些社区内部的通信功能，实现的是人际传播，而有些社区是组织传播的一个重要渠道。但是，群体传播是社区中最常见、最频繁的传播方式。

(二)网络社区的构成基础

在网络中要形成一个社区，需要几个基本要素：技术平台、组织结构、适应网民需求的维系点。

网络社区依托各种不同的技术平台，包括新闻组、BBS、聊天室、网络游戏、网站、博客、维基、即时通信工具等。

由于所采用的技术平台不同，社区的组织结构(即由技术特性所决定的成员的关系)也不尽相同,典型的社区组织结构可以分为以下两类。

1.“圈”式结构

社区有一个明确的边界,就像画地为牢的圈一样,社区的活动都在这个明确的“地界”内,BBS、QQ群、博客群等就是这种结构的典型代表。加入某个社区,会有明显的行为标志,如在社区注册,而每个社区也有一个明确的名称。人们在这种社区的互动是通过一个个明确的话题来进行的。

“圈”式结构使社区边界明确,社区成员有较明确的身份意识,社区成员作为一个集体进行的交往比较多,成员对社区的归属感更容易形成,因此,这种结构更有利于群体的形成。

2.“链”式结构

社区并没有明确的边界,人们的互动往往并不需要话题讨论,而只需要通过某种方式所形成的关系链条,如“标签”功能、“好友”功能等,“标签”建立在内容的联系上,“好友” 建立在人际关系的认同上。社区正是靠这些关系“链条”或“纽带”产生的,最终这些纽带编织出复杂的成员关系网络。社区是动态的、可以不断扩展的,呈现出多变的状态。

相较“圈”式结构而言,“链”式结构这样一种较为松散、灵活的结构关系使社区成员的集中交往并不多,更多的交往是一对成员之间的个别交往,因此群体意识较难形成。

对于这种结构,也可以从社会学的“社会网络”角度进行研究。在这种结构的社区里,直接的话题讨论不占主流,但人们通过相关链条,仍然能产生较为明显的相互影响。在这些社区里,人际传播往往占主导地位,但是不断扩展的人际传播链条也能产生社区传播的效应。

例如,“豆瓣”这样的网站型社区就是靠标签(Tag)这样一种链条来组织成员的。即时通信工具的传播也是基于以个人为节点的复杂的交流网络,这说明我们不仅要从人际传播角度认识即时通信,也需要从社区传播的角度来认识它。虽然成员没有明确的群体意识或社区意识,但是人们并不是在一个孤立的环境中进行点对点传播,而是处在一个由许多人际关系链条构成的社会网络中。个体常常会受到他人有意或无意的、直接或间接的影响,间接的影响来自那些“弱”关系,但是,在特定的情形下,“弱”关系的间接影响,也会产生强烈的效果,这种效果不仅在某一个个体,而且会在更大规模的人群上表现出来。

人们在网络中相聚并产生交流、互动的愿望,首先是源于人们自身的一些需要。网络社区得以形成并发展，其基础便是人们在一个社区中能找到与他人的某种共同需要，这种共同需要是一个社区的维系点。不同社区的定位，也是由不同的维系点来区分的。

有研究者认为，尽管虚拟社区是以网络空间为交流平台的，但是，它的出现，像传统的社区一样，基本上仍然是源于人类的四种基本需要：兴趣、关系、幻象、交易。① 这四种需要，是社区的维系要素，是社区成员形成牢固关系的基础。

对于社区的维系点，也可以从不同角度去认识。

在国外，也有研究者将网络社区分为社交上的、专业上的、职业上的、宗教上的四种不同类型，这也表明社交需要、专业交流需要、职业交流需要和宗教交流需要是社区的四种不同维系点。

在国内，目前社区主要的维系点包括传统关系、兴趣爱好、特定产品、特殊利益等。诸如同学录、同乡会等，是典型的由传统关系维系的社区；大量网站中的分类论坛以及百度中的多数贴吧等，是以兴趣爱好维系的社区；由电脑游戏、房子、汽车、电脑、手机、相机等各种类型、各种品牌的产品所构成的社区，也成为一种独特的社区；而如残疾人等一些具有特殊利益诉求的群体，也在网络中构建着自身的社区。

在网络中建设一个社区，首先就要善于研究在特定网络空间中人们的需求，并在此基础上构建一个具有长久支持能力的维系点。但上面所提到的都只是构建社区维系点的原则与大致思路，在此基础上细化，才能找到社区的独特定位。

四、博客传播

博客的概念在中国引入较晚，直到 2005 年，中国才出现大规模商业化运营的博客。但是，发展规模、速度、在网民中的普及应用广泛程度都是空前的。它所生产的信息、传播的话题、热度的延伸性深刻影响着网络世界与现实世界。

目前，“博客”一词具有多重含义，它既指博客活动，又指从事博客活动的人，同时还指博客活动的平台，即个人在网络中的信息发布平台。

博客与早已存在的个人主页技术的区别是，利用它进行信息发布的技

---

① 参见[美]约翰·哈格尔三世、阿瑟·阿姆斯特朗：《网络利益通过虚拟社会扩大市场》，王国瑞译，新华出版社 1998 年版，第 26 页。

术门槛非常低，几乎可以认为是零基础，只需几个简单的操作就可以随时发布内容。而对于普通网民来说，建立并维护一个个人网站需要较高的技术水平，且时间成本也较高。因此，博客有助于网上个人内容发布活动的持续化。

与网络中各式各样的BBS相比，博客的特点在于，它可以将“博主”(拥有者)的地位突显出来，使博主成为主角，其他人的留言、评论是以博主的帖子为中心的，可以说这是一种“一对多”的交流。而BBS中的讨论是“多对多”的，不会有唯一的主角。博客的交流方式，较好地保证了某一个体在信息发布与交流中的主导地位。

早期的博客以文字内容为主，但随着技术的发展，越来越多的人可以利用“播客”技术发布音频、视频内容。“播客”(包括视频播客)可以看作是博客的一种新发展，由于传播手段的不同，播客与文字博客的发展轨迹有所不同。

博客的兴起，使人们对于这样一种“自媒体”对专业网络媒体可能产生的影响，以及对于整个网络环境的影响都产生了关注：博客会成为一种新兴的传播力量吗？它将促进还是冲击专业媒体的新闻业务？它会降低网络新闻与信息的质量吗？专业媒体应该如何应对？博客实践正在对这些问题做出回答。

但是，博客绝不仅仅只是一种媒体，博客传播也绝不仅仅只有新闻传播方面的价值。博客平台集中体现了网络平台的各种特性，当然，与网络中很多应用相比，它突出了个体作为一种独立存在(而不是群体中一分子)的地位。博客的不断发展，使博客传播对社会文化各个层面的影响不断显现出来。它使个人在信息传播及意见表达方面获得了更高的主动权，也使个体在记录社会、影响社会方面具有了更大的力量。博客所引发的网络事件已经越来越频繁，而这些事件只是一些表征，在它们的背后，是博客这样一种新的社会工具与社会空间所蕴含的社会能量的蓄积、转化和爆发的过程。

五、搜索引擎传播

搜索引擎不仅为人们在网络中快速寻找特定信息提供了快捷的途径，而且在不断地影响着人们在网络中信息消费的行为模式，并反过来作用于网络信息传播格局。理解搜索引擎传播的特点，是认识搜索引擎影响力的起点。

搜索引擎之所以在近年来能迅速普及、不断发展，其根本原因在于，在网络信息日益超载的情况下，它顺应了人们快速定位于特定信息的需求，它真正体现了受众主动“拉出”信息这样一种网络传播的特性，它也使信息的来源多元化，为受众进行多源信息的比较提供了便利。可以说，搜索引擎尊重了受众在传播中的主导意义，使受众在获取信息的过程中具有更强的控制能力。搜索引擎的终极目标与意义在于，使信息真正为人服务，而不是让人沦为信息的奴隶。

搜索引擎技术的发展，不断地影响着网民的信息消费行为。早期人们更多地习惯于被动接受网站提供的新闻与信息，而在搜索引擎普及的今天，人们往往是通过搜索引擎去主动寻找自己需要的信息。而这种行为方式的改变也逐渐作用于整个网络信息传播的格局。例如，不少人上网的首页已经由传统的门户网站改为了搜索引擎网站，这对传统门户网站的权力是一种削弱，对搜索引擎网站的权力是一种提升，这就进而影响到不同类型网站的赢利模式与赢利能力，从而使它们的力量对比发生变化。尽管主动索取与被动获得这两种信息消费模式是并行的，但是，网民主动索取信息的需求将不断上升，这一趋势是值得关注的。

（一）搜索引擎的传播特点

搜索引擎工具虽然不是内容的发布者，但是，它是网络中的导航者或“指挥”，它同样可以视为一种传播形式。与网络中的其他传播形式特别是网站传播相比，搜索引擎传播的特点主要表现为以下方面。

1.搜索引擎对传播者的集中化、显性化和序列化作用

在很多传播形式中，传播者是明确的，但是对于搜索引擎这一形式而言，真正提供内容的传播者原本是分散的，对于受众来说，它们是隐藏的、不确定的，在很多情况下，这些传播者也是异质的，这有点像大众传播的受众的特点。但搜索引擎的作用就是迅速地发现这些分散的、隐藏的传播者，使它们在同一个信息搜索目标下集中起来，成为显性的、有共性的整体。

将分散的、隐藏的传播者集中起来，提高了发现特定信息的效率。更重要的是，多样化的信息来源，也有利于提高特定信息的丰富性、全面性与均衡性。

搜索引擎对于传播者的另一个作用是，它的技术算法使传播者呈现出序列化状态，各方传播者在搜索结果中是按搜索引擎所制定的规则进行排

序的，这种排名会直接影响它们与受众的接触程度。同一个搜索请求在不同的搜索引擎中会出现不同的结果。

当然，搜索引擎只是交通指挥者，而不是把关者，它不能对传播者及其内容进行审查、把关，它对于传播者的集中、显性与排序，并不是基于对内容质量的评判，而是基于技术算法，因此，在搜索引擎传播中，受众对内容的甄别、筛选等自我把关显得尤为重要。

搜索引擎的存在，使得大量传播者可以有机会扩大内容的传播面、形成多次传播。对于网络中的各类传播者来说，如果希望自己传播的信息能得到广泛的反复的传播，就需要针对搜索引擎传播的特点来提高自己的“可见性”，因为有些网页即使是搜索引擎也不能发现，这些网页完全“沉没”在信息海洋的海底。

当然，也有一些传播者并不希望自己的内容被搜索引擎发现，例如一些人试图将自己的博客作为纯粹的私人空间隐藏起来，但有时却也不能逃避被“曝光”的结果。搜索引擎强大的显性化作用，有时与人们对私密性的需要是冲突的，这也是它的负面作用之一。

2.网民索求能力间接作用于传播效果

搜索引擎是一种以待求为主导的传播，即先有需求，再有传播过程，与传统大众传播的被动性接受相比，受众的信息需求明确而强烈，所以很多内容的传播效果会比较好。但是，网民的索求也并不一定总是得到充分满足，这一方面可能源于相关信息储备的匮乏，另一方面，则与网民搜索请求的技能有关。

尽管大多数网民都使用搜索引擎，但很多时候人们提交的搜索关键词并不能准确反映他们的查询目标，也有不少人并不知道搜索的高级技巧，以及搜索引擎的各种专业功能的使用。搜索能力成为他们使用搜索引擎的一种障碍，也成为影响传播效果的重要因素。

中国互联网络信息中心发布的第 21 次《中国互联网络发展状况统计报告》显示，搜索引擎的使用与网民的网龄相关性很强，网民上网历史越久，则搜索引擎使用率越高，2000 年及以前上网的网民搜索引擎使用率为 89.1%，2007 年新增网民的使用率仅有 48.7%。此外，搜索引擎使用率与学历同样存在很强的相关性，学历越高，使用率越高。初中以下学历的网民搜索引擎使用率为 54.7%，硕士及以上学历的网民搜索引擎使用率则升至 97%，几乎人人都使用搜索引擎。这一数据在一定程度上说明，搜索引擎的使用能力与使用率是相关的。网龄长、学历高通常使用搜索引擎的能力也更高。而这些能力直接影响到网民在搜索引擎中获得多高的满足感。

尽管搜索引擎使受众自我把关的重要性突显出来，但是，受众的把关意识却并不强烈。传统大众传播中，由于传播者的显性化，人们对传播者的身份、品牌、可信度等往往十分重视，但在搜索引擎方式下，信息来源是分散而隐性的，因此受众对来源的重视程度有所下降，他们往往只注重获取的信息与自己需求之间的吻合度。同时，多数人也常常缺乏主动检验信息真伪的意识和能力。

3.网民搜索行为的独立性与关联性

网民的需求是各种各样的，每一个人在网上进行搜索时都是独立地发出自己的请求，所以网络的搜索行为具有相对独立性。但另一方面，他们也并不是完全孤立的，许多搜索引擎会将与某一搜索关键词相关的其他网民的搜索请求列出来，这使网民的搜索有了相应的参照，同时，也使网民可以在无意中进行搜索的“重定向”，因为他可能采纳别人的搜索请求来继续自己的搜索。这既可能优化他的搜索过程，也可能使他偏离搜索的既定方向。

此外，有些网站将热门搜索关键词列出来，这在一定程度上刺激了网民对这些关键词的关注与搜索，群体效应影响个人行为，这也是搜索引擎传播中的受众关联性的一个表现。

在搜索引擎的后台，可以记录每一搜索行为的基本数据，并将它们汇聚为总体数据，这些数据在更大程度上体现了个体行为之间的联系，例如，热门搜索关键词实际上体现了受众的某些共性需求，而这些需求背后又是社会环境因素的作用。

4.传播内容的相对无序性

搜索引擎的工作是由机器基于算法自动来实现的，在搜索引擎渠道中，并没有编辑对内容进行把关，在一定程度上看，它所传播的内容是无序的。这种无序性主要表现为以下三个方面。

一是搜索引擎的排名结果并不必然反映内容质量的高低。搜索引擎本身并不提供内容，它只是将某一主题的内容从网络中搜寻出来，它对于内容虽然有排序的功能，但是这种排序并不是基于对内容质量的直接判断，而只是基于关键词出现频率或者网站被链接的数量等指标。

二是搜索引擎不能保证信息的真实性。搜索引擎虽然可以为受众提供众多的相关信息，但是，它没有鉴别信息真伪的作用，对于信息真实性的鉴别,需要由受众自己来完成。

三是搜索引擎提供的内容并不必然保证与用户需求吻合。尽管用户的搜索目标是明确的,而且搜索结果与用户请求的相关性往往是衡量搜索引擎优劣的一个重要指标,但是,这也不能保证在任何情况下与受众请求的搜索目标最相关的信息总能排在搜索结果的最前列。

(二)搜索引擎数据的研究价值

搜索引擎虽然只是一种中转站,其目的是帮助人们发现与获得特定信息,但人们在这个中转站的行为最终会形成一种宝贵的财富,那就是搜索引擎所记录的各类数据,这也是网民搜索行为的一种直接量化统计,这些数据具有重要的研究价值,通过搜索引擎获取信息虽然看上去是孤立的个人行为,但是,系统的后台数据可以体现分散的个人行为累积后的社会性结果。这些后台数据不仅可以反映不同信息受人们关注的程度,从而为受众研究、市场研究提供重要的参考依据,同时它们也能成为一种晴雨表,在一定程度上反映社会环境“气候”的变化。

虽然人们的搜索行为既有相对独立性,又有一定的关联性,但是,总体来说,这种搜索行为是不受外力的强制性影响的,它是人们意愿与需求的一种自然流露,它甚至比某些调查更客观真实,更能反映经济与社会发展的内在本质与运行规律。

搜索引擎数据,需要运用不同的坐标体系进行研究,常见的方式包括:按主题或关键词做分类分析、按地区做对比分析、按品牌做分类或对比分类、按时间进行变化规律分析等。

总体来看,通过搜索引擎数据进行的研究,主要体现在以下三个方面。

第一,媒体受众分析,搜索引擎数据可以直观地反映人们的信息需求与服务需求,也可以反映人们对热点事件的关注程度,对于传统媒体以及网络媒体,这都是非常优质的受众研究资源。

第二,消费市场分析,针对特定的消费品市场,通过对相关搜索数据的分析来研究人们的消费倾向与偏好,以及各种不同品牌的影响力。

第三,社会发展动态分析,搜索引擎数据是一个重要的窗口,它反映了社会的各种动向,有些甚至是隐藏的并没有通过舆论表现出来的社会的深层本质状态。例如,一段时间内的搜索热点可以在一定程度上揭示这一时期内政治、经济、文化的发展特点。

搜索引擎既是信息的导航者，又是受众信息消费行为的记录者，它的各类数据的确给了人们丰富的研究资源，因此，对搜索引擎的研究就需要从信息的生产角度和信息的消费角度综合考察。而在信息传播层面之外，搜索引擎的社会学意义、营销学意义等也不容忽视。

第二节 泛媒时代——碎片化信息与扩张的传播渠道

随着信息通信技术的不断发展，门户网站为主导的传统经典传播渠道从新媒介的前端被挤下，社会化媒体、各类型资讯客户端应用、个性化推送平台、专业性服务平台、视频与 VR/AR 平台逐渐打破了其传播渠道的垄断地位。

兴起的传播渠道与平台对信息内容的聚合与分发思路不断催生新的渠道，网络用户获取信息的途径被空前扩大，在信息流动的过程中也开始扮演更主动的角色。

一、新媒体传播渠道的扩张

20 世纪 90 年代，互联网进入大众传播领域之初，最先出现的传播渠道是门户网站，并在此后十多年的时间里，经久不衰，但门户网站是传统媒体传播模式的延续，属于专业生产内容（Professionally-generated Content，PGC）这也意味着，它的用户，在很大程度上也扮演着传统媒体时代受众的角色，尽管彼时网络环境能够给予受众更多的选择权和主动性，但未在第一时间得到释放，随着互联网发展与技术普及，用户在网络信息内容与传播中的作用在不断放大，一步步改变着前沿的传播模式与方向。

（一）编辑把关十大众化推送

门户网站的兴起，对传统媒体渠道形成了第一轮冲击。门户网站作为内容的集成商，可以将多个媒体的内容聚合在一起，再以编辑的判断为基础进行内容筛选，将媒体的内容以无差异的方式推送给大规模用户，人工判断在内容分发中仍然起主要作用。移动时代的综合性资讯客户端，扮演的作用也是类似的。

门户网站、资讯客户端等整合类平台虽然拓展了信息传播的渠道，但从传播机制与模式来看，与传统媒体的点对面模式是完全一致的。从用户这端来看,他们接收到的信息是同质化的,用户在内容生产与传播中的作用也是有限的。

(二)多源搜索+算法调度

搜索引擎兴起后,它作为信息分发工具的作用也突显出来。搜索某个关键词后,内容的排序决定了相关内容及其生产者被用户点击的可能性的高低。

搜索引擎同样是对广泛的信息来源进行搜索,但算法决定了搜索结果的排序,这种算法更多的是对传播者及其内容的一种权重衡量。搜索引擎虽然自身并不生产内容,但是,它们对于网站流量的调度作用是明显的。

搜索引擎将用户的搜索请求作为信息整合的起点,这也意味着,用户在内容消费中的主动性开始得到重视。

(三)人际网络+大众传播

在成为人们的社交空间的同时,社会化媒体也开始成为新的内容集散与分发地。社会化媒体对于整个新媒体新闻及其他公共信息传播的模式与结构影响都是深层的,它将公共信息传播带向了社交化传播。

在社会化媒体里,由社交网络构成的人际传播渠道成为公共信息传播的基础设施,在这些平台上,媒体内容的再分发能力,很大程度上取决于它们激活的人际传播网络的规模。

以社交网络来传递公共信息,这是大众传播出现之前的公共信息传播模式。因此,在某种意义上,社会化媒体带来的是一种“回归”。但是,由于互联网形成的社会网络规模的巨大,社会化媒体传播的效率,是以前的人际传播无法企及的。

这样的一种传播模式,也使得信息的筛选机制发生了变化,过去职业媒体人进行的信息“把关”,在社会化媒体中受到用户的“鼠标投票”的冲击。

(四)个性分析+算法匹配

近年公共信息传播中的一种新现象,是类似于“今日头条”这样的客户端的出现,它们以“个性化”为卖点,为内容与用户间的匹配提供了一个新维度的依据。换句话说,内容与其特定的接收者之间是由算法为“媒”进行匹配的。

个性化算法是搜索引擎算法的一个升级,它是针对每个具体的个体,把个性作为算法中的核心变量，凸显了个人偏好的意义。个性化算法在未来还会进一步优化，对用户需求的解读能力与匹配精确度还会不断提高，但是，显然，用户的信息获取不能仅仅依靠个性化推荐。

个性化算法在一定程度上会减少人们在信息消费中付出的成本，但是它是以小灶的方式对用户进行投喂，这可能会使人们产生消化疲劳，甚至厌食。即使用户并不抗拒，如果个性化算法只是一味迎合用户的阅读偏好，也容易造成用户视野的狭窄，使他们越来越失去对外界环境的全面感知。面对沉浸在个人天地里的离散的个体，社会整合将变得越来越难。

因此，作为对个性化信息服务的平衡，面向大众的常态化的公共化信息推送，仍然是必要的。

（五）临场体验＋社交传播

随着网络视频的发展和 VR/AR 应用的深化，视频和 VR/AR 平台，也将成为一种新的公共信息分发平台。

视频和 VR/AR 的优势在于直观的视觉感受和临场化体验。从新闻呈现的方式看，网络视频直播和 VR/AR 技术，重新定义了新闻现场。在这些新的新闻现场里，用户可以较少受到传统电视直播中记者、摄像、导播等视角的限制，特别是在 VR/AR 新闻里，人们可以直接“进入”现场并根据自己的兴趣进行观察与体验，他们对于新闻的认知，也更多取决于自己的临场观察。

在这些平台上，内容分发也会较多借鉴社会化媒体的模式。社交关系对于视频或 VR/AR 信息的传播，也会起着至关重要的作用。

（六）生活场景＋资讯推送

除了以内容生产与传播为核心的上述平台外，一些原来是以生活服务为核心的网络平台，也在某些领域里媒体化。如淘宝、高德地图、墨迹天气等已经整合了一定的新闻或资讯内容。它们的优势是与某种场景相关，容易成为某个方向上的“入口”。未来将有越来越多的垂直性资讯内容可以通过这些服务类平台流向用户。这类平台，同样需要以对用户个体的分析与把握为前提。

在未来，上面的一些平台也可能会相互融合，成为混合型平台。

以上简单梳理了新媒体传播渠道的演变线索以及不同渠道的分发逻辑。它们所带来的影响，将在后文中进一步分析。

二、传播模式变革、用户参与信息内容生产

在内容传播渠道的延展过程中，互联网的基本单元，也从过去承载内容的网页，演变成连接关系的“个体”。互联网的重心，从内容向“人”迁移。而网络传播模式，也从曾经处于绝对垄断地位的 Web 1.0 时代的“大众门户”模式向今天的“个人门户”模式迁移。

（一）Web 1.0 时代的“大众门户”模式

在 Web 1.0 时代，以万维网为主要平台、以网站的内容为核心的传播模式，可以称之为“大众门户”模式。

大众门户模式是传统大众传播的“点对面”模式的延续，在这样的模式下，网站扮演着互联网传播中心的角色，而之所以能够成为中心，是依靠它提供的丰富内容。网站以内容聚集起用户，由此带来流量。

在大众门户传播模式中，用户仍然是线性传播的一端，且网站与用户（传播者与受众）的地位天然是不平等的，网站对于传播的控制权是强大的，网站的编辑对于内容的取舍直接影响着网民获得信息的范围与质量。网民在信息获取方面仍然是被动的。他们可以浏览网页，但并不能直接对网页进行修改。即使有一定的反馈手段，如留言、跟帖，但是反馈功能的开关控制在网站编辑手上。

面对成千上万甚至数以亿计的网民，网站只能提供无差异的信息供给。这是其“大众”门户的另一层含义。

在大众门户模式下，网站传播效果只能以用户规模来进行粗略衡量，而无法对信息的准确落点进行统计和分析，也很难对用户的信息阅读深度进行判断。网站的竞争，主要体现为用户规模的竞争。

尽管 Web 1.0 时代的网站难以计数，但是，大浪淘沙之后，真正具有强大生命力与影响力的网站，仍是有限的。整个互联网最终会集中在某几个强势的门户网站上，这些网站也就是整个互联网中的传播中心。

（二）Web 2.0 时代的“个人门户”模式

在基于万维网技术的门户网站的影响力进入鼎盛时期后，各种与之思路不尽相同的新技术也出现了，其中 P2P 的技术，已经初步显现出去中心化、以个人用户为基础节点的思维。

P2P 技术，也称为“对等网络”(peer to peer)技术，这是一种网络结构的

思想。它与 Web 1.0 时代网络中占据主导地位的客户端/服务器(client/server)结构(也就是万维网所采用的结构方式)的一个本质区别是,整个网络结构中不存在中心节点(或中心服务器)。在 P2P 结构中,每一个节点(peer)大都同时具有信息消费者、信息提供者和通信三方面的功能。在 P2P 网络中每一个节点所拥有的权利和义务都是对等的。曾经风靡一时的 Napster 应用、BT 下载工具等,都是典型的 P2P 技术应用。①

这样一种应用思维,与互联网本身的基本结构设计及终端连接思路是一致的。

1969 年,诞生于美国的互联网雏形阿帕网(ARPAnet)一开始就采用了被称为"分布式"的结构,这种结构的通信网是对"集中型"和"分散型"网络结构的更新。后两者在电话网中非常常见,它们都是围绕着一些中心交换点构造起来的。分布式网络去掉了中心交换点,形成了一张由许多节点连接而成的网络,每一个节点都有多条途径通往其他节点。采用分布式结构,使得网络中的任何一个节点被破坏后都不会影响到其他节点之间的通信。

分布式的网络结构,具有很高的安全性与可靠性,也使得互联网的基础结构从一开始就具有"去中心化"的特点。虽然后来万维网应用强化了门户网站的中心地位,但 P2P 重新强化了去中心化、依赖每个节点的分布式结构思维。尽管 P2P 技术并没有完全应用到新闻传播领域,但是,Web 2.0 的发展,将 P2P 的某些传播特性继承了下来。

在 Web 2.0 及其他技术的推动下,一种与"大众门户"完全不同的"个人门户"的模式逐渐浮出水面。它的传播网络是由无数的网络节点(用户)及它们之间的多元连接共同构成的人的关系网络。个人门户的传播模式主要有如下特点。

第一,每一个节点成为一个传播中心。

在个人门户模式中,每一个网络上的节点都是一个传播中心。每一个节点同时扮演着信息的生产者、传播者与接收者的多重角色。这些节点既包括个人用户,也包括媒体或其他机构用户。每个节点都具有内容生产的可能性,也意味着,某些时候,网络中的内容生产是由多个节点共同参与的分布式生产。

---

① 参见程学旗等:《P2P 技术与信息安全》,《信息技术快报》2004 年第 3 期。

第二，关系成为传播渠道。

在这种模式中，信息沿着人们的社会关系网络流动。节点的社会关系（用社会学的概念来说，便是“社会网络”）成为信息流动的渠道。换句话说，在这种模式中，传播是“以人为媒”的。这也就意味着，在这样的传播模式中，关系渠道的数量与质量直接影响着信息的流动广度。传播者之间的竞争，开始转向对用户“关系”的争夺。

第三，社交和分享成为传播动力。

在个人门户的传播模式中，社交和分享是内容生产与传播的动力。人们基于社交的需要而不断发布内容，这些内容也作为社交的“谈资”被他人分享。反过来，社交因素也常常有助于推动人们对某些内容的关注。

第四，社交关系网络成为信息的个性化筛选网络。

经由个人的社会关系网络进行的信息传播，更好地实现了信息消费的个性化。正如《新媒体用户研究》一书指出的：“与以往的信息解构与重构的思路不同，Web 2.0 着重在用户群的解构与重构。经过现实社会过滤和筛选后，由真实的个人和真实的社会关系组成的信息网络自动承担了网络信息的选择、过滤、传播和互动任务，使得信息与用户之间的相互匹配过程更自然、更精准、更智能、更高效。”①

第五，传播多层次，且传播路径易于观察。

基于个人门户及其社会关系的传播是多层级的，信息需要经过多次传播才能不断扩大传播效果，但是，四通八达的人际网络，很容易推动“裂变式”传播的形成。

在这样的传播网络中，每一次信息传播的过程，都可能出现信息的变形，例如，网民在转发信息时附加自己的意见，或者对于原始信息进行增减。其中，意见的附加更为突出。因此，信息传播过程不是一个简单的信息复制过程，而是信息的不断再生产过程。虽然传播层级多、路径复杂，但通过一定的技术手段，可以直接观测到信息流动的每一个路径及落点，以及用户信息阅读的深度、信息引发的意见等。

从传播格局上看，个人化门户模式带来了一个“去中心化”—“再中心化”的过程。这样的传播模式，理论上意味着每一个传播者的起点是相对平等的。即使是专业化媒体，如果没有足够多的关系渠道，其内容也难以实现

---

① 彭兰：《新媒体用户研究》，中国人民大学出版社 2020 年版，第 9 页。

有效传播。相反，即使是普通个体，如果善于经营关系，也能在这个平台上形成自己的影响力。这是对传统的传播格局的一个去中心化过程。

但是，这并非意味着网络中就不再有中心。个人门户传播模式实际上同样会加速网络话语权力的分化，特别是在个体用户层面，因此，最终网络中还是会出现新的权力中心。

目前，“个人门户”主要建立在人们在社会化媒体中的个人账号基础上。但未来的个人门户可能出现在前文中提到的各种资讯分发平台中。在未来的个人门户中，信息传播、社会交往、电子商务，甚至工作、学习的功能都可以集成在一起。每个人的个人门户都是独一无二的。个人门户既是人们与外界进行双向信息交换的“窗口”，也是他们构建自己社会关系的平台，同时还是网络化生活与工作的基点。这种个人门户的形成，使得人们对于门户网站、客户端的直接访问逐渐减少，这也就意味着媒体自建渠道的地位被削弱，由此也带来了传媒业格局的变化。

（三）新媒体传播主体的扩展

传播渠道与模式的变化，带来了“万众皆媒”的景观，过去由专业媒体人主导的大众传播，已经扩展为全民参与的传播。

万众皆媒意味着每个人都有可能成为信息来源，也可能成为信息传播的节点，人们的社交网络成为主流的信息传播渠道之一，传统的大众传播模式虽然没有完全失效，但其作用范围正在缩小。

除了个体外，政府机构、企业及其他各类组织，也开始通过自己的渠道进行信息发布、与公众沟通，在出现危机的时刻，这些渠道也成为其公关的渠道。在整个内容生态中，这些组织也成为重要的一类传播者。

进一步，在未来信息生产系统的各个环节，参与主体将不仅是人，机器及万物都可能成为信息的采集者，而机器也可以完成信息的智能化加工。这意味着掌握着智能机器和传感数据的 IT 企业、物联网企业，也将成为信息生产系统中的成员。一个新的“万物皆媒”的时代也将到来。

（四）用户的“分布式”内容生产

观察过去传统的媒体、门户网站等，无论是 PGC（专业生产内容），还是 OGC（Dccupationally-generated Content，职业生产内容）都是集中式的信息生产模式。而今天用户参与的内容生产（UGC，User-generated Content，用户生产内容），是多主体协同下的一种“分布式”的信息传播处理方式。

个体化节点能够以分布式方式参与内容生产，首先得益于各种社会化媒体技术及其平台的支持。社会化媒体允许每个用户拥有自媒体，这是用户成为生产者的前提。

虽然早期的社会化媒体应用，例如论坛，是相对封闭的，是有一定的“中心”的，但 Web 2.0 时代的社会化媒体应用，使得个体不再被圈定在某些集中的社区里，人们可以基于更开放的关系结构参与内容生产(下一章将进一步分析这种结构的变迁)。这样的分布式的内容生产，更少受到某些绝对“中心”的控制，人们的自主意愿能得到更多体现。

正在兴起的“区块链”技术，或许会以另外的方式来推动分布式生产。区块链(block chain)是由多个独立节点参与的分布式数据库系统，也可以理解为分布式账簿技术(distributed ledger technology，DLT)，由这些节点共同维护。它的特点是不易篡改、很难伪造、可追溯。区块链记录所有发生交易的信息，过程高效透明，数据高度安全。凡是需要公正、公平、诚实的应用领域，都可以应用区块链技术。①

从区块链技术的原理看，它的透明性与安全性建立在每个节点的贡献基础上。当内容生产与传播已经开始以用户节点为基本单元时，理论上，它也可以利用区块链的思维，虽然具体的应用方向还需要进一步探索。

区块链技术或许会赋予内容网络中个体化节点更大的“权力”，而非仅仅是“权利”，他们对内容生产的自主权(包括内容不被删除的权力)会进一步提高。

当然，个体化节点之间仍然会有话语权差异，这也会体现在内容生产中。虽然节点的起点相同，但在经过一段时间后某些节点可能会成为具有更强话语权的“中心”，这些中心形成的机制与以往的门户网站截然不同，且这些中心也处于不断的流动中。

1.专业媒体生产与用户生产

传统媒体时代的传媒行业，拥有相关资质的媒体无疑处于一种绝对的垄断者和权力中心的地位，在传播体系、生产机制与文化上，都表现出较强的封闭性与集权性，这种封闭性与集权性既有利于保证这个行业的水准，也会不断巩固这个行业的高高在上的地位。系统的封闭性，也使得传统媒体周围没有太多的参照系或参照物。在这样的情况下，媒体对自己产品的质

① 参见蔡维德等:《基于区块链的应用系统开发方法研究》,《软件学报》2017 年第 6 期。

量的检验能力也有限，容易产生良好的自我感觉，而这也会成为阻碍，使得媒体缺少自身变革的动力。

尽管传统媒体一直信奉“内容为王”，但是，其生产的内容却又存在一定的局限性，这主要表现为视野的有限性、形式的凝固性、内容价值挖掘的不充分等。

在传统媒体时代，身处“庙堂”之高的媒体对于其受众，本质上是“俯视的”“教化的”。即使媒体越来越多地追求“寓教于乐”的技巧，但核心还是“教育”“教化”。

传统媒体也意识到，由于自己的权威地位，任何一点失误都可能会产生重大的后果。因此，它们会制定严格的质量标准，其生产流程与管理体制也会尽量保证对质量的控制与监督。但媒体的质量标准，比较容易落实在一些具体操作层面上，对于媒体反映社会现实的准确度或干预社会现实能力的检验，相对困难。

但今天这样一种以媒体为绝对中心的传媒行业格局正在打破，传统媒体之所以会感觉到巨大的挑战与危机，在一定程度上也是因为用户的参与使得以往由于媒体中心地位而隐藏的问题日益显露出来。

分布式生产意味着用户可以按照各自的意愿，而非媒体的统一意志，从不同的视角、层面来进行内容的生产。它意味着全民参与，行业壁垒打破，专业与业余的界限淡化，专业媒体的中心性地位受到挑战。

在过去的大众传播机制下，媒体天然地站在话语权的中心与“高地”，且拥有“高音喇叭”，其音量无人匹敌。而在人人都有麦克风的时代，喧嚣与骚动不可避免，媒体的声音也被抑制。这种嘈杂的信息环境，也成为人们批评新媒体的主要理由之一。

但对媒体来说，用户参与的分布式内容生产或许已不可回避，这也会在某些方面为传统媒体提高其专业性提供助推力。

分布式的、无所不在的自媒体，可以延伸媒体的触角。

媒体的力量终归有限，它们难以实现对社会的全时空覆盖，而在它们的触角暂时不能抵达的地方，自媒体成为其有效的延伸。即使自媒体提供的是非专业的、碎片化的信息，也可能成为媒体报道的由头或线索。

用户的分布式的内容生产，也可以成为检验媒体内容质量的参照物。

相比过去媒体的权威化、封闭式生产，以及总是以“完成时态”呈现给公众的内容，今天用户参与的生产使得很多新闻生产过程变成了开放式、进行时的生产。这使得任何一种主体生产的内容都可能得到即时的审视与检验,这也包括媒体生产的内容。多元视角、多元层面的内容,也会为检验媒体生产内容的水准提供多元的参照物,这也有助于驱动媒体追求高品质的内容。

在更高的层面上,这也意味着媒体的专业"成色"会受到更多的考验。

"万众皆媒"带来前所未有的内容数量上的大跃进,海量的信息也正在稀释各平台上内容的专业性。但这并不意味着社会对专业性需求的降低。相反,海量信息的筛选、判断与解读,更需要专业眼光。这在一定意义上会推动内容生产的"水涨船高",推动专业标准的提升,也会带来人们对专业标杆的呼唤。

进一步,自媒体也可以成为媒体的"扩音器"。

尽管是分布式生产,但自媒体的内容生产,往往与媒体内容生产有着伴随关系,这会形成一种"正反馈"效应——使某些内容得到放大,同时也使某些内容衰减。如果媒体的内容得到很多自媒体节点的呼应,那么,自媒体可以成为媒体的"扩音器"。

除了分布式生产对媒体的补充、检验和扩张等意义外,用户生产的内容,用户的行为、情绪、态度等数据,以及用户社群等,都可能为媒体提供能量补给。

尽管近年来很多人将自媒体视为传媒生态的一种破坏性因素,但客观地看,自媒体并非媒体的敌对力量,自媒体的汪洋大海也不会淹没媒体,但它们可能会在公共平台上稀释媒体的"浓度"。媒体只有不断"提纯"专业度,才能继续保持"存在感"。善于吸纳自媒体的能量,媒体也将更为强健。可以预见的是,未来媒体与自媒体间的协同机制,或许会成为常态。

另一方面,在业余的自媒体中,也会成长出一定的专业力量,它们虽然不可能替代媒体,但会给专业化生产带来新活力。

2.分布式内容生产与信息碎片化

分布式内容生产及后续传播带来的另一个显著的结果,是信息的碎片化。

在一般逻辑看来,碎片化意味着片断的、零散的、不完整的。但是,如果拿新媒体内容生产的碎片化与传统媒体报道的完整性相比,我们会发现,传统媒体的"完整"未必比新媒体中的碎片更能反映事实的全貌。传统媒体所称的完整传播,多数只是指作为新闻作品的完整性,是在一个相对狭窄、封闭的认识框架内文本上的完整。但是，如果将这些新闻报道与事实的真相去对照，常常会看到，这些报道仍只能反映事物的一个局部，甚至由于各种因素，对于局部的反映也存在着偏差。

我们的媒体不乏优秀的记者，他们对某些事物的报道的确可以做到非常深入，也可以不断逼近事实的真相，但即使是优秀记者的深度报道，总还是会受到个人认识视角的局限，所以他们的报道，在某种意义上，也只是关于事实的某些片断的反映，而不是事实的全部。

无论是某一个事件的报道，还是关于整个社会的"环境监测"，传统媒体有限的触角、有限的容量，都使得它对现实的反映是有限的。传统媒体是在无限的信息中进行有限的选择，并人工地将这些信息封装到一个个封闭的"作品"里。因此，以往的传播学理论也认为媒体所构建的只是一个"拟态社会"。

用户的参与，使得新媒体伸向社会的触角大大地增加了，而且由于用户构成的多元性，这些触角也有可能抵达不同地域、社会的不同领域与不同阶层。所以用户在不同层面上关于某一个事物的认识，常常比专业媒体的单一视角、单一层面的报道，更能反映事物的复杂性。

在某种意义上，碎片化的信息，是对由传统媒体垄断带来的信息不平衡状态的一种补充。它们之间也存在着相互参照、相互校正的可能。虽然每个用户只是提供一些零散的"碎片"，但是，当那些关键的碎片拼贴在一起时，当它们与专业媒体所提供的图景组合在一起时，最终呈现出来的景象，会比仅仅由专业媒体所描绘的景象更为丰富、立体、真实。

即使用户并不直接参与到新闻的生产过程中，当他们的完全出于个人经验与认识的评论附着在专业媒体的新闻报道之后时，这些评论也会变成报道的补充、延伸或检验，所有碎片化的评论与媒体报道组合在一起，才形成了更为立体的社会图景。

尽管碎片化的内容生产可能给抵达真相带来更多干扰，但有些碎片中也可能隐藏着探寻真相的线索。来自社会化媒体的不断质询，也可能促使专业媒体不止步于事实表象的还原，而是向事实的深层挖掘。

因此，碎片化并非新媒体中分布式内容生产的"原罪"，而恰恰是新媒体超越传统媒体的一个重要变化。它使新闻传播变成一个公众共同参与的认识事物、揭示事物的过程，而不是一个由专业媒体垄断的信息"封装"程序，在这个过程中，碎片的不断汇集、碰撞，有可能推动我们逐渐接近真相，立体还原全貌，同时感知一个事物在各个层面的辐射效应。

当然，碎片化经整合后最终揭示事物完整面貌的过程，是一种理想状态，但种种原因都可能会影响到这种理想状态的实现。对于个人来说，由于受到信息源的局限以及个人的信息素养等因素的影响，在很多时候，他并不能把握整体，而是会受到某些碎片信息的误导，这也是我们必须面对的一个事实。从这个方面看，碎片化也可能导致真相还原的困难。当人们在社会化媒体中只接触到一个事实的部分碎片时，就像盲人摸象一样，他们对事实的把握显然是不完整的。因此，对碎片化信息进行整合，将仍是专业内容生产者的关键职责之一。

另外，我们还需要意识到，尽管新媒体平台使信息碎片化这一现象变得“显性”了，但本质上这是整个社会碎片化或者说多元化的一个体现。而价值体系的多元化，是碎片化社会出现的基础。

在中国社会的改革开放进程中，一些过去在中国社会处于边缘地带甚至完全被抑制的价值观开始得到普遍关注，有些得到了广泛的认同，整个社会不再为一种价值观所垄断。正是价值观的多元化，使人们观察、认识、评价事物的角度变得多元，意见性信息的碎片化也就成为必然。即使是事实性信息这样看上去客观的信息，也受到人们主观认识的影响。不同的人在同一时间、同一地点对同一事物的认识与感受，也会产生差异。因此，无论是事实性信息还是意见性信息，人们的认识与表达都不再千篇一律。

在一定意义上，信息碎片化也会进一步推动社会的碎片化，而过于碎片化的社会，会形成更多的矛盾与冲突，甚至不同群体间的对抗。因此，新媒体时代既需要承认碎片化信息以及碎片化传播的价值，又需要在一些时候超越它们，克服它们所带来的问题。

3.作为内容“导体”的个人化节点

今天当我们说到万众皆媒时，既可以说是“万众皆媒体”——人人可以成为信息生产发布的主体，也可以说是“万众皆媒介”——人人都成为信息传播的中介，也就是说是信息的管道与“导体”。

在这样一个前提下，我们需要更多地研究人对内容的“传导性”取决于哪些因素。

以往我们对于媒体用户的研究，主要关注的是他们作为信息消费者的心理与行为，但在观察社会化媒体的传播中，我们意识到，作为信息导体或管道的人，与作为信息消费者的人，会表现出不同的需求与行为模式，心理动因也不尽相同。

作为单纯的信息消费者时，人们对内容的需求侧重于环境认知、社会归属、自我提升等方面的需求。但作为信息导体的人的需求，会更多地考虑“社交”情境。

在社交平台，人为什么要分享内容？可能是因为自我存在感的需要、社会支持的需要（寻求与自己的价值观、立场、观点相一致的观点）、社交表演的需要、情感性互动的需要等。因此，社交平台分享的内容，更多的具有表演的道具、关系的润滑剂、流通的社交货币、强化自己立场观点的论据等功用。内容是否具有社交谈资价值，是否有助于体现用户的存在感、提升人们的社交形象，或帮助他们维系、扩张自己的社交网络，或者融入自己希望加入的群体，都成为它们是否能快速扩散的因素。

这一点，从相关平台的数据中可以得到一定证实。例如，在 2018 年 3 月至 2019 年 3 月今日头条阅读量、评论量最高的爆款文章中，最常见的主题集中于公共性案件、民族情感相关事件、官员贪腐或官民冲突事件、公共道德与秩序事件、名人动向、民生话题等方面。而转发量最高的爆款文章却多集中在情感慰藉（例如节假日的问候）、实用利他、奇闻趣事、子女教育等方面。[①]

这也提醒我们，如果要促成内容的更广泛的传播，既需要打动作为消费者的用户，也需要激活作为“导体”的用户，也就是需要为内容注入更多的社交动力。

但值得一提的是，在信息时代，人们过于关注用户生产内容及用户对内容的传导性，换言之，所有内容生产的标准都定于：能否激活更多的用户去传播信息，这种“无意识行为”可能让用户落入垃圾信息的流量陷阱中。毕竟作为个体，新媒体时代，网络信息的导体带有感性生产与传播的天性，从另一个层面，此类思考也提醒着专业内容的生产者，要时刻保持超越感性的状态，站在智慧客观的立场进行专业判断与信息解读。

4.用户内容传播的机制探索

个体在广域互联网的信息分享行为，最终会汇流成整体上的分布式传播格局，这是一种从无序走向清晰的过程。这个过程不是自然形成的，一方面有全体网民的共同无意识参与和有意识协力，另一方面也需要专业媒体的作用。社会化媒体平台上的各种信息，具体要经过以下几种机制，进行信

① 相关数据由今日头条相关部门提供，此处仅说明统计结果。

息的筛选或整合。

(1)全民投票类型的信息筛选机制。来自互联网上离散的信息碎片，在个体或组织收集物色时都是“平等”的，当信息进入人际关系传播时，“全民投票”的机制就会显露，可以看作是一种信息在社会网络中自然优胜劣汰的过程，任何一位用户不经意间的点击或转发，皆可看作一次有效的投票，并打上数据的印记。这种自然流动的过程，投票的过程，是对信息有效价值的检测，将少数“有用信息”从数据海洋中打捞上来。

由于用户在网络中有情景因素制约，社交环境决定其信息传导的稳定性，“全民投票”的机制并不能在任何场合、环境下对信息价值进行合理的评估，个体手机或电脑端的一次点击和转发，有时候不是最优选择，甚至有可能将最有效的信息淹没，多数人的选择抹杀少数人的选择，可能会造成信息的不平衡，造成多数人的价值取向对少数人价值取向的压制，经常体现在网络意见性信息的流动上。这种多数人VS少数人的网络信息筛选机制，也是对现实社会的一种折射。

此外，在这种机制中，网上水军、炒作、自动回复发帖程序的干扰对虚假信息环境的形成有很大关系。

这种全民投票的传播，也常常因为情绪化的因素放大“后真相”困扰。

(2)意见领袖的权力中心作用。就算在“全民投票”机制中，也并非人人平等，意见领袖对于网络信息的流向影响力远高于一般用户，而意见领袖的存在，是新媒体平台公众自然选择的结果。

在传统的传播学理论中，意见领袖是在人际关系网络中为他人提供信息、施加影响的活跃人物，在大众传播效果的形成过程中有着举足轻重的作用，他们过滤信息，是信息的中介。

而当今社会化媒体平台上的意见领袖，其概念与传播学两级传播理论中的“意见领袖”有所不同，他们不仅作为信息的中介、中转，已经发展为信息与意见产生的源头，并持续影响着平台信息之后的走向、意见的走向。

网络中的意见领袖有自身的特质要求，这包括个体在现实中的地位和名声、个体信息持有质量的水准、个体的专业化知识水平、网络生产能力与传播能力、参与社会化媒体活动的频率与深度、社交能力等等。有研究者指出，发言频率越高、辩论能力越强、影响力和自我坚持力越大的话题参与者，成为意见领袖的可能性就越大。[①] 这是基于网络论坛等社区的研究做出的判断。

意见领袖在社会化媒体中主要通过以下几种方式发起作用。第一，强势的内容源。某些意见领袖是通过自己独家的优质资源，被无数的网民推向一个信息制高点，其有分量的信息、知识或见解，很容易在网络的“马太效应”下，不断被加强和巩固。第二，也有意见领袖其原创内容并不多，也没有自身的独特代表作品，他们主要通过转发的方式，促进某类型信息的广域传播，提高了这些信息的“落地”效果，起到了信号放大器的作用。第三，也有些意见领袖通过关注或不关注一些信息，起到了信息流向调节的作用，引领追随者关注某一类信息，或漠视某一类信息，都在很大程度上影响着信息扩散的轨迹。

(3)“自组织”式的信息优化。经过一系列优胜劣汰选择出来的信息，还需要一个进一步处理的过程，例如在信息基础上的补充、发展、纠错等。这种优化很大程度上是借由社会化平台上的“自组织”机制来完成的。

在一些大型论坛、维基百科等平台上，存在的自组织一般都非常稳定，这是经历了一定的磨合后，内部的分工已经形成，成员之间也有固定的互动模式，此类自组织对于信息碎片的优化整合能力非常高。

而在微信、微博上的自组织一般都属于应急性的——由于某一次传播活动而汇聚的网络力量，常常在活动结束之后，个体关系消散。

从系统论的观点来看，“自组织”是指一个系统在内在机制的驱动下，自行从简单向复杂、从粗糙到精致的方向发展，不断提高自身精细程度的过程。[②]

自组织的机制存在意味良多，诚然单独的个体在网络信息传播过程中的力量渺小，有些个体在参与活动时传播的信息甚至是错误的，但在网络间、用户间相互协作、验证、校正信息的行动，对揭露复杂的事件真相有积极的作用。虽然自组织力量并非能够优化信息传播的每一个细节，但事实证明在多数重大事件的网络传播过程中，用户的自组织行为都起到了突出作用。如 2019 年，武汉新冠肺炎疫情暴发期，一个武汉民间微信群的组织战果是显著的：7 天时间，对接 115 家医院的需求，提供近 6 万只口罩、6000 多

---

① 参见胡勇等：《网络舆论形成过程中意见领袖形成模型研究》，《四川大学学报》（自然科学版）2008 年第 2 期。

② 参见秦书生：《自组织的复杂性特征分析》，《系统科学学报》2006 年第 1 期。

只护目镜、数千瓶消毒液。其中的每一只口罩、每一瓶医用酒精都直接送到医生手中。

自组织发挥效能需要时间和准备条件，在作用发生之前，也可能出现包括谣言在内的一定传播混乱。

【本章小结】

在本章中我们梳理了网络信息传播的经典形态与特点，分析讨论了即时通信传播的特点与社会影响，也进一步探索了与网络社群、搜索引擎等十分有研究价值的议题。通过对经典的回顾，得以看到当下“泛媒时代”所呈现的信息碎片化、传播渠道的不断扩张、旧传播模式逐步走向瓦解。能够更为清晰地认识一个用户主动参与信息生产的、传播模式正在变革中的新媒体发展脉络。

【思考与训练】

1.课堂讨论：泛媒时代下个体的媒介素养有何重要性？

2.课堂讨论：碎片化的信息时代是否还需要深度阅读？为什么？

3.课堂分组讨论、分组发言，概述每一种网络传播经典形式的代表性媒介，分析其优缺点、发展潜力等要素。

4.课堂讨论：信息通信技术是如何改变人类惯常的信息传播格局的？自选一段媒介革命进程简短回答。

5.自选一种社会化媒体平台的活动，结合案例说明意见领袖的作用，整理形成作业。

【延伸阅读】

1.喻国明、李彪、杨雅、李慧娟：《新闻传播的大数据时代》，中国人民大学出版社 2014 年版。

2.[美]比尔·科瓦奇、汤姆·罗森斯蒂尔：《真相：信息超载时代如何知道该相信什么》，陆佳怡、孙志刚译，中国人民大学出版社 2014 年版。

3.[美]尼古拉·尼葛洛庞蒂：《数字化生存》，胡泳译，电子工业出版社 2021 年版。

第四章　新媒体产品设计与开发

【本章概述】

本章主要介绍了新媒体产品的基本概念、产品类型以及特征，深刻理解这些概念将有助于新媒体产品设计与开发，使其区别于类似产品。从软件工程的角度，本章按照“瀑布”模型分析了新媒体产品的开发流程，主要包括需求分析、总体设计、编写代码、测试以及发布等环节。同时考虑到人工智能、大数据给产品带来的各种影响，也深入分析了相关的问题。最后，为开发一款产品做相关技术储备，简要介绍了网页设计、程序设计、数据分析等相关的基础知识。

【知识结构图】

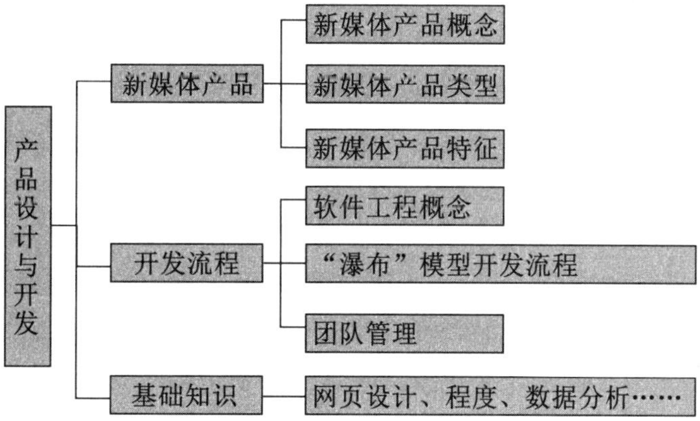

【学习目标】

● 掌握新媒体产品的概念以及与互联网产品、信息产品的区别，理解新媒体产品的不同类型划分方法，掌握新媒体产品的特征。

● 按照软件工程的方法，了解新媒体产品设计与开发的相关流程，重点掌握需求分析和总体设计的方法。

● 了解产品设计与开发所需要掌握的基础知识，便于今后有针对性地展开学习。

第一节　新媒体产品

随着科技水平的不断提高，在政府政策导向的推动和新技术的广泛应用下，催生了新的关系、新的模式以及新的要素，对传媒行业来讲，这也是进行新媒体产品设计与生产的导向和依据。本节将介绍新媒体产品的概念及类型，以及与其相近的互联网产品、信息产品等概念。

一、新媒体产品的定义

什么是“产品”(product)？让我们先来看一个日常生活中的例子：

> 小李同学早晨6:00被手机闹钟叫醒，今天他要去赶一场国内知名互联网公司的面试，朦胧中赶紧穿好衣服，端起牙膏牙刷进入洗漱间进行洗漱，擦一把脸，抹一点润肤霜，随后带好手机、背起笔记本书包赶紧下楼。门口遇上宿舍公共卫生的保洁阿姨，小李跟这位阿姨非常熟悉，他一入学就是这位阿姨负责宿舍楼的公共卫生。阿姨工作认真、待人热情，小李平时都跟阿姨打个招呼，今天也不例外。边打招呼，小李边用滴滴打车呼叫出租车，走出宿舍楼。前面就是学校第三食堂，有一家煎饼果子非常有名，早饭就是它了，小李赶紧微信扫码支付要了一套煎饼果子。这时司机师傅接单了，距离小李还有0.4公里，预计2分钟后到达，很快小李坐上了出租车。小李一边吃着早点，一边打开微信，刷了几页朋友圈，然后又打开今日头条看了一下，有个《人民日报》的H5(HTML5，指第5代HTML，HTML是“Hyper Text Markup Language”的缩写，意思是超文本标记语言)做得非常棒……

这个例子大家是不是感觉非常熟悉，几乎会发生在我们每个人身上。这个例子中的很多物品，如闹钟、牙膏牙刷、润肤霜、笔记本、手机等，虽然作用不同，但都满足了使用者的需求，这些都可以称为“产品”。除了这些实物产品外，例子中的保洁阿姨，她的工作是对宿舍公共区域卫生的清洁，满足了人们对生活环境卫生整洁的需求，她提供的服务同样也是一种产品，只不过是一种无形的产品。除了这些，例子中微信、打车软件、今日头条、H5新闻页面等也是一种产品，它满足了人们对信息沟通或服务获取的需求。因此，从使用者的角度来看，产品是可以定义为向市场提供的，能引起人们注意、使用、获取或消费，并能满足人们需求或者欲望的任何东西。产品不仅包括有形的物品，还包括无形的观念、服务、内容产品，如网页、移动应用或者上述内容的组合。因此，华为手机、丰田汽车、星巴克咖啡是产品，新闻报道、短视频、微信公众号等也是产品，支付宝、拼多多、抖音、微博也是产品。

那么，什么是“新媒体产品”呢？对这一概念的理解有诸多不同。有人认为，“新媒体产品”是在不同的新媒体设备上承载的内容，如智能手机上的App，或者App里面的图文或者音视频内容等。也有人认为，新媒体产品是用于制作和生产新媒体内容的技术和平台，如制作H5的各种应用软件、各种融媒体采编播系统、云存储与管理系统，乃至主流的智能手机操作系统（如谷歌的Android、苹果公司的iOS、华为的鸿蒙操作系统）。有学者认为，“新媒体产品”是指新媒体技术和新媒体内容共生形成的一种整体生态。它是伴随互联网技术飞速发展，新兴的一种产品形态。

那么“新媒体产品”与我们平常所说的“互联网产品”“信息产品”有什么联系与区别吗？“互联网产品”广义上讲是通过互联网进行生产或销售的产品，即包括通过传统行业生产的，并通过互联网进行销售和流通的各种产品，如通过电商销售的产品；也包括仅在互联网上生产，并在互联网上进行销售和流通的产品，如软件、服务、充值卡等。狭义的互联网产品仅包括后者，即离开互联网就无法进行生产和流通的产品。这也是我们常使用的一种概念。“信息产品”则指的是以信息为核心资源和生产要素，以知识形态存在的人类劳动成果，利用其使用价值来满足人类认知和实践需要的一类产品，如出版社的出版物、书籍，新闻内容，企业、学校等做的官方网站等。信息产品因其载体不同，可以分为实体物品和非实体物品。比如，新闻内容以报纸为载体，就是实体形态的信息产品，若以微信公众号或者客户端形式出现，就是非实体形态。从定义上，我们不难看出，新媒体产品、互联网产品还有信息产品，三者存在交集，但又不完全一样，既有共性，又各有特点。在某些场合甚至可以完全重合，以微信读书App书架上的一本书为例，首先，因为书籍里面凝结的是以知识形态存在的劳动成果，当人们阅读的时候就会获得其使用价值,因此它肯定是信息产品;其次,因为它是通过互联网销售和流通的产品,因此也是互联网产品;最后,它是基于微信读书这个技术平台支持的,能引起读者使用和消费并满足使用者需求的无形载体,所以也是新媒体产品。综上,这本微信读书 App 书架上的书籍,同时兼具了互联网产品、信息产品和新媒体产品三种身份。

随着信息技术、互联网技术和新媒体技术的发展,以及知识经济的出现,三类产品显现出了一些共同的特性。第一,可再生性,由于这三种产品都以非实物的形态出现,在生产、流通、使用和销售的任何一个环节随时都可以被修改,这种修改也可能是无意的、有意的,甚至是恶意的,目前网络上流行的表情包就是产品可再生性的重要体现。第二,可复制性。这三种产品最重要的特征之一,也是最大的价值点所在,就是它们可以很容易地以低成本方式进行复制。对于用户而言,可以很轻松地通过互联网获取产品,然后进行复制,而对于生产商而言,只要第一份产品生产出来,后续产品的复制成本几乎为零。第三,消费的无损耗性。这三种产品都可以同时被用户消费,但在消费的过程中不会发生物质消耗,因此其使用价值不会因为用户的使用而产生有形的损耗。例如我们平时的分享行为,看到了一篇好文章,一键转发给朋友,这并不会损耗文章的内容,我们和朋友都消费了其中包含的完整信息。第四,经验产品性质。经济学家把必须经过消费者使用后才能评价的产品称为经验产品,无论这三种产品的哪一种,用户只能在看到、听到、用到这些产品后才能对产品产生直接的感受,好用与否、是否喜欢、是否推荐乃至是否产生购买行为,这一特性也造就了互联网世界里一种独特的行为——评论。我们在购买商品后进行评论,而这些评论又会成为后面的消费者进行购买决策时的依据,在购买一件商品之前,用户往往先查查平台上的得分或者评价,这些评价给我们的决策提供了很好的参考。第五,外部性。对这三类产品而言,一个用户的行为和决策,都可能使另一个或一群用户收益或利益受损,因此我们称之为外部性产品。举个例子,一个用户参与了网上课程的学习,并把课程相关的知识点分享在自己的朋友圈里,看到这些朋友圈的用户也获得了这些知识点信息,但却不需要为此付出任何代价。但我们也可以发现,虽然新媒体产品、互联网产品和信息产品存在着一定的共性,在某些场景下三者甚至可以完美地重合,但在日常生活中三者也存在差异。比如,以光盘为载体的电子书,其发行和销售均不在互联网上进行,也未经过新媒体平台发布,因此它是信息产品,但不是互联网产品和新媒体产品。

了解了产品以及新媒体产品的概念，又比较了新媒体产品与互联网产品、信息产品的区别和联系，下面我们将介绍新媒体产品的主要类型。

二、新媒体产品的类型

在讲新媒体产品的类型之前，让我们思考一个问题：有四种新媒体读书产品，分别是得到、喜马拉雅、网易蜗牛读书和微信读书，该如何进行分类呢？

有人认为，得到、喜马拉雅和网易蜗牛读书都是知识付费类的 App，而微信读书则是一个大家读书的平台；也有人认为，微信读书和蜗牛读书更强调用户的关系链以及粉丝群体，所以用户之间的关系可以作为划分依据。那究竟哪一种划分方法才是合理的呢？本部分内容将介绍新媒体产品的分类问题。

新媒体产品种类各异，分类的角度和标准也有较大的差别，因此根据不同的分类标准，同一种产品也会分到不同的类型中。如上面四款 App，在七麦数据的分类标准中，四款产品都被列为图书类；在易观千帆的分类中，得到被列为被列为教育类，微信读书则被列为移动阅读类。新媒体产品的分类也并非无据可依，常见的分类依据有产品功能、商业模式、独立程度、产品终端四种。

（一）按新媒体产品功能进行分类

按产品功能分类是大家较为熟悉的方法，也是较为常见的方法。按功能不同可将新媒体产品分为新闻资讯类产品、工具类产品、电子商务类产品、社交类产品、休闲娱乐类产品。

新闻资讯类产品是指为满足用户资讯获取的需求，提供海量资讯内容的新闻服务平台，主要包括媒体新闻客户端和新闻资讯聚合平台。此类产品的核心是高质量的内容＋高效的运行，部分产品还有个性化定制的内容。此类产品主要包括网易新闻、今日头条、百度新闻、搜狐新闻等。

工具类产品就是能够帮助用户解决问题的产品，此类产品让用户处理某一事情时更有效率，从而节约时间。好的工具类产品往往具有上千万或过亿的用户量，但工具类产品往往使用场景比较局限，只有用户需要的时候才会去使用，而且用完就走，很难实现用户的长时间占有。工具类产品包含文本处理类、浏览器类、下载类、安全管理类等，如百度地图、搜狗拼音输入法、有道词典、美图秀秀等。

电子商务类产品是指利用计算机技术、网络技术实现整个商务过程中的电子化、数字化和网络化,实现电子商务的平台就是电子商务产品。电子商务产品的本质就是为了促成买家和卖家达成交易而进行服务的产品,通俗意义上,一切与传统交易相关的互联网服务都可以涵盖在广义的电子商务范畴内。电子商务类产品如淘宝、京东、唯品会等。

社交服务类产品即满足人们社交需求的服务类产品,这类产品的核心在于连接人与人。今日头条 CEO 张一鸣曾说"社交是一场信息交互运动",从这句话中可以提炼出社交产品的三种要素:关系链、信息、互动。建立关系、传递信息、形成互动,所有的社交产品都在做这三件事情,也只有做好了这三件事情,人与人之间才能被联系起来。这类产品的代表有微信、豆瓣、知乎等。

休闲类产品为用户提供了一种利用零碎时间快速缓解压力的途径。这类产品主要包括游戏、视频、音乐三大类,如爱奇艺、抖音、快手、王者荣耀等。

值得注意的是,由于现在新媒体产品的功能日趋多元化,为更好地满足用户的需求,几乎所有的新媒体产品都在其核心功能的基础上添加辅助功能,但在分类时往往还是以其核心功能为依据进行分类。

(二)按新媒体产品的商业模式进行分类

按照新媒体产品的商业模式进行分类,可以分为 B2B(business to business)、B2C(business to customer)、C2B(customer to business)、C2C(customer to customer)四种模式。

B2B 模式指的是企业与企业之间通过互联网或专用网,进行数据信息的传递、交换,从而开展交易活动的商业模式。交易的双方往往是生产商与零售商,这类代表如中国化工网、全球五金网、阿里巴巴等。

B2C 模式以网络零售业为主,主要通过互联网开展在线销售服务,企业通过互联网为消费者提供新型的购物环境,消费者在网上购物、网上支付。这类新媒体产品包括天猫、京东、亚马逊等。

C2C 模式是指消费者个体之间的电子商务行为,通俗地讲就是消费者以个人身份在网上卖东西,个人买东西。代表性的新媒体产品有咸鱼、淘宝等。

C2B模式是互联网时代的新型的商业模式，真正的C2B是先有消费者需求，后有企业生产。即消费者根据自身需求定制产品和价格，或主动参与产品设计、生产和定价，产品价格等彰显消费者的个性需求，然后企业再根据消费者需求进行定制化生产，这一模式改变了原有的消费者和生产者之间的关系，提供了消费者贡献价值、企业和生产者消费价值的模式。代表性产品包括全球旅拍、聚想要、国内的红领模式、衣邦人等。

上述四种模式只是新媒体产品的最基本模式形态，随着新媒体产品的不断发展，商业模式也一直不断创新。比如电商类平台中还有一种S2B2C模式、LBS型等商业模式。

(三)按新媒体产品的独立程度进行分类

根据新媒体产品自身独立程度，大致可以将新媒体产品分为平台型产品、入驻型产品和独立型产品三类。

平台型产品是指通过自身的资源优势拉动其他产品的产品。《启示录》一书中将平台型产品定义为一类基础软件，应用开发者能在其上开发应用程序，平台型产品一方面要具备很大的包容性，可以为多样化的子产品提供展示的平台，同时还需要具备一定的灵活性，可以展示自身的价值。操作系统、Web服务、应用开发平台、游戏开发平台、应用平台以及淘宝、京东等电商平台都是这类产品的代表。平台型产品具有强大的拉动能力，很容易形成良好的平台生态。如果成功，往往能够形成一家公司的基石，比如淘宝，就在其购物平台上形成了完整的闭环生态链。

入驻型产品则是指那些入驻平台产品的产品，在享受平台服务的同时，也为平台提供了支撑，和平台共同搭建生态系统，与平台形成互补。根据所提供的性质，入驻产品大致分为三种：内容类、应用类和实体类。内容类入驻产品主要提供的是信息产品，满足人们的信息需求，例如新闻、内容、课程等。应用类入驻产品主要呈现为在平台上的各类应用，例如大家通过各种应用市场下载的App、微信小程序上的各类小程序等。实体类产品如京东上提供的冰箱，但不属于新媒体范围，在此不讨论。

第三类是独立型产品，也就是个人或企业开发的实现了某个功能的产品。其显著特征是独立，也就是自身能完成个人或企业的需求，而不需要借助其他产品的配合，如百度地图、墨迹天气等，但独立产品的盈利渠道容易过于单一，因此许多独立产品都开始整合资源，向平台型资源转变。

(四)按照新媒体产品终端进行分类

产品的终端是指用户在什么设备上可以使用或消费产品,一般的终端包括电脑PC、移动平板、智能手机等,对应地产生了三种产品:PC端产品、移动端产品、Web端产品。使用终端的不同就体现了使用人群的不同,对产品的要求也就不同。以网易云音乐为例,其官网就提供了电脑和手机终端不同的版本。有些产品还会提供不同终端的定制版本,如喜马拉雅就提供小米手机定制版。

随着市场竞争的不断加剧,产品也在向广深和深度两个方向不断发展。因此,也产生了越来越多的产品分类标准和跨界发展行为,例如,2020年B站跨年晚会,也就是那个"最懂年轻人的小破站"举行的好评热潮的晚会,稍加分析就可以知道,B站是一个平台型的社区网站,而跨年晚会其实是内容型的入驻产品,这就是典型的跨界发展行为。类似的还有滴滴外卖、美团快车等。

新媒体产品的分类对产品的定位和分析十分重要,关乎产品的发展方向,也是竞品选择的重要依据。在跨界发展的过程中,就需要根据实际的需要,选择具体功能展开分析。当然,除了上述分类方法之外,还有很多其他的划分方法,比如按照使用场景划分为出行类、社交类、观影类、电商类、餐饮类、知识类等(见表4-1);而按照人群进行划分可以分为学生类、职场类、女性类、老年类等。

表4-1　新媒体产品按照使用场景进行分类

使用场景	新媒体产品类型
出行类	滴滴、百度地图、高德地图、哈罗单车、携程网等
社交类	微信、QQ、陌陌、探探等
观影类	猫眼、爱奇艺、暴风影音等
电商类	京东、淘宝、天猫、华为商城、苏宁易购等
餐饮类	饿了么、美团外卖、大众点评、下厨房等
知识类	知乎、百度文库、中国大学mooc、网易云课堂等
……	……

三、新媒体产品的特征

当你安装了一款新媒体产品后,你或许会发现它的独特之处,比如有的产品帮你联系上了失散多年的小学同学,有的产品给你带来运动的乐趣,有些产品上的文章内容质量非常高……这些用户的反应其实都向我们展示了新媒体产品有别于传统媒体的特性，即个性化、转移成本低、社交化、内容生产和分发的多元化、商业变现模式的多样性、市场垂直化。

(一)个性化

新媒体产品的第一个特征是个性化。个性化指的是新媒体产品能够满足用户的个性化需求。以内容产品为例，不同于传统媒体单纯的信息传递，新媒体产品的核心理念不在于信息告知，而在于用户信息需求的满足。每个用户都是独一无二的，每个用户都需要有一种专属于自己的新媒体产品，用户需求呈现出个性化的趋势，所以新媒体产品满足的不再是用户普适性的需求，而是个性化的需求。随着网络技术的飞速发展，算法被大量引入新媒体产品中，许多 App 在第一次登录的时候，就会建议用户进行个人兴趣标签的选择，在后期内容呈现时就会推送与用户兴趣相关的内容，如抖音、今日头条等在算法上的应用就非常明显，通过应用深度学习等技术手段进行内容特征、用户特征、环境特征等多维度的特征标记，从而推荐用户感兴趣的内容。

(二)转移成本低

新媒体产品的第二个特征是转移成本低。转移成本低是指消费者在购买一件商品来取代另一件产品的过程中，过渡而产生的费用。网络上流行这样一个故事：

> 孙女：奶奶，为什么你们那个时代的爱情会历久弥新？
>
> 奶奶：因为我们那个时代的东西坏了，总想着去修，而现在你们东西坏了，总想去换。

这个例子很好地表达了新媒体产品与传统产品的区别，比如买了一本书看了不满意，最多下次不买了，但成本已经付出了；买了一台笔记本电脑，如果觉得不满意进行退货，还得需要退货时间和费用。但是如果一个软件不好用或者一个公众号不喜欢，大家就可以直接卸载或者取消关注，取关一个账号和关注一个账号都只是几秒钟的事情。

(三)社交化

新媒体产品的第三个特征是社交化。正因为新媒体产品有转移成本低的特性，所以很多新媒体产品都费尽心思的加强与用户的联系，提高用户的转移成本，从而提高自己的竞争优势。社交化就是让用户产生一系列依附产品的社交关系，从而实现用户黏性的增加。社交化也是新媒体产品区别于传统产品的核心特征，是新媒体产品活力的源泉，是新媒体产品的必争之地。回看2019年的新媒体社交市场，阿里、字节跳动、搜狐、网易、京东、百度等新老巨头纷纷发力，持续推出各种新的社交产品。2019年初，字节跳动、快如科技、快播一起出手，推出多闪、马桶MT、聊天宝三款聊天产品；6月，搜狐对外宣布推出"狐友"；9月，京东数科对内测试校园社交产品"梨喔喔"，阿里巴巴推出全新社交产品"Real如我"；11月，百度推出基于地理位置的"听筒"，网易上线主打语聊的产品"声波"，探探在部分地区测试"闪聊"，让用户可以蒙脸聊天，腾讯更是一口气上线了猫乎、回音、轻聊、响风、有记等。虽然这些产品还一时无法撬动微信、QQ等国民级社交软件的霸主地位，但从阿里巴巴、字节跳动等巨头的入局可见社交因子对新媒体产品的发展产生巨大的影响。

（四）内容生产和分发的多元化

新媒体产品的第四个特征是内容生产和分发的多元化。要满足用户的不同需求，内容生产机制的融合重塑就不可避免。PGC＋UGC[①]已逐渐成为新媒体产品的主流内容生产模式，OGC、PUGC、MGC[②]等模式也越来越活跃，保证了专业与多元并存。例如，清华大学化工系博士毕啸天，以"毕导"这个账号在微博和微信公众号上发表了一系列的科普文章和视频，成立公司后于2018年完成了天使轮融资，截至2020年4月，其微博粉丝量已经超过了168万。再比如另一个专注于科普视频制作的科技类自媒体"回形针"，也在2019年实现了天使轮融资，该媒体在微博、B站等开设了账号，截至2020年4月，微博粉丝超过了376万，B站的粉丝也达到了208万。

（五）商业变现模式的多样性

新媒体产品的第五个特征是商业变现模式的多样性。与传统产品一样，新媒体产品的终极目标还是盈利和商业化，但变现模式则多了不少。与传统产品大多依靠售卖产品本身实现价值转移，从而获得收益这一单一的

① PGC：Professionally-generated Content，专业生产内容。UGC：User-generated Content，用户生产内容。

② OGC：Occupationally-generated Content，职业生产内容。PUGC：PGC和UGC结合的生产模式。MGC：Machine-generated Content，机器生产内容。

盈利模式不同，新媒体产品的商业变现模式正在逐渐升级，用一句话概括就是“海量的用户带来了海量的流量，海量的流量带来了大量的变现手段”。目前市场上主流的新媒体产品的变现方式主要有广告投放、增值服务、知识付费、周边拓展四种。不同的产品会根据自己的实际情况设计一种或多种变现手段，以运动软件 Keep 为例，单纯从普通用户使用的角度观察，就可以看到课程售卖、开屏广告、会员计划、运动商城、线上比赛等多个盈利点的存在。

（六）市场垂直化

新媒体产品的第六个特征是市场垂直化发展。首先，面对新媒体市场的饱和，几乎已经不能再生产出面对所有用户的产品了，细分市场的竞争加剧，垂直化被看作是新媒体产品发展的机遇。各大新媒体产品在开发时，就已经为争夺流量而选择走下沉路线，将目光聚焦到不同的垂直化和细分领域。例如，咨询平台“丁香园”就瞄准医疗领域，其官方账号“丁香医生”在微博和微信分别收获了千万级的关注，同时还在移动端推出了同名的应用 App。其次，同一领域内的新媒体产品也在从大而泛走向小而精，以短视频领域为例，面对抖音、快手、微视、美拍等早已破亿的社交类短视频，淘宝主图视频、京东主图视频、一条等则选择主攻电商类视频，小影、豆拍、猫饼则专注于拍摄类工具。最后，即使是某一款特定的新媒体产品，也在不断拓展自身平台的垂直类优质内容，例如，抖音就在知识领域推出垂直内容，在 2019 年相继推出了“抖知计划”和“抖知计划 2.0”，推广半年以来，知识垂直类成为增长最快的垂直类领域。截至 2019 年 8 月底，抖音上粉丝过万的知识类创作者超过 5.4 万人，累计发布超过 1280 万条知识类短视频，累计播放量超过 1.3 万亿。[①]

第二节　新媒体产品设计与开发流程

一、软件工程简介

（一）软件工程的概念和瀑布模型

由于目前新媒体产品大多都是基于软件的，因此有必要对软件工程做

① 参见搜狗百科“DOU 知计划”。

一下介绍，便于我们对新媒体产品进行设计与开发。“软件工程”这一概念最早于1968年提出，当时主要为了解决出现的软件危机问题，即随着计算机处理数据量的增长，程序代码也越来越复杂，如何编写高效有用的代码，解决软件开发过程中费用超支、代码冗繁、维护修改困难、工期延长、质量低下不能满足用户需求等困难。所以，当时有专家提出软件的开发也要像工程一样，有计划、有流程、有管理，于是就提出了“软件工程”这一概念。维基百科对软件工程的定义如下：

> Software Engineering is the application of engineering to the design, development, implementation, testing and maintenance of software in systematic method.（软件工程是以系统的方法将工程应用于软件的设计、开发、实施、测试和维护。）

有了这样的方法，软件开发就不再是随性的，而是像盖大楼一样，是有条理、有章法的一项工作，是科学的、工程性的一项任务。软件工程经常采用“瀑布模型”（waterfall model），将整个过程分为五个阶段：系统分析、结构设计、编码实现、测试、发布。

第一个阶段是系统分析，主要完成的工作是需求分析、可行性分析以及总体设计，从某种意义上说这是整个过程中最重要的一个阶段。只有需求明确了，才能知道软件开发的方向，项目开发团队才能评估自己的技术能力能否完成项目。当前的商业模式通常也是一家公司要想竞标一个项目，客户首先要看其对自己的需求分析是否做得好、考虑其可行性有多大、总体的设计又是怎样的，等等。项目经理往往先给客户看的也是这些东西，在得到甲方的确认之后，就会按照这些分析开展后续的工作。一旦系统分析完成后一般就不会做较大的改动了。

第二个阶段是结构设计，在这个阶段主要包括数据库的设计、软件架构设计，业务流程和数据流都要在此体现。设计完成后要形成一系列标准的设计文档，然后将这些文档交给程序员或者第三方的软件外包机构，让他们编码实现，这也就是第三个阶段。完成编码实现后，就要对提交的程序进行软件测试，这项工作可以由项目组的设计人员，也可以让客户代表一起参与测试，测试通过后就可以考虑上线或发布了。软件发布需要由客户经理或产品经理去给客户做培训、演示，这样就是最后的阶段了。总体来看，整个过程是从上到下、一步一步地像瀑布一样流下来的，因而称为“瀑布模型”，是软件工程领域非常典型的模型，很多大型软件、大公司都采用该模型。

（二）人工智能对软件工程的影响

当前进入人工智能、大数据时代，软件工程领域也有了一些新的变化，比如出现了自动需求分析、代码自动诊断、自动压力测试等一系列人工智能参与软件工程的方法，总的来说，人工智能对软件工程的影响主要体现在数据、算法和计算能力三个方面。大数据时代、机器学习的来临，数据的作用不言而喻，也是好多产品开发离不开的数据在发挥作用，一些优质的数据可以驱动一个企业或产品快速进入市场，甚至不需要多好的算法就能取得良好的效果，“人工智能＋数据驱动”成为当前媒体产品开发的最重要手段。但与此同时，优质的数据资源也只是掌握在少数企业手中，如微博、微信的一些社交媒体数据，这是企业赖以生存的命脉。因此，作为一名产品经理，应当一开始就考虑产品需要哪些数据，这些数据如何获得以及质量如何。这关系到后续涉及数据工程方面的工作如何展开、部门之间如何协调。

算法是一个公司最重要的知识产权和创新能力的体现，很多产品都需要有一些独特的算法，如谷歌的 PageRank 算法开创了其搜索引擎的伟大时代，抖音、快手等媒体平台也都有自己独特的推荐算法，这些算法决定了新媒体产品的竞争力和独特性。作为一名产品经理，在设计产品时，要避免使用一些过于超前或过于落后的算法，要对当前主流的算法框架有基本的认识，对不同的算法在不同场景下的应用要有适当的评估，做出合理的选择。

最后一个方面是计算能力，要开发一款新媒体产品，作为项目经理要考虑和评估自己的公司能否承受算力要求，如果不能完成算力的要求，这款产品即使设计出来也不能运行。要综合考虑是采用自建云平台还是购买公有云服务，这就需要产品经理有关于云计算方面的技术知识。

受人工智能的影响，一款好的新媒体产品不仅受到技术的影响，还要有好的商业模式，最后还要有好的产品模型。下面我们将介绍新媒体产品的设计和开发工作。

二、需求和可行性分析

（一）产品需求分析的不同类型

随着近年来我国“大众创业，万众创新”的发展，很多企业和个人进行了产品的设计和开发，总体来说，根据面向客户类型的不同，这些产品和团队可以分为四类：面向企业（To-Customer）、面向客户（To-Business）、面向政府（To-Government）、面向风投资本（To-Venture & Capital）。

面向企业（To-Customer）：主要面向客户端，通常运行一个或几个Apps，一般直接面向用户，如微信、微博等。通常开发这样的产品要考虑几个问题：第一，这样的产品为用户解决的社会需求是什么？而且是自己的团队可以解决，有办法能够解决的。第二，产品的市场规模有多大？也就是这样的产品未来增产的空间，以及能带来多少营收。第三，要运行这样的产品，你手头有哪些资源可以用来整合，完成产品的运行？

面向客户（To-Business）：面向企业的产品，他们本身不运行 App，而是帮助企业开发 App。面向这样的客户要考虑的问题：第一，这些企业客户的需求是什么，他们面向哪个行业，开发哪些功能？第二，他们的预算是多少？第三，自己要接手这个项目，需要投入多少？

面向政府（To-Government）：面向政府部门的产品，我们国家政府会对一些行业或产业有扶持政策，如果企业达到某些资质要求，就可以向政府申请补助。这对我们国家经济社会发展是有利的，起到一个方向引导作用，通常申请的主体是一些科技企业、创新团队和科研机构。开发这些产品时首先要把政府支持的政策、条件弄清楚，要符合支持的方向，其次要在项目申报中把预算写清楚，另外也需要企业把投入的成本或配套列出来。

面向风投资本（To-Venture&Capital）：面向风险投资的产品，主要是企业借助社会资本的投入使得自己的产品迅速成长壮大，经过几轮不同周期的投资最终上市。这类产品首先要有一个好的创业前景，比如一个养老、医疗方面的 idea，使得风投资本愿意注入，其次，创业计划书要做好预算，最后还要考虑做一个初期的样本需要多少成本。

上述四种类型的产品，其共同点就是首先要有一个用户需求分析，然后再考虑目前已经掌握了哪些资源，最后再去计算成本和制订预算，需要我们在开发产品时掌握清楚。到底是资源更重要，还是用户需求更重要？这样的问题在此不进行深入讨论，请大家课后讨论。

（二）需求分析的流程

一个产品的系统分析，主要包括需求分析、可行性分析、总体设计和报价。

首先，是需求分析，接触一个项目后要了解项目的面向对象，客户要解决的问题，了解其商业的业务流程。需求分析一般包括功能需求分析、性能需求分析、可靠性需求分析、可用性分析、接口需求分析、约束性需求分析。

其次，了解了用户的需求后，要进行可行性分析，要知道哪些是能做的，哪些是不能做的。可行性分析考虑的一个问题就是风险问题，包括财务上的风险、法律方面的风险以及竞争对手和用户方面的风险。另外一个问题是在实施过程中技术上的困难，有没有可能突破或者想办法绕过；还有其他方面的因素有没有违反国家政策，比如环境方面的问题、社会道德伦理等。

再次，就是进行总体设计了，也称概要设计。把要做的内容分一下模块，每个模块完成哪些功能，每一个模块有一个用例(use case)，每个用户的需求要通过活动图(activity)的形式展现出业务流。

最后，有了上述分析之后，就可以按照工作量乘以成本价算出产品开发的总价，进行报价，报价一般包括总价、模块的单价以及项目的工期。

(三)可行性分析

可行性分析是在需求分析的基础上对提出的一些策略、方案或者设计的可能性进行验证的过程，看其是否满足用户的需求，以及在执行过程中可能出现哪些问题。可行性分析主要用来验证需求分析，包括一些假设、约束条件，一些决策和方法，也需要具体绘制出需求分析中的一些业务流和数据流。如何进行可行性分析呢？基本包括如下步骤(见图 4-1)。

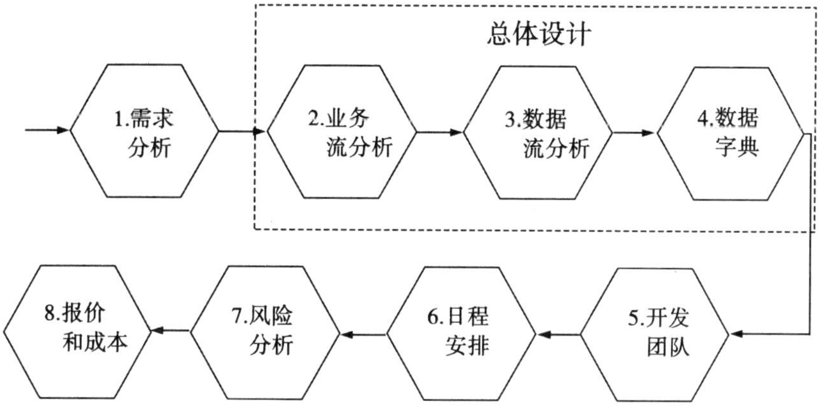

图 4-1　可行性分析流程图

首先，在完成需求分析的基础上对所有的需求进行梳理，分清楚哪些是最核心的需求，针对这些需求列出业务流程，划分清楚哪些是已有的业务流程，哪些是系统开发后需要改变的业务流程。其次，有了业务流程就要考虑每一步的数据流在系统中是如何进行的，用什么技术实现，因此要设计一个比较详细的数据流图。在数据流的基础上，需要进一步定义数据字典，对数据的格式和一些关键术语进行定义。业务流、数据流和数据字典这三个步骤也称为总体设计。在总体设计的基础上，下一步就看由哪些团队成员完成具体的任务，项目实施过程中一般需要建立团队，项目经理或产品经理在其中起到领导的作用，需要根据团队成员的特长来分配任务。下一步就要安排一下工期，看能否在最后期限前完成任务，如果完不成则需要跟客户进行协商。此外，还要考虑实施项目过程的一些风险问题，比如技术难题、人员调动、资源等。最后，在上述所有分析的基础上核算一下成本，进行报价。

三、详细设计过程

在需求分析和总体设计的基础上，我们来对新媒体产品或软件产品的详细设计进行一个总体介绍。详细设计是对基于软件的新媒体产品进行规格化的说明，针对每一个模块以及每一个功能的详细阐述。在总体设计中，对整个系统框架性的总体描述只是一个较为粗略的划分，在详细设计中，需要明确每个功能模块的输入输出、软件架构、数据库形式、用户界面以及很重要的一些数据处理流程，并通过相应的文档进行描述。详细设计中最重要的部分包括以下几点：

(1)用户界面：包括界面原型(prototype)设计、可视化效果。

(2)用例和功能：包括一些非常详细的用例功能描述，软件、硬件与用户的接口，一些模块的功能以及子功能。

(3)数据库：包括 ER 图、数据库的定义及说明文档、一些 SQL 脚本。

(4)类和数据流：类的属性和方法、算法的实现、数据流的方向。

(5)系统架构：各模块的组件以及存储、网络通信等。

详细设计是前面总体设计内容的进一步细化，包括用例、组件功能、数据库、数据流等详细的展开，不断的细化，为下一步的代码(coding)实现直接参考。

四、软件测试

软件测试是在软件编写代码之后的一个比较独立的特殊过程，前面我们讲述了软件开发的生命周期，如瀑布模型、V 模型等。不论哪一种开发流程，测试是必须要进行的步骤，一方面它检测软件的运行状况是否正常和有效，另一方面也检测我们的产品是否达到前面设计的需求，因此测试是非常重要的。美国的 ANSI/IEEE 1059 给软件测试的定义为：

> A process of analysing a software item to detect the differences between existing and required conditions(i.e., defects)and to evaluate the features of the software item.(软件测试是检测软件当前状况和需求之间的差异，并评估软件特征的过程。)

从定义我们不难看出，软件测试是测试当前的运行状况和需求直接的差异性，以及评估软件的性能。由于我们在开发过程中犯错误在所难免，可能会产生成本增加、用户满意度差、安全性以及产品质量低等方面的问题。因此，软件测试的目的，首先，是评估软件产品的功能是否正确，发现产品是否满足用户的需求及特殊要求。其次，我们借助测试来发现软件的缺陷。最后，我们要以尽量低的成本和尽量快的速度来发现这些缺陷，修复 Bug。软件测试越早，就会避免后期更多的损失。从实现方式上来说，测试的方法有两种：一种是人工手动的方式，需要软件测试员自己逐项对软件各模块进行测试；另一种则是自动测试，需要编写一些软件程序来完成，目前也有很多公司开发了专门的软件测试产品(见表 4-2)。

表 4-2　当前主流的软件自动测试工具

当前主流的软件自动测试工具		
1. Ranorex	7. Lambda Test	13. Selenium
2. Test Complete	8. Qualibrate	14. Subject 7
3. Qmetry Automation Studio	9. Worksoft	15. Appium
4. Test Project	10. ZeuZ Test	16. Micro Focus UTF
5. Katalon Studio	11. Cross Browser Testing	17. Test Studio
6. Testsigma	12. Testimony	18. IBM Rational Fuctional Tester

(资料来源：http://www.softwaretestinghelp.com/top-20-automation-testing-tools。)

五、产品发布

产品发布是在整个产品生产周期的结尾阶段，如果团队规模不大，可由系统分析人员来完成。产品发布一般是发布一个应用或软件的最新版本，对公众或某一客户群体进行发放，这个软件有可能是一个全新的版本，也有可能是升级版的发布；在产品发布过程中也不一定是一次性的将最终产品发布,而是在经过 Alpha 测试或 Beta 测试阶段逐步地来发布。在 Alpha 测试阶段,我们产品面向的是内测用户,而软件试运行阶段发布产品则面向终端用户。在 Web 2.0 时代,我们经常会遇见将 Beta 版本直接发布给终端用户的情况。软件发布完成后,也并非乙方对甲方的服务过程结束了,只是软件开发周期结束了,后面可能会进入一个非技术的服务过程,后期还需要进行一个长期的维护、部署、人员培训、监测等。

六、项目和团队管理

一个新媒体项目开发过程中,无论是 To-B 还是 To-C,都会涉及用户、数据(或程序)供应商、代理商,除了上述几类还包括开发团队。在软件开发的不同阶段,团队人员主要角色包括项目经理、系统分析人员、架构分析人员、程序设计人员、测试工程师、部署及发布人员等。这个团队的主要任务就是为新媒体产品的软件开发服务的,因此我们团队管理的主要目标就是管理好这个团队,使之从一个松散的组织形成一个有机整体。如何管理好这样的一个团队呢?第一,要有团队文化,同时要在这一文化下建立一定的规则。大家都在这样的文化下遵守规则,这样团队的工作才能出现一致的效果。第二,要有一个作风沉稳、头脑清晰的领导。第三,要有一定的主动性和激励政策,团队成员才能积极地去工作。第四,文档和项目的代码要有一个好的管理手段,最好要有一个软件进行管理,文档和软件的更新要及时匹配。最后,对于一些非常重要的关键角色需要留有备份。因为团队某些成员出于各种原因可能会离职,但软件的开发周期不能因此而结束,关键阶段的工作最好需要有备选的人员。

第三节　新媒体产品设计与开发所需的基础知识

新媒体产品设计与开发是一项比较复杂的工程,从开发角度来看属于软件工程的领域,特别对新闻传播学科的同学来说要掌握好并不容易,还需要一些计算机科学方面的相关知识。本节将简要介绍需要的基础知识,为将来有志于从事新媒体产品经理等相关工作的同学做好准备。

要学习产品设计与开发至少要在以下 6 个方面有一定的基础。

一、网页设计(web design)

因为从 Web 1.0 时代开始到移动社交媒体 Web 2.0 时代,乃至今天所谓的智能媒体时代，很多媒体产品仍旧是以 Web 页面的形式呈现的，特别是在 Web 端的产品，比如微博、知乎、各大论坛等，还有很多非原生的 App 也是以此为基础，比如，印象笔记是真正的高性能非原生移动 App，作为生产力工具却拥有直观的设计，这一点很受欢迎。推特这么大的流量，很难想象工程师们用的是非原生开发。[1] 再次证明非原生 App 的性能不再是问题。原生平台的作者本身从来没有隐瞒对 H5 的热爱。谷歌长期以来是一直 H5 领域的先驱，使得更多开发者重新思考了 App 策略。目前非原生 App 引用最多的例子之一就是 App Store。因此网页设计与开发这一话题并为过时。

HTML 是超文本标记语言，也就是描述 Web 页面的标准语言，解决了世界上不同的设备上能显示 Web 页的问题，通过一系列的标签来将文本、声音、视频、动画等内容元素进行结构化组织，例如有如下代码[2]：

```
〈HTML〉
〈HEAD〉
  〈TITLE〉一个 HTML 的例子〈/TITLE〉
〈/HEAD〉
〈BODY〉
〈H1〉HTML 很容易掌握〈/H1〉
〈P〉这是第一个段落。虽然很
        短，但它仍是一个段落。〈/P〉
〈P〉这是第二个段落。〈/P〉
〈/BODY〉
〈/HTML〉
```

由于 HTML 很容易掌握且实施简单，因此很快成为万维网的重要基础。现在最新的版本是 HTML 5.0(2008 年开发出)，也就是大家经常所说的 H5[3]，新的版本增加了在网页中嵌入音频、视频以及交互式文档等功能。

还有另一种语言 CSS(Cascading Style Sheets)，即层叠样式表，用于为

① 非原生 App 也称"web app"，是由 HTML5 所做的网站通过一些打包平台或者使用工具打包而成的软件。

② 参见谢希仁：《计算机网络》(第 6 版)，电子工业出版社 2013 年版，第 259 页。

③ H5 这一提法不知源于何处，编者无从查其来源，往往常用在新闻传播的各种文献中，但计算机领域很少用该提法。——编者注。

HTML 文档定义布局。CSS 与 HTML 的作用不同，HTML 用于结构化组织内容，而 CSS 则用于对这些内容进行排版。比如，对某个区域规定字体、颜色、边距、背景等。

在网页前端设计与开发方面往往还需要一种技术，就是 Java Script，这是一种脚本语言，用来实现一些特殊效果，比如动画、弹出对话框等。此外，网页设计人员还需要掌握一定美工基础，掌握颜色搭配、界面 UI、图像编辑与处理等方面的技术。

二、程序设计(Programing)

新媒体产品的开发离不开计算机编程能力，或者作为一名新媒体产品经理，至少要了解或有一定的程序设计知识，比如 Java、C/C++以及目前比较流行的 Python 等。

从编程范式来讲，当前主要分为结构化编程(structured programming)和面向对象的编程(object-oriented programming)。结构化编程的思维比较简单，是早期软件工程发展的重要阶段，至今在编程过程中还是最基础的逻辑单元，主要有三种结构的语句，即顺序、选择、循环，一般也可以用流程图(或 N-S 图)表示。

结构化编程非常适合初学者，只要有基本的数理逻辑思维就很容易学会，在很多教科书中都进行讲解。

面向对象的编程是将现实世界的万事万物进行抽象，抽象成一个类，然后在计算机世界中进行编程实现。比如，“汽车”这一事物，可以抽象为一个“汽车类”，在“汽车类”下面又可以继续派生出“货车类”“轿车类”等子类，汽车则为父类。每一类对象都有自己的特征，称为属性，比如汽车有品牌、排量、载重等；也有相关的一些操作，称为方法，比如前进、刹车、倒车等，通过方法访问这些封装好的对象。面向对象的三大特征就是封装性、继承性、多态性。

三、内容制作

新媒体产品设计与开发是面向媒体的，与一般的软件不同，因此需要掌握一定内容制作的能力，要会写文章、处理图像、音视频等，将这些内容通过编程语言放到产品中去，为今后各种媒体的算法推送提供来源，作为一名产品经理要非常熟悉内容本身的一些特性，这是非常重要的。

四、数据库

因为新媒体产品的每一条内容都是要放到数据库中的，因此要了解数据库的基本原理和知识。当前比较流行的数据库系统有 SQL server、Oracle、MySql 等。要熟悉 SQL（Structure Query Language）结构化查询语言，这是标准的数据库查询语言，它提供了一系列对数据库操作的指令，实现对数据库的创建、增加、删除、修改、查询等基本操作。结合程序设计语言，用户的需求实际上都是通过编程语言对数据库进行相关的操作完成的。在数据库的学习方面，建议安装 MySQL 数据库，这是一款开源、免费的软件，可以很好地实现中等规模的数据库系统，配合可视化的 SQL 操作软件，使用十分方便。

五、数据分析（data Analysis）

数据分析显然已深入到媒体产品的开发和应用领域，也是进行产品设计和开发的必备知识，主要内容包括统计学知识、大数据、NLP（自然语言理解）、数据可视化等方面。这也是媒体领域结合大数据、人工智能所必须的内容，如果没有这些就不可能做到“千人千面”，不能把媒体内容精准地推荐给用户，因此需要掌握这方面的知识。

六、平台体验经验

最后，需要同学们有多种主流媒体平台的使用经验，要知道这些 Apps、网站都提供了哪些功能，要注册后熟练掌握这些社交媒体的使用方法，体会这些媒体的显著特征和流行元素，领会其服务理念，在参考别人产品的基础上，再去发挥自己的创造力。

【本章小结】

本章从新媒体产品的概念出发，分析了新媒体产品的类型和特征，并与相关的概念如“信息产品”“互联网产品”进行了区分。新媒体产品的开发本质上属于软件工程的范畴，因此本章简要地从软件工程的角度对产品需求分析、详细设计等过程做了简要介绍，使读者了解其过程。最后，本章考虑到新闻传播类专业学生的特点，对相关的计算机科学、数据分析等知识进行了介绍。

【思考与训练】

1.新媒体产品的分类方法较多，除了本节所述的分类方法外，请尝试按照自己的思路对新媒体产品进行划分，每个类别列举3～5个产品。

2.近年来，各大媒体巨头纷纷试水新媒体产品，这些产品有些是成功的，有些并未被广大用户所熟知，请同学们课后查阅资料，考察一家公司开发了哪些新媒体产品，并了解其产品定位和特征。

3.体验不同的新媒体产品，并在同类产品中总结其功能特点以及其独特性。

4.人工智能会对新媒体产品的设计与开发带来哪些影响？请同学们课后讨论。

5.假设你是一名新媒体产品经理，需要具备哪些人工智能方面的知识？

6.请组建一个3～5人的团队，提出一款新媒体产品，并按照本章所学知识进行需求分析和可行性分析。

【延伸阅读】

1.胡荷芬、高斐编著:《UML面向对象分析与设计教程》，清华大学出版社2012年版。

2.苏杰:《人人都是产品经理2.0:写给泛产品经理》，电子工业出版社2017年版。

3.张竞宇:《人工智能产品经理AI时代PM修炼手册》，电子工业出版社2018年版。

4.张海藩、牟永敏编著:《软件工程导论》(第6版)，清华大学出版社2013年版。

5.《计算机软件文档编制规范》(GB/T8567-2006)。

6.[美]弗兰克·徐、奥兰多·卡拉姆、芭芭拉·博纳尔:《软件工程导论》，崔展齐、潘敏学、王林章译，机械工业出版社2018年版。

7.[美]拉赛尔:《社交网站的数据挖掘与分析》(第2版)，苏统华等译，机械工业出版社2015年版。

第三篇　运营与管理

古登堡经济原理或许不适用了。

——克莱·舍基

第五章　新媒体运营的理念与思维

【本章概述】

新媒体运营是遵循网络传播的基本规律，在互联网理念和思维的指导下，通过策略方法的执行达成媒体目标，实现经济利益和社会效益的过程。新媒体运营应遵循自由、共享、探索、创新的理念，这些理念蕴含在摩尔定律、梅特卡夫法则、马太效应、达维多定律与吉尔德定律等互联网定律之中。新媒体运营要运用互联网思维，将用户思维、产品思维、流量思维、平台思维、社会化思维贯穿于新媒体运营的全过程。

【知识结构图】

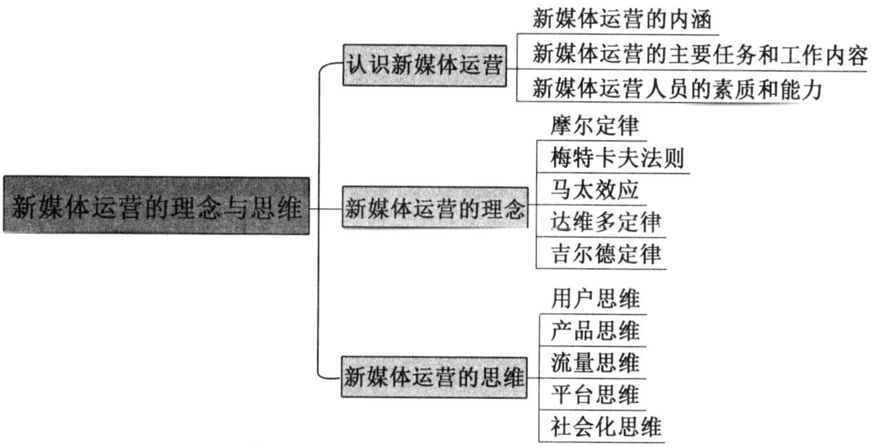

【学习目标】

● 了解新媒体运营的内涵、主要任务和工作内容。

● 了解新媒体运营对相关人员能力和素质的要求。

● 掌握摩尔定律、梅特卡夫法则、马太效应、达维多定律、吉尔德定律等互联网定律的基本内涵和精神实质。

● 理解用户思维、产品思维、流量思维、平台思维、社会化思维的内涵，并在实践中加以应用。

第一节 认识新媒体运营

近年来，微博、微信、今日头条、抖音、快手、喜马拉雅等新媒体迅速崛起，新媒体产业的市场规模急速扩张，催生了对新媒体人才的旺盛需求。此外，传统媒体与新兴媒体融合发展在全国范围内大力推进，目前我国媒体融合已经发展到媒体深度融合发展的阶段，由此传统媒体对新媒体人才的需求量也迅速攀升。在新媒体人才的需求中，需求量最大的岗位是新媒体运营岗。从各大招聘网站的数据来看，运营、策划、营销词频统计分列岗位词频排行前三名。高校人才培养应以社会需求为导向，因此新媒体运营人员的培养已经成为新闻传播类专业的重要任务。那么，什么是新媒体运营？新媒体运营的主要任务和工作内容是什么？新媒体运营人员需要具备怎样的素质和能力呢？

一、新媒体运营的内涵

新媒体运营就是新媒体组织的从业人员遵循互联网基本规律，在互联网理念和思维的指导下，通过策略方法的执行达成组织目标，实现经济利益和社会效益的过程。

新媒体运营的主体是新媒体组织的从业人员。这里的新媒体组织，主要分为两大类：第一类是新闻媒体、政府机构、企业组织、党群团体，以及其他团体和个人入驻微信、微博、抖音、快手、喜马拉雅等新媒体平台后开设的自媒体账号；第二类是传统媒体、政府机构、企业组织、党群团体等经营运作的各类自建新媒体（以客户端为主）。从数量上来看，入驻平台的自媒体账号在数量上占绝对优势，但传媒、政府、企业和团体自建的客户端也不容小觑，自建的客户端在市场开拓、品牌打造、形象塑造、舆论引导等方面有着自媒体账号无法比拟的优势。

新媒体从业人员需要掌握互联网传播的基本规律。在今天，互联网已经成为我们社会的基础性设施，已经成为整个社会和所有行业运行的"操作系统"。在安装了 Windows 系统的计算机上，任何软件从编程逻辑到使用界面，都必须符合 Windows 系统的游戏规则，否则这个软件就无法在计算机上运行。因此，既然互联网已经成为社会的基础性设施，那么任何行业、企业、组织和个人都应该遵循和适应互联网的基本规律。新媒体运营的前提和基础就是了解网络传播的规律，把握互联网的精神和理念，并将这种理念渗透到新媒体运营的过程之中，运用互联网思维开展新媒体运营相关活动。

新媒体运营既要追求经济利益，同时也要兼顾社会效益。作为一种商业活动，新媒体运营必然要追求经济利益的最大化，对经济利益的追逐也是新媒体产业和组织蓬勃发展的最大驱动力。但是新媒体运营不仅仅是商业活动，它也是一种社会活动，因此必须承担社会责任。尤其是新闻媒体、政府机构、党群团体入驻平台的自媒体账号和自建的各类客户端，必须旗帜鲜明地坚持"社会效益优先"的原则。新媒体运营必须坚持社会效益，这已经成为新媒体行业的共识。2019 年中国新媒体大会发布了《中国新媒体社会责任倡议》，倡导广大新媒体及新媒体工作者把社会效益放在首位，唱响主旋律，弘扬正能量，更好履行社会责任，促进新媒体健康发展。因此，实现经济利益和社会效益的平衡，是新媒体运营的重要要求。

二、新媒体运营的主要任务和工作内容

价值创造是企业的本质。在新媒体的价值创造活动中，用户、内容和营销是三个核心要素。用户既是价值创造的起点，也是价值创造的归宿，用户需求对内容和服务的生产和提供具有决定作用，同时也是技术创新的内在驱动力。内容产品是价值的载体，也是连接用户的关键要素，内容产品的使用价值向价值的转化是新媒体盈利的关键所在。产品要顺利到达用户，实现效益的最大化，离不开营销活动。在这些活动中，用户关系是中心任务，内容产品是价值载体，营销是关键环节。因此，我们可以把新媒体运营的主要任务和工作内容分为三大模块：内容经营、产品营销和关系经营。

(一)内容经营

传媒产业的本质是内容产业。无论传媒产业如何发展,无论技术如何升级换代,内容在传媒产业中都占据最基础和核心的位置。因此,新媒体运营的基础和中心是内容运营。内容运营不是简单的“Ctrl+C”“Ctrl+V”,而是包括诸多复杂的流程,包括选题定题、素材搜集、内容编辑、图文排版、封面配图、内容校对、推送发布、监测数据、处理留言、用户反馈互动……总体来看,内容运营主要包括选题策划、叙事策略和传播形式等几个方面。

选题策划的目标是打造“爆款文章”。新媒体运营人员在用户画像的基础上,基于相关数据对用户需求和心理进行分析,选择具有“引爆力”的话题,实现文体特征、文章风格、叙事方式的创新,探索多媒体融合的传播手段,重视形式上的创新。这就要求运营人员以用户为中心,遵循人本逻辑,能够把握新媒体用户的心理和需求特征,在众多的话题中找到契合用户“痛点”的选题,这也是打造“爆款文章”的基础所在。

叙事策略要求新媒体运营人员遵循网络传播规律,在叙事方式上进行创新。比如微博,早期的系统对微博在字数上有着较为严格的限制,新浪微博曾将字数限定在140个字以内。尽管目前新浪微博已经取消了140个字的限制,但是文字发布后在信息流中依然只显示140个字,因此在微博叙事上仍然需要遵循系统设定,以取得最佳的传播效果。新媒体叙事要探索故事化表达、口语化表达、轻量化表达和互动化表达等多种方式,让内容真正做到入耳、入脑、入心。

传播形式主要指的是图表、音频、视频、动画、HTML5等多媒体手段的应用。在信息传播过程中,内容是灵魂,而形式则是决定内容能否被用户喜闻乐见的重要条件,在很大程度上影响着内容的传播效果。新媒体运营人员综合利用多媒体融合的传播手段,可以让新媒体产品产生很强的视觉冲击力,提升内容的表现力。

(二)产品营销

新媒体运营需要将产品的核心价值传递给用户,而实现价值传递的运营活动就是产品营销。产品营销需要把握新媒体营销的内在规律,创造性使用合理的营销方式。新媒体的产品营销可以分为不同的形式,其中最为常见的是事件营销、节日营销和情感营销。

事件营销,也叫活动营销,指的是以产品为载体,通过策划组织社会活动，或利用具有新闻价值、社会影响以及名人效应的人物或事件，提高新媒体品牌和产品的知名度、美誉度和影响力，实现经济效益和社会效益的营销方式。事件营销需要新媒体运营人员主动组织策划活动或事件，制造热点，或是借助新近备受网民关注的、具有较大影响的人物和事件，策划营销活动，实现营销目标。

节日营销是利用特殊的时间节点所进行的营销活动。节日营销需要深入把握节日的文化属性和情感内核，寻找新媒体品牌和产品与节日的相关性，选择合适的角度切入，并利用新的技术手段，设计新的营销卖点，吸引用户参与。

情感营销是从用户的情感需要出发，寓情感于营销之中，唤起和激起用户的情感需求，实现用户心灵上的共鸣，从而实现新媒体的营销目标。情感营销需要新媒体运营人员使用恰当的情感营销策略，挖掘丰富的情感营销素材，创新情感营销的载体，创新情感营销的传播方式，在满足用户情感需求的同时，实现产品价值。

（三）关系经营

新媒体运营是以用户为中心的，关系经营也就成为新媒体运营的核心环节。关系经营强调关系的重要性，要求新媒体运营人员通过各种途径建立新媒体与用户的连接关系，并与消费者、竞争者、供应商、分销商、政府机构和社会组织等利益相关者形成良好的合作关系。

在关系经营的逻辑下，生产者的目标不再仅仅局限于交易的达成，而关心的是与消费者能否建立紧密的关系。关系经营的精髓是“合作”，它要求企业与消费者、竞争者、供应商、分销商、政府机构和社会组织等利益相关者实现充分的合作，通过合作实现多赢。

关系经营以构建粉丝关系和社群关系为中心任务。经营粉丝关系，就是要以特定的产品为中心，让用户成为新媒体的粉丝，从粉丝那里获得经济收入。在粉丝关系的基础上，新媒体还应该进一步构建和形成社群关系。这就要以价值观为基础，进行信息传播、情感交流、文化和价值共享，最终实现社群自身的生产力和价值增值能力。

三、新媒体运营人员的素质和能力

据领英（LinkedIn）统计，2013～2017 年，新媒体运营职位的人才需求量暴增了10.8倍，成为近年来人才需求增长最快的职业。目前，新媒体运营的进入门槛并不高，从事这一职业的人员主要是由记者、运营、文案策划、编辑等从业人员转行而来的，还有不少来自大学应届毕业生。随着新媒体产业的发展，新媒体运营岗位的门槛正在逐步提高，对人才素质和能力的要求也在提高。要成为一名优秀的新媒体运营人员，需要具有较好的专业素质、技术素养和人文素养，还需要具备数字信息传播能力、数据分析能力、渠道整合能力等专业能力。

（一）新媒体运营人员的素质要求

新媒体运营人员需要具备合理的知识结构、科学的思维方式和从事运营工作相关的实用技能，具备创新创业的素质和能力，并不断提升自身的人文素养。

1.专业素质

掌握新闻生产、产品运作的基础知识和能力，具备完善的知识结构和技能结构，是对新媒体运营人员在专业素质方面的基本要求。具体来说，新媒体运营人员需要掌握新闻传播基础理论，熟悉新闻传播的基本业务，具有较强的文字表述能力；需要具备比较广博和扎实的人文学科和社会学科基础知识；还需要掌握经济学、管理学、营销学等学科的基础知识，掌握市场营销、商业变现的方法。

2.创新思维

在激烈的新媒体市场竞争中，惟创新者进，惟创新者强，惟创新者胜。新媒体运营不仅要从事很多重复性的日常工作，而且还要在日常运营的基础上大胆创新，不断提高生产力，获得更高的经济效益。这就要求新媒体运营人员具备创新创业的基本知识与技能，具备创新思维与一定的创业思维与能力。新媒体运营人员的创新思维可以体现在新媒体运营的各个领域，包括内容创新、产品创新、市场创新、营销创新、技术创新等。

3.技术素养和人文素养

新媒体的发展与数字技术、互联网技术等的发展变化息息相关，这就要求新媒体运营人员必须具备较强的认识、理解和使用技术的能力，即技术素养。技术素养既包括对计算机和现代新媒体技术的基本掌握和使用，又包括对最新的数字技术的学习和应用。此外新媒体运营人员还需要具备较好的人文素养。人文素养体现在对人类的关心，对人的尊严、价值、命运的维护、追求和关切。葛剑雄教授认为:“跟人有关的、人类社会、人身本身、人类前提本身的都可以称为人文,包括人的思想、感情、爱好、意愿、信仰。”[①]人文素养的提升,不仅是每个新媒体从业者对自己生命境界提升的需要,更是人类文明进步的客观要求。人文素养的获得,既来自对人文和社会学科理论和知识的学习,也来自对社会的体验与观察。在新媒体的影响日益深入的今天,新媒体运营人员人文素养的高低,在很大程度上影响和决定着新媒体社会效益的实现程度。

(二)新媒体运营人员的能力要求

要做好新媒体运营,新媒体运营人员需要具备以下五个方面的能力。

1.数字信息传播能力

新媒体运营本质上是一种数字信息传播活动。数字信息传播活动离不开数字化平台、媒体和工具的使用。新媒体运营人员需要熟练使用笔记本电脑、手机、平板电脑、摄像机、数码相机等工具,熟练操作微博、微信、抖音、快手等自媒体平台,熟练使用排版、调研、数据分析软件、小游戏等工具。

数字信息传播能力还体现为对网络素材和工具的整合和利用方面。积累优质素材和工具并进行创造性使用,是新媒体运营的窍门之一。这就要求新媒体运营人员能够建立自己的网络素材库,这个素材库具体包括标题素材、选题素材、写作素材、转载素材等。在搜集素材的过程中,要善于利用新榜、西瓜助手、清博大数据等数据平台。除了素材库,新媒体运营人员还要积累新媒体运营相关的工具库,这个工具库具体包含数据工具、着陆页工具、设计工具、排版工具、视频工具、配色工具、运营辅助工具等。其中,数据工具如百度指数、新榜数据、清博数据等;着陆页工具如 MAKA、易企秀、ih5、Strikingly 等;设计工具如创客贴、瓦斯等;排版工具如 Markdown Here、秀米等;视频工具如小影、VUE 等。新媒体运营人员要多与同行进行交流,不断发现和学习各种新的工具,并将这些工具应用到新媒体运营活动中去,从而提高工作效率。

2.人际沟通能力

新媒体运营强调的是“团体作战”,而不是“单兵作战”。在新媒体运营的过程中,团队沟通非常频繁,要将文案需求、设计需求、产品功能需求等及

---

① 《葛剑雄谈科学、人文、信仰》,搜狐新闻,2017 年 11 月 30 日,https://www.sohu.com/a/207713773_800517。

时准确地传达至相关部门或者小组。这就要求新媒体运营人员具有与同一单位不同部门的员工之间进行沟通的能力，能够准确理解对方的意图，打造融洽的媒体内部关系。

新媒体运营人员的人际沟通能力还体现为与用户进行沟通、互动的能力。新媒体运营人员可以通过用户的消费习惯、浏览习惯等数据，对用户进行画像，了解新媒体用户的真实需求。在此基础上，新媒体运营人员还可以利用社会化媒体工具和平台与用户展开互动，策划和组织各种线上和线下活动，维持用户的黏性，保持与用户的互动关系。

3.数据分析能力

数据分析是新媒体运营人员的基本功之一。通过对推荐量、点赞量、阅读量、收藏量、读完率、转发量等数据的分析，新媒体运营人员可以及时掌握产品的传播效果，及时调整优化内容，并为随后的内容生产提供决策参考。数据分析能力具体包括数据分析软件的使用能力、数据的采集能力，以及对数据进行词频分析、语义分析的能力等。在新媒体运营的过程中，对数据的把握，是做好新媒体产品生产和营销的重要依据，同时也为实现商业变现奠定了基础。

4.渠道整合能力

新媒体运营要取得最佳的效果，需要整合运用多种渠道、媒体和平台，统筹线上和线下渠道。新媒体运营人员首先需要整合利用微博、微信、今日头条、抖音、快手等平台，将内容向多个平台推送，延伸信息的触角，形成立体化的传播网络，此外还要善于与其他自媒体在内容创意、内容分发等方面进行深入合作，利用优质自媒体的传播资源做好内容和产品的推广。其次，新媒体运营人员还要统筹好线上和线下渠道，从线上渠道延伸到线下门店、户外广告等线下渠道，实现线上与线下的对接与融合。

5.内容、技术与市场的融合能力

内容、技术和市场的融合能力，日益成为新媒体运营的一种必备能力。在新媒体运营的过程中，新媒体运营人员既需要具备内容运营的能力，也需要具备较好的技术能力，还需要具备开发市场、促成商业变现的市场能力。在新媒体运营中，内容运营是基础，技术和市场运营是必不可少的运营环节。从运营实践来看，新媒体运营人员懂技术，具备基本的技术能力，这是进行团队合作、实现内容创新的基础。如果技术人员只懂技术，内容制作者只懂内容，双方在进行沟通的时候，就会面临很多的障碍。比如在网站建设中，只有网络编辑懂网页制作、网站建设，懂得基本的 html 语言，才能与网站技术人员进行沟通，做好网页版面，制作网络新闻专题。对新媒体运营人员来说，将对市场的敏感性以及市场的开发和拓展意识贯穿于新媒体运营的全过程，这已经成为新媒体成功的重要方面。而内容、技术和市场的融合，将极大激发新媒体运营的市场潜力。在今天，内容、技术和市场的融合能力将成为判断一个人是否能够成为新媒体运营人才的重要标准。

第二节　新媒体运营的理念

在多特软件站、华军软件园、太平洋电脑网等软件下载网站上，经常可见免费版或破解版的软件。这些软件往往是有些网民购买了正版的软件以后，对软件加以破解，然后再上传到网站供网民免费下载使用的。这些网民付了购买软件的费用，并花费了大量的时间和精力破解软件，却经常不求经济回报，应该如何理解这些网民的行为呢？

在传统产业领域进行创新创业，并在短时间内做大做强实现“逆袭”非常困难。但是，互联网和新媒体领域却涌现出一大批年轻的创业成功者，如黄峥（拼多多创始人）、王兴（美团网创始人）、宿华（快手网创始人）、张一鸣（字节跳动创始人）、程维（滴滴出行创始人）、张邦鑫（学而思创始人）等。在《2019 胡润 80 后白手起家富豪榜》的 Top10 中，有 9 名来自互联网和新媒体领域。为什么互联网和新媒体领域多出年轻的“亿万富翁”呢？

要解释这些现象，必须理解网络传播的基本规律，理解互联网和新媒体的理念和精神。自由、共享、探索、创新是互联网理念的精髓，这具体可以体现在摩尔定律、梅特卡夫法则、马太效应、达维多定律、吉尔德定律等互联网定律之中。

一、摩尔定律

在互联网领域，人们可以注意到这样的现象：电子硬件的价格不断下降，而性能却不断提升。世界上第一部手机是于 1983 年上市的摩托罗拉 DynaTAC 8000X，该手机重约 1 千克，通话时间仅为半小时，销售价格却高达 3995 美元。不仅如此，摩托罗拉 DynaTAC 8000X 功能单一，仅仅能用来通话，其他的功能如短信功能并不具备，更不要说上网功能了。在目前手机市场上，用户只需要花一千元左右，就可以买到一部既轻薄、功能又丰富的手机。也就是说，在不到40年的时间里，手机的价格急剧下滑，而性能已经发生了质的飞跃。其实不只是手机，其他的计算机硬件，如CPU、硬盘、内存等都在上演类似的现象。

关于这种现象，美国英特尔公司联合创始人戈登·摩尔(Gordon Moore)早在半个世纪之前就成功地做出了预测。1965年，戈登·摩尔在准备一个关于计算机存储器发展趋势的报告时，发现了一个惊人的规律。摩尔将这篇报告刊登在《电子学》(*Electronics*)杂志上，在报告中，他指出每个新版本的芯片大约包含上一个版本两倍的容量，每个芯片的产生都是在上一个版本的芯片产生后的一年之内，如果这个趋势继续下去的话，计算能力相对于时间周期将呈指数式的上升。1975年，摩尔在国际电信联盟IEEE的学术年会上又提交了一篇论文，他根据当时的实际情况，对晶体管数量的增长速度进行了重新审定和修正，提出每隔24个月，晶体管的数量将翻番。后来人们对这个发现进行归纳，将其总结为“摩尔定律”。摩尔定律认为，当价格不变时，单片硅芯片的运算处理能力，每隔18个月便会增加一倍，性能将提升一倍。换言之，每一美元所能买到的电脑性能，将每隔18个月翻一倍以上。

摩尔定律揭示了信息技术进步的速度。美国联邦通信委员会主席里德·洪特说：“摩尔定律和梅特卡夫定律为我们提供了理解互联网的最佳角度。”事实上，摩尔定律并不局限于半导体芯片领域，它已经拓展到了整个计算机领域。回顾计算机的发展历程，50多年来的事实证明：摩尔定律在半个世纪以来的科技发展和进步中贯穿始终，摩尔定律的预测是准确的。

摩尔定律给了我们两个方面的启示。首先，摩尔定律要求互联网和新媒体公司必须不断探索和创新，推出新的产品，开发新的市场，应用新的技术，只有这样，互联网和新媒体公司才能跟上科技和市场进步的步伐。摩尔定律的意义在于它设定了所有的科技公司都必须跟上的节奏，否则就会落后。正如摩尔所说，“摩尔定律并非记录了行业的进步，而是推动了行业的进步”。其次，摩尔定律还揭示了自由、共享的精神实质。摩尔定律告诉我们，既定的价格能够买到的计算机设备性能在不断提升，换言之，既定的计算机设备的性能，价格在不断下降。也就是说，互联网和新媒体发展的趋势就是越来越多的人能够以更低的价格享受到更好的服务，价格的自由、服务的共享将推动互联网和新媒体的普及。

二、梅特卡夫法则

马云在创办阿里巴巴公司之初，曾提出过连续三年“3 个 100 万”的目标：每天收入 100 万、每天盈利 100 万、每天纳税 100 万。当时有很多人嘲笑马云，认为他是痴人说梦——的确，在传统产业领域，想实现上述目标是非常困难的。但是，事实却是阿里巴巴公司提前完成了“3 个 100 万”的目标。2003 年 5 月，阿里巴巴提前实现了“每天收入 100 万”的目标，2004 年完成了“每天盈利 100 万”的目标，2005 年又实现了“每天纳税 100 万”的目标。到 2018 年，阿里巴巴集团和蚂蚁金服集团总计纳税 516 亿元，这就意味着阿里巴巴平均每天纳税超 1.4 亿元。阿里巴巴公司的发展速度可谓惊人，令人叹为观止。为什么阿里巴巴公司能够实现这么快的增长速度呢？

美国人罗伯特·梅特卡夫(Robert Metcalfe)是以太网的发明者，以太网也是局域网使用最广泛的协议之一。1979 年，梅特卡夫创办了 3Com 公司。在管理 3Com 公司销售团队的时候，梅特卡夫发现当时的客户对他们的网卡兴趣不大。为了推销 3Com 公司的产品，梅特卡夫亲自制作了一张幻灯片，画了一张图，列出了网络价值和成本之间的关系：买网卡的成本随着时间是线性增长的(N^2)，但网卡构成的网络价值则是呈指数级增长的(N^2)。1993 年，“数字时代三大思想家”之一的美国学者乔治·吉尔德(George Gilder)在《福布斯》杂志上系统地阐述了梅特卡夫的关于网络价值指数增长的理念，并把它命名为“梅特卡夫法则”。

梅特卡夫法则认为，网络经济的价值等于网络节点数的平方，网络上联网的计算机越多，每台电脑的价值就越大，增值以指数形式不断变大。如果世界上只有一台电脑，那么这台电脑除了可以用来处理文档，实际的市场价值可以忽略不计；当电脑的数量增加到两台时，根据梅特卡夫法则，网络的经济价值等于电脑数量的平方，也就是从 0 上升到 2 的平方，即等于 4，网络的经济价值实现了大幅提升；如果再增加一台电脑，那么这个网络的经济价值就上升到 3 的平方，即等于 9……以此类推，每增加一台电脑，这个网络的经济价值都会按照指数级上升的，其经济价值增长的速度是惊人的。

和摩尔定律指出硬件性能进化逻辑不同，梅特卡夫法则在业务层面对互联网时代的经济规律进行了总结，这个总结在过去、现在和未来都在指引着互联网和新媒体的发展方向。网景浏览器 Netscape 的创立者马克·安德森在总结网景的飞速发展时，称“梅特卡夫法则是一盏明灯”。梅特卡夫法则可以很好地解释互联网领域的经济现象，诸如阿里巴巴的快速崛起、独角兽拼多多的异军突起等。梅特卡夫法则带来一系列全新经济学概念，如注意力经济、点击率经济、眼球经济等；与此相关，衍生出“点击率就是财富”“注意力就是财富等新观点”。

在梅特卡夫法则中，规模是网络价值的基础，规模越大，单个存量用户获得的效用越大。也就是说梅特卡夫法则放大了用户这一变量，即一个企业是否有价值，关键在于用户，一个企业的价值有多大，取决于用户的数量有多大。新媒体运营人员必须遵循梅特卡夫法则的逻辑，这就需要在运营的过程中坚持以用户为中心，不断提升用户体验，开发新用户，留住老用户，持续扩大用户基数，并增强用户黏性，不断拓展用户网络的经济价值。而要赢得用户，就必须不断满足并超越用户需求，而要满足并超越用户需求，新媒体就必须不断进行探索和创新。也就是说，探索和创新的理念蕴含在梅特卡夫法则之中。

三、马太效应

在互联网领域的细分行业市场上，寡头垄断的现象特别突出。以团购行业为例，团购网站市场在短短四五年的时间里走完了“千团大战”到“一枝独秀”的发展历程。从 2010 年开始，受团购网站 Groupon 上线半年即实现盈利并获得 1.35 亿美元投资的刺激，美团网、拉手网、窝窝团、满座网、糯米网、F 团、高朋网等团购网站纷纷上线。在不到一年的时间里，中国的团购网站数量已经超过了 5000 家。评论将其称为中国互联网历史上最疯狂的“千团大战”。到 2012 年，团购网站的数量已经锐减到 2600 多家，并且美团网、高朋网、拉手网等份额排名前列的十强团购网站所占的市场份额高达 46%。到 2014 年，美团网一骑绝尘，一家独占整个国内团购市场超过 50% 的市场份额。2015 年 10 月，美团和大众点评网合并，进一步完成了对团购市场的垄断。

这种“强者愈强、弱者愈弱”的现象叫作马太效应。马太效应最早出自《圣经新约 · 马太福音》，里面有一则寓言：“凡有的，还要加倍给他叫他多余；没有的，连他所有的也要夺过来。”马太效应是由美国科学史研究者罗伯特 · 莫顿（Robert Merton）在 1968 年首次提出的，后来被广泛应用到社会领域和经济领域。马太效应认为，在一定的条件与范围下，人类社会中优、劣势的累积过程是有偏向的，不管身处优势或者劣势，都会不断被强化，从而形成“强者越强，弱者越弱”的局面。简单地说，就是“赢者通吃”。

由于网民使用习惯的原因，互联网和新媒体领域的马太效应更加明显。在网络浏览器、搜索引擎、网络购物、即时通信、网络安全软件等垂直互联网行业，排名第一的企业往往占据了80%以上的行业收入。对网民来说，他们更倾向于使用大多数人都在使用的产品，因为“大多数人的使用”可以降低人们的信息检索成本，网络外部性的存在可以帮助他们获得更多的效用。如在即时通信市场上，由于微信的用户规模更大，当注册成为微信的用户以后，用户有可能更方便地与更多的好友取得联系，拓展自己的人际圈子。对新媒体公司来说，用户规模扩大，能吸引资本投入或者大规模盈利，使得企业有更多的资金来进一步增强自身实力，更有能力加大投入，用于引进人才、提升软硬件技术、提升服务水平。这就会进一步增强自身的实力，拉大与竞争对手的差距，从而客观上形成自己越来越强大，而对手越来越弱小的局面。

在新媒体领域，马太效应也是一种普遍的现象。比如有粉丝和流量的公众号粉丝会越来越多，越来越受到广告商的青睐，而没有粉丝和流量的公众号会越来越难做，直到从市场上消失。马太效应激励着新媒体运营人员不断创新，争当市场的领军者。由于“赢者通吃”的存在，一家新媒体要想获得最大的经济效益，就要争取成为某个细分市场上的No.1。在互联网和新媒体领域，阿里巴巴、腾讯、百度、字节跳动等互联网公司基于多年的发展，其资本、技术、人才、资源等优势已经很难撼动，但中小新媒体公司的发展并不是完全没有机会。互联网行业的中小新媒体公司可以通过创新另辟蹊径，利用差异化发展实现突围，在细分领域创造出小而美的企业。可以说，创新是中小新媒体公司与互联网巨头竞争的立身之本，也是中小新媒体公司实现“突围”的关键所在。这就告诉我们，在互联网企业巨头的包围之下，新媒体中小公司除了利用创新和差异化竞争来寻求突围，别无他途。因此，新媒体中小公司要基于自己的开放基因，激发创新活力，不断提高创新效率，大胆创新，尤其是注重在细分领域利用技术或模式的创新，与互联网巨头形成错位优势，创造出小而美的企业。

四、达维多定律

腾讯QQ是即时通信市场上的“霸主”，长期以来都是用户基数最大、最常用的聊天工具。综观QQ的发展历程，可以发现QQ自上线以后，每隔一段时间都在不断更新版本，修复 bug 并加入新的功能。最早的 QQ 仅仅有发布中文网络寻呼机、公共聊天室、传输文件等功能。2003 年，QQ 增加了聊天场景、捕捉屏幕、给好友播放录影、QQ 炫铃等功能，并推出“QQ 游戏”。2004 年，QQ 又新增个人网络硬盘、远程协助、QQ 小秘书等功能。2005 年，QQ 又新增了 QQ 宠物、Qzone、QQ 通讯录、QQ 音乐。2006 年，QQ 又新增 QQ 主题包、QQ 视频秀、3D 秀聊天模式。2007 年，QQ 新增了会员发送离线文件、窗口抖动等功能。2008 年，QQ 新增了超级群功能。2009，QQ 又新增了群友动态、消息盒子、好友印象……一直到今天，QQ 都在不断进行迭代更新，进行功能的升级，变得越来越“臃肿”。QQ 不断的迭代升级，使得 QQ 的功能更加丰富和完善，这进一步稳固了 QQ 在即时通信市场上的领先地位，使其在市场上长盛不衰。既然 QQ 已经是市场的“强者”，根据马太效应，似乎可以高枕无忧了，那为什么 QQ 还要不断进行迭代升级？

达维多定律对上述问题做出了很好的解答。达维多定律是以曾任职于英特尔公司高级行销主管和副总裁威廉·达维多(William Davidow)的名字命名的。达维多认为，任何企业在本产业中必须第一个淘汰自己的产品。达维多认为，一家企业如果要在市场上占据主导地位，就必须第一个开发出新一代产品；如果被动地以第二或者第三家企业将新产品推进市场，那么获得的利益远不如第一家企业作为冒险者获得的利益，因为市场的第一代产品能够自动获得 50％的市场份额。也就是说，尽管由于马太效应的存在，互联网上会出现“强者愈强、弱者愈弱”的效应，但是“躺在功劳簿上睡大觉”只会让企业失去赢得的市场。企业要想赢得和巩固市场，不断扩大市场份额，就必须否定自己，第一个淘汰自己的产品，并不断创造新产品，抢先于竞争对手之前进入市场，这样才能形成新的市场和产品标准，从而掌握制定游戏规则的权利。

ChinaRen 校友录的失败给达维多定律提供了注解。在 SNS 网站出现之前，校友录曾经是网上最红火的校园虚拟社区，其中 ChinaRen 校友录是国内规模最大的校友录，巅峰时期的用户人数高达 8000 万。从 2000 年开始，ChinaRen 校友录开始风靡校园，几乎全国所有的班级纷纷在网上建立了自己的班级主页，充分满足了同学之间线上交流沟通的需求。校友录也成为当时同学保持联系的重要途径之一。但是从 2000 年到 2009 年，在 9 年的时间里，ChinaRen 校友录其产品形态一直没有发生过大的变化，使用户对产品失去新鲜感，造成了用户大量流失。2007 年，校内网横空出世，校内网复制了 Facebook 为代表的 SNS 产品形态及信息架构，充分激发了个体的传播能量，满足学生用户的猎奇心理，帮助他们不断扩大自己的交际圈子。校内网由此吸引了大量的学生用户，在影响力上很快超越 ChinaRen 校友录，ChinaRen 校友录则由盛转衰，最终退出市场。ChinaRen 校友录的衰落和退出，虽然有互联网产品生命周期方面的原因，但更重要的是 ChinaRen 校友录不敢自我否定，在创新上失去了活力，网民的“喜新厌旧”使其对这个“老”产品失去兴趣。

达维多定律揭示了“抢占市场先机”的重要性。对于任何一个市场来说，先发优势非常关键，竞争就是要创造或抢占先机。对于互联网企业来说，“先入为主”是一条绝对的真理，要保持第一，就必须时刻否定并超越自己。英特尔、微软等互联网公司“长盛不衰”的秘密就在于它们始终不断地进行产品升级，把握着市场的主动权。它们的产品不一定是性能最好的和速度最快的，但一定是最新的。为此，它们不惜淘汰自己哪怕是市场上卖得正好的产品。Windows XP 曾是微软公司推出的最经典的操作系统，推出 10 余年来应用十分广泛，在全球拥有庞大的用户群体。甚至在 Windows 7 正式推出的 5 年后，即 2014 年，Windows XP 在全球的占有率仍然高达 29.23%。尽管如此，微软公司仍然坚持在 Windows XP 上线 5 年后推出 Windows Vista，随后又推出了 Windows 7。微软公司之所以如此，就在于它希望通过推出新产品，不断保持市场领先，掌握主动，引导市场。

达维多定律诠释了探索与创新的重要性。达维多定律告诉我们，与其坐等别人淘汰自己的产品，不如自己先淘汰自己的产品。而要淘汰自己的产品，就必须不断推出更好、更优、更新、更有趣的新产品，这就要求企业必须将创新融入企业的基因，通过创新使得企业“永葆青春”。在互联网和新媒体上，由于技术的急剧变革，容易引发用户需求的迅速变化。如果不能通过创新开发出更新的产品，那就很容易被网民所抛弃。达维多定律也告诉我们，在互联网上，勇于探索和创新是有可能带来丰厚的市场回报的。只要找准了市场，满足了用户尚未开发出来的市场需求，企业就有可能成为市场的先行者，那么市场给予先行者的回报是相当丰厚的。

五、吉尔德定律

互联网进入中国以后，当时上网的主流方式是拨号上网。电话拨号上网的速率一般只有 32KB/s，甚至更低。到了 2008 年，我国很多城市的上网带宽已经可以达到2MB。目前，100MB、200MB的宽带服务司空见惯。在网络带宽不断增长的同时，上网的费用却在不断下降。20世纪90年代后期，拨号上网一小时的费用高达几十元，而今天上网的费用几乎可以忽略不计。可以说，在互联网进入中国的20多年的历程中，上网速度和价格已经发生了翻天覆地的变化，带宽在不断增长，而单位上网费用则在持续下降。那么，如何理解网络带宽一直不断增长而单位价格却不断下降的现象？

关于网络带宽不断增长，而单位价格却不断下降的现象，乔治·吉尔德做出了精准的预测。乔治·吉尔德认为，正如20世纪70年代昂贵的晶体管如今变得如此便宜一样，目前主干网还属于稀缺资源的网络带宽，有朝一日会变得足够充裕，那时上网的价格也会大幅下降。吉尔德指出，就像利用便宜的晶体管可以制造出价格昂贵的高档电脑一样，只要将廉价的网络带宽资源充分利用起来，也会给人们带来巨额的回报，未来的成功人士将是那些更善于利用带宽资源的人，而并非那些一味节省带宽的人。

吉尔德定律被誉为互联网的三大基础定律之一。① 吉尔德定律指出，在可预见的未来，通信系统的总带宽将以每年3倍的速度增长，随着通信能力的不断提高，每比特的传输价格将朝着免费的方向下跌，价格将趋于零。随着网络带宽的提升，人们可以享受到更好的网络服务。比如从2004年开始出现了播客。通过制作音频甚至视频节目的方式，播客用户成为以互联网为载体的个人电台。由于带宽的限制，当时播客的形式主要是以网络电台为主。随着网络带宽的发展，播客的形式逐渐从网络电台向视频网站发展。到今天，优酷网、爱奇艺网已经成为最大的视频网站，而抖音、快手已经成为最热门的应用之一。2021年2月，中国互联网络信息中心发布第47次《中国互联网络发展状况统计报告》，报告显示我国网络视频（含短视频）用户规模达9.27亿，占整体网民的93.7%，其中短视频用户规模为8.73亿，占整体网民的88.3%。② 播客从音频到视频的转变，很大程度上归功于带宽的不断增长和价值的下降。

带宽是上网的物质基础和基本条件。随着网络宽带的不断提升，网民可以享受到更多更好的互联网应用和服务。随着5G的到来，进一步解决了移动互联网的带宽瓶颈，物联网正在成为现实，这将深刻地改变社会生活。

---

① 互联网的三大基础定律一般指的是摩尔定律、梅特卡夫法则和吉尔德定律。

② 参见《第47次〈中国互联网络发展状况统计报告〉（全文）》，国家互联网应急中心，2021年2月3日，http://www.cac.gov.cn/2021-02/03/c_1613923423079314.htm。

而带宽提升的同时，上网费用也在下降，这意味着有越来越多的网民可以享受到互联网的服务——显然这体现的是一种免费、共享的趋势。免费、共享也正是吉尔德定律蕴含的内在精神实质。

六、新媒体运营的理念

摩尔定律、吉尔德定律揭示的是自由、共享的精神。互联网诞生的直接目的就是为了实现“去中心化”，实现社会资源的共享。可以说，“去中心化”是互联网的内在要求。“去中心化”决定了互联网的自由、平等、开放、共享的精神特质。美国未来学家阿尔文·托夫勒(Alvin Toffler)在《第三次浪潮》中，把信息时代(第三次浪潮)的特征概括为多样化、综合化、异步化、最优化和分散化。麻省理工学院教授尼葛洛庞蒂在《数字化生存》中以诗情画意的方式描绘了数字时代的特质，他认为以数字技术为基础的互联网使“沙皇退位，个人抬头”，“分权心态正逐渐弥漫于整个社会之中……传统的中央集权的生活观念将成为明日黄花”[①]。可以说，互联网不仅本原地蕴含着丰富的自由、平等、开放和共享的价值观念，而且前所未有地为自由、平等、开放和共享的价值追求提供了真实的平台。在摩尔定律中，技术的进步、价格的下降使越来越多的普通人能够成为数字化产品的消费者，这将有助于消弭“基础设施与准入”和“互联网技能与使用”这两道数字鸿沟，实现使用互联网的自由，让人们共享科技进步所带来的价值。在吉尔德定律中，网络带宽的不断提升，催生了更加丰富和多元的网络服务，使越来越多的人和物能够接入互联网这个开放的场域，使人们能够共享信息资源。

梅特卡夫法则、马太效应和达维多定律主要揭示了探索与创新的精神。英特尔公司总裁安迪·格罗夫(Andy Grove)曾经说过：“在硅谷，创新是唯一的出路，淘汰自己，否则竞争将淘汰我们。”这句话与管理学者彼得·德鲁克(Peter Drucker)的观点“不创新，就灭亡”不谋而合。探索与创新，也就成为互联网这个场域的通用“货币”。之所以在短短的几十年时间里，互联网能够深刻影响人类社会，这源于技术进步和商业开发的双轮推动。数字技术的创新，使得互联网获得了日新月异的发展，新的互联网应用层出不穷，极大地丰富了互联网的功能，也加速了互联网的渗透与普及。一方面，技术创新和新的互联网应用实现了对用户需求的满足，另一方面用户多元化、动

---

① [美]尼古拉·尼葛洛庞蒂：《数字化生存》，胡泳、范海燕译，海南出版社1997年版，第270页。

态性、个性化需求也在不断驱动着技术的演进。互联网在转向商用和民用以后,迸发出惊人的活力,正是商业和市场充分激发了互联网的潜能,活跃于互联网上的众多企业,成为互联网发展的重要拉动力。在互联网市场上,只有打破自身藩篱,坚定革新意识,才能不断推陈出新,才能赢得市场,才能成为互联网领域的"王者"。由于网络技术、产品和市场预计会在相当长的历史时期,始终处于不断进化发展的状态,因此大部分用户对于一些最新潮流的网络产品的使用容易产生习惯性,这种消费行为的巨大黏性,使越来越多的规模化人群卷入新的网络产品或网络服务中去,从而保证了创新易于收到普及的功效。可见梅特卡夫法则、马太效应和达维多定律表明互联网鼓励探索和创新的精神,网络经济制胜的秘诀是速度,是创新。

自由、共享,有助于各种思想和观点在互联网上的碰撞、交融,有助于企业和个人尝试新的模式、方法和路径,也扩大了新的产品和技术的容错空间,从而促进了探索和创新的实现。而正是因为有了探索和创新,使消费产生黏性,黏性导致普及,普及导致边际成本的虚线下降,从而在最终意义上使互联网的自由与共享的精神得以表现。因此,自由、共享、探索、创新是互联网理念的实质,这也是新媒体运营必须遵循的理念。

第三节　新媒体运营的思维

新媒体运营人员应该具备怎样的运营思维呢?严格地讲,新媒体运营只有一种思维,这就是互联网思维。"互联网思维"第一次进入人们的视野,是在2011年。2011年4月12日,百度董事长李彦宏在百度2011年联盟峰会上发表了题为"中国互联网创业的三个新机会"的演讲,提到"互联网的思维",他说:"我跟优卡网的CEO聊天,他把很多时尚杂志的内容集成到网站上,我就问他,为什么这些时尚杂志不自己做一个网站,而是让你们去做呢?更主要的是他们没有互联网的思维,这不是一个个案,这是在任何传统领域都存在的一个现象或者一个规律。"但是李彦宏只是提出了这个概念,并没有详细阐释互联网思维的具体内涵。2013年11月3日,《新闻联播》播出了"互联网思维带来了什么"的新闻,讲述了互联网思维给传统制造业带来的巨大改变。由此,互联网思维进入了主流媒体的话语体系。2014年8月18日,中央全面深化改革领导小组第四次会议审议通过了《关于推动传统媒体和新兴媒体融合发展的指导意见》,指出"要遵循新闻传播规律和新兴媒体发展规律,强化互联网思维”,这也是官方文件中第一次出现“互联网思维”。由此,互联网思维成为家喻户晓的概念,成为新媒体经营者频频提及的一个词。

在什么是互联网思维这个问题上,不同的人给出了不同的理解。马云在一次演讲中提道:“互联网不是一种技术,而是一种思想。如果你把互联网当思想看,你自然而然会把你的组织、产品、文化都带进去,你要彻底重新思考你的公司。”马云虽然没有直接提到互联网思维,但是指出了互联网思维的商业特征。奇虎360公司的周鸿祎把互联网思维概括为“用户至上、体验为王、免费的商业模式、颠覆式创新”。小米的雷军则把互联网思维总结为“专注、极致、口碑、快”的七字诀。可见,马云、周鸿祎、雷军等人均是从互联网公司的运营实践出发去理解互联网思维。他们的观点尽管有所差别,但都将互联网思维视为与传统的工作思维相对的一个概念,都认为互联网思维将对企业的设计、生产、物流、营销等全流程,对企业的价值链产生颠覆性的影响。

从本质上来讲,互联网思维是一种思考方式与思想方法,它是人们立足互联网去思考和解决问题的思考方式与思想方法。互联网思维是互联网发展和应用实践在人们思想上的反映,这种反映经过沉积内化而成为人们思考和解决问题的认识方式或思维结构。

赵大伟在《互联网思维独孤九剑》中对互联网思维的概念与外延进行了详细的阐述,将互联网思维分为用户思维、简约思维、极致思维、迭代思维、流量思维、社会化思维、大数据思维、平台思维、跨界思维九种思维。他对互联网思维的理解非常全面,不过有点过于复杂,不利于对互联网思维的把握。我们认为,互联网思维是一种以用户思维为中心的思维,它的核心思维主要有五个:用户思维、产品思维、平台思维、流量思维、社会化思维。

一、用户思维

互联网思维最重要的就是用户思维。用户思维是互联网思维的核心,贯穿互联网和新媒体运营的始终。所谓的用户思维,简单来说就是“以用户为中心”,或者说“用户至上”,它要求互联网和新媒体公司站在用户的角度来思考问题,“用户就是上帝,用户就是一切”,在产品设计、运营推广等各个环节,都要时刻把用户放在心上,在为用户创造价值的过程中实现企业的价值。

用户思维对新媒体运营提出了一些要求，它要求新媒体产品必须努力解决用户的痛点和刚需；挖掘用户的力量，将用户变为参与者、贡献者。

第一，努力解决用户的痛点和刚需。

很多企业一提到互联网营销，首先想到的是建立微博账号、做微信公众号、入驻淘宝或天猫等电商平台，却从不去研究：消费者到底活跃于哪些互联网平台？消费者在这些平台上的行为具有怎样的特征？消费者需要的到底是什么？消费者的痛点或刚需是什么？传统企业的这种做法实际上是缺乏用户思维的表现，用户思维首先需要做的就是努力解决用户的痛点和刚需。

所谓的痛点，是用户未被满足的、急需解决的需求，也就是刚性需求，即刚需。用户在体验产品或服务的过程中，会出现原本的期望没有得到满足而造成的心理落差或不满，这样痛点就出现了。比如在下雨天，出租车会变得特别少，几乎"一车难求"，也就是说下雨天打车难就成为人们的痛点。如果某个互联网产品能解决这个痛点，那么它肯定能赢得一部分消费者。比如滴滴打车的横空出世解决了人们打出租车难和打车不方便的痛点，美团和饿了么等外卖 App 的上线解决了人们不愿做饭的痛点。也就是说，一款好的新媒体产品必须能够解决人们的痛点或刚需。既然"用户就是上帝，用户就是一切"，那么新媒体公司就需要急用户之所急，想用户之所想，特别是需要满足用户在特定场景中的需求。新媒体公司只有帮助用户做了他们想做的事情，用户才会感到满意，才有可能形成口碑。可以说，确保满足用户刚需是新媒体产品的根本，也是新媒体产品存在的最终价值。新媒体产品与服务的最终目的都是帮助用户解决痛点，满足刚需。因此，新媒体产品既要从年龄、性别、收入等外在指标去分析用户，更要从用户的价值取向、偏好等内在因素去分析。

第二，挖掘用户的力量，将用户变成参与者、贡献者。

2020 年 9 月，中共中央办公厅、国务院办公厅印发了《关于加快推进媒体深度融合发展的意见》，指出要走好全媒体时代群众路线，大兴"开门办报"之风，强化媒体与受众的连接，以开放平台吸引广大用户参与信息生产传播。[①] 这个意见阐明了网上"群众路线"的原则和要求，这就是挖掘用户的

① 参见《中共中央办公厅、国务院办公厅印发〈关于加快推进媒体深度融合发展的意见〉》，中华人民共和国中央人民政府网，2020 年 9 月 26 日，http://www.gov.cn/zhengce/2020-09/26/content_5547310.htm。

力量，让普通网民成为传播的参与者、营销的推动者，让他们自觉参与到这些活动中来。

双向、交互是新媒体传播的重要特征，也是新媒体最大魅力的体现。双向、交互实际上反映了媒体和受众之间关系的深刻调整。在传统媒体时代，媒体是产品的生产者和提供者，处在“高高在上”的位置，受众只能被动地从媒体获取需要的信息和服务。此时，媒体和受众的地位是不平等的，媒体将受众排除在传媒产品的生产、传播和营销环节之外。到了新媒体时代，双向、交互的特征使得受众变成了用户，看上去这仅仅是名称的变化，实际上却反映了媒体和受众的关系发生了反转，用户开始扭转了被动的地位，转而成为媒体的“上帝”。在这种背景下，新媒体产品再也不能将用户等闲视之，必须将新媒体产品的设计、制作、营销和传播的全过程向用户开放，通过各种措施将用户吸引过来，使用户成为新媒体产品的参与者和贡献者。用户参与新媒体产品的生产和传播过程，不仅仅可以让用户获得参与感，而且还可以充分激发用户的生产能量，推动新媒体产品的创新，有利于新媒体产品真正契合用户的需求。

第三，将功能做到极致，使用户体验达到最佳。

Windows Vista 是微软公司在 Windows XP 之后推出的后续版本，它也被称为迄今为止“颜值”最高的一款操作系统。但是从市场表现来看，Windows Vista 却是失败的。Windows Vista 之所以会失败，其中一个原因就在于 Windows Vista 系统过于庞大而臃肿。Vista 拥有超过 5000 万行代码，而 XP 在发布的时候只有 3500 万行，经过多次升级，最后 XP 的代码量也不过是 4000 万行。Vista 系统对计算机硬件配置提出了更高的要求，这也使得市场上大量的计算机无法安装 Windows Vista。更为严重的是，系统的庞大而臃肿严重减缓了 Vista 的运行速度，导致最新版本的 Windows XP 比 Vista 的运行速度更快。Windows Vista 给用户带来了糟糕的体验，这直接导致了大量用户拒绝从 XP 升级到 Vista。

Windows Vista 的失败告诉我们，在新媒体运营的过程中，必须尊重用户体验，使用户体验达到最好。用户体验是用户在使用产品的过程中建立起来的一种纯主观感受。在媒体融合发展的过程中，传统媒体上线了很多新闻客户端，但是除了《人民日报》、澎湃新闻等少数 App 外，鲜有堪称成功的。之所以如此，很大原因在于对用户体验的漠视。传统媒体重视的是独一无二的内容，强调依靠内容来赢得市场，对传统媒体而言，内容即体验，用户界面、视觉设计等形式是其次的。很多传统媒体客户端上线后，多年不进行版本的迭代更新，也不修复运行过程中的 bug，客户端加载速度缓慢，经常出现闪退、卡顿的问题。糟糕的用户体验使得用户只能选择逃离——用户都是挑剔的，一次两次糟糕的用户体验有可能就会让用户选择卸载应用。这就告诉我们，内容并不是用户体验的全部，形式的美感、操作的舒适度、功能设计的成熟度等也是用户体验的重要组成部分。用户体验包括感观体验、交互体验、情感体验等。新媒体运营必须最大化地放大产品特色，将自己产品的功能做到极致，使用户体验达到最佳。

第四，读懂用户，契合人性的特征。

用户思维要求新媒体运营人员读懂用户，其中非常重要的一点就是洞察人性，提供契合人性特征的新媒体产品和服务。在新媒体运营的过程中，对人性的洞察是基础。微信创始人张小龙在腾讯公司的一次内部演讲中提到，产品经理要像上帝一样了解人性，知道用户的心理，并且知道用什么样的规则去引导用户；当我们在做一个产品的时候，我们是在研究人性。人性是如此重要，甚至有的新媒体营销顾问提出，新媒体营销的实质就是“洞察人性、利用人性、管理人性”。

微信红包的流行可以给我们很多启示。2014 年春节，微信推出微信红包，并在一夜之间爆红。2014 年除夕夜红包收发总量为 1600 万个；2015 年除夕当日微信红包收发总量达 10.1 亿个，2016 年除夕全天微信红包收发总量达 80.8 亿个，2017 年除夕全天微信红包收发总量达 142 亿个。微信红包爆红的背后，是微信对用户人性的深刻洞察。微信群红包有“拼手气红包”和“普通红包”两种类型，其中“拼手气红包”极大满足了人们对随机的好奇、竞争的心理。简单地点一下屏幕，就可以试一试自己的手气如何，并可以与别人比较一下自己的手气，这种娱乐性带给人们很大的心理满足。微信红包尽管数额不大，一般的红包最高上限是 200 元，很多红包只有几元钱甚至 1 分钱，但是即使是抢到了 1 分钱，用户也会感到满足。在微信群中抢红包，由于“手快才能抢得到”，能抢到红包、能抢到金额最高的红包，这可以给用户带来心理上的成就感。总之，占便宜、对随机的好奇、竞争心理、成就感、跟风等心理也是作为游戏的微信红包风靡的基础。[①]

在新媒体运营的过程中，只有充分洞察人性，才能打造出成功的产品。

① 参见彭兰：《微信红包中的社会图景》，《山西大学学报》（哲学社会科学版）2017 年第 4 期。

人性有阳光的一面，也有阴暗的一面。只有从正反两方面来洞察人性，才能更好地把握用户的心理。因此，新媒体运营人员既要利用人性特征来实现对用户的管理，又要积极引导用户，传播正能量，努力实现新媒体运营的社会效益。

二、产品思维

产品思维就是围绕用户需求，努力挖掘产品的丰富层次，构建完善的产品结构，不断提升用户体验。美国学者菲利普·科特勒(Philip Kotler)认为，产品是向市场提供的，能够引起关注、获取、使用或消费，并可以满足需要或欲望的东西。科特勒指出，产品包含比有形商品更多的内容，包括服务、事件、人员、地点、组织、创意或上述内容的组合。

在产品结构上，科特勒认为任何一种产品都可被分为三个层次：核心产品、有形产品、附加产品。[①] 核心产品是产品最基础的层次，它提供给顾客核心价值，决定了购买者究竟购买的是什么的问题；有形产品(实际产品)将核心利益转变成实际产品，这包括产品或服务的特色、款式设计、质量水平、品牌名称和包装；附加产品指的是企业通过提供附加的顾客价值和利益，包括送货、维修、保证、安装、培训、指导及资金融通等。后来，科特勒又进一步把产品的三层次拓展为五层次，即核心产品层、形式产品层、期望产品层、延伸产品层、潜在产品层。期望产品层是符合消费者喜好的，包括价格、方便性，以及产品功能表现等各个因素，即购买者购买产品时期望的一整套属性和条件。潜在产品层是此种产品最终可能的所有的增加和改变，是企业努力寻求的满足顾客并使自己与其他竞争者区别开来的新方法。

科特勒的“产品五层次说”能够较为完整地解释消费者选购和消费产品的全部心理过程，使产品效用和价值的形成具有双向互动性，用市场主体的双方对产品的视角同时为产品的研发和营销提供指导。从产品的五层次出发，我们可以对产品有更加深入的认识。以华为手机为例，核心产品层是打电话、上网、玩游戏，形式产品层是华为手机的外观，期望产品层是获得流畅的享受和服务，延伸产品层是华为售后服务、华为黑科技，潜在产品层是彰显高端商务人士的地位。

产品思维对新媒体运营提出了新的要求，要求丰富和完善传媒产品的

---

① 参见[美]菲利普·科特勒等著：《市场营销原理》，越占波等译，机械工业出版社2020年版，第158～159页。

结构,并深入挖掘传媒产品的不同价值层次。

1.根据用户需求,提供多元化传媒产品

彭兰教授认为,新媒体主要提供三种产品:内容产品、服务产品、关系产品。[①] 内容产品、关系产品、服务产品是相互融通、相互支撑的。内容产品满足人们对环境认知的需求,同时也成为社交的润滑剂。服务产品是盈利模式的主要体现,它同时也可以为内容产品与关系产品积累用户规模与用户数据。关系产品是内容产品和服务产品的基础,它为内容产品和服务产品聚集规模化用户,并提供了内容产品和服务产品的黏性。

内容产品、服务产品和关系产品比较全面地反映了用户的需求,新媒体运营要根据用户需求,努力提供多元化的传媒产品。首先是提供多样化的内容产品,这一方面需要充分挖掘内容产品的不同价值层次,另一方面坚持网上“群众路线”,将多元主体吸引到内容生产的队伍中来,提供海量的产品,满足用户的多元化需求。其次是提供多样化的服务产品。新媒体在服务产品的提供上,与产品相比,更重要的是服务理念。比如政务新媒体在运营的过程中,除了本部门或行业相关的新闻资讯,还应该提供用户急需,与用户生活有着息息相关的服务性信息。比如在高考期间,政务新媒体可以利用自己的公信力和权威性优势,接入高考分数查询平台或者高考报考咨询机构,这契合了特定用户在特定场景下的需求,可以很好地为政务新媒体引流聚流。最后是提供关系产品。关系产品并不仅仅体现为社区、社群,事实上新媒体编辑与用户的互动也属于关系产品的范畴。

2.深入挖掘产品的不同价值层次

长期以来,传统媒体都在感慨用自己的内容“养肥”了互联网公司,而自己却没有获得相应的收获。在新媒体上我们经常可以注意到这样的现象:一条新闻在传统媒体的网站或 App 上刊登以后,并没有引起广泛的关注,而当互联网平台转发了这条新闻以后,这条新闻有可能会在全网广泛传播,成为网民关注的焦点。那么,为什么以内容生产为核心优势和资源的传统媒体,在内容传播上却做不过新媒体?

我们认为,原因就在于传统媒体缺乏产品思维,它们对内容的关注点始终停留在核心产品层,而对于其他四个层面的关注有所欠缺,甚至有些层次是完全没有顾及的。彭兰教授认为,将注意力放在产品的核心利益层面上,

---

① 参见彭兰:《“内容”转型为“产品”的三条线索》,《编辑之友》2015 年第 7 期。

把内容产品的价值局限于内容的核心利益层次的做法，是阻碍内容变成新媒体产品的一个重要因素。[①] 互联网公司则不同，它们非常重视产品的多层次开发。例如，向来标榜“我们只是信息搬运工”的今日头条，将传统媒体生产的内容产品“抓取”过来，在保证内容完整性的同时，也会对这个内容产品进行相应的开发，如对内容产品的转码、标题的修改，对不同品牌手机的屏幕的适应，即考虑到了内容产品（有形产品层）；另外，今日头条利用大数据和算法，为用户提供了个性化的内容，满足了用户个性化、动态化的需求（期望产品层）；此外，通过点赞、评论等多种用户互动的方式，今日头条成功地开发了延伸产品层；最后，今日头条通过满足用户个性化的需求，在平台上形成了个性化的新媒体文化（潜在产品层）。可见，今日头条通过内容产品不同层次的开发，将各个层次的价值充分释放并挖掘出来，实现了内容价值的最大化。

因此，在新媒体运营的过程中，必须深入挖掘产品的不同价值层次。也就是说，除了核心产品层以外，新媒体还要将产品其他四个层面的价值充分挖掘出来。这就需要新媒体运营人员通过标题、版面、视听表现力的经营，增强产品的表现形式；通过技术手段实现对用户的个性化的信息满足，不断提升用户体验；努力使内容成为“谈资”，成为社交的润滑剂。总之，深入挖掘产品的不同价值层次，直接决定了产品运营的质量。

三、平台思维

平台化是互联网的发展趋势，也是媒体融合发展的必然趋势。在媒体平台化和平台媒体化的趋势下，平台思维成为新媒体运营人员必备的思维。平台思维指平台化的方式去进行新媒体运营。要真正理解平台思维，首先必须理解平台的概念。随着媒体融合的深入进行，“平台”成为与信息传播相关的各大产业实践、政策文件中的高频词汇之一。不同的研究者基于不同的学科视角对平台进行界定。本书比较认可暨南大学谷虹副教授做出的概念界定，认为信息平台是建立在海量端点和通用介质基础上的交互空间，它通过一定的规则和机制促进海量端点之间的协作与交互。[②]

海量端口和交互空间是平台的主要特点。海量端点是平台的规模要

---

① 参见彭兰：《“内容”转型为“产品”的三条线索》，《编辑之友》2015年第7期。

② 参见谷虹：《信息平台的概念、结构及三大基本要素》，《中国地质大学学报》（社会科学版）2012年第3期。

素，它们是信息传播者和接收者的总和。海量端口最重要的特点是数量庞大且具有潜在的网络效应。一方面，端口数量必须极为庞大，平台的端口数量不是以几万、几十万、几百万为计，而是以几千万、几亿甚至几十亿为计；另一方面，这些端口之间相互影响和作用，新端口的加入会让网络更强大，会让“老”端口获得更多的价值，即具有网络外部性。交互是平台最核心的功能，交互空间也就成为平台结构中最核心的要素。交互空间要解决的是如何促使已经接入的海量端点能够最有效率地互动，并对尚未接入的海量端点产生巨大的持续的吸引力。交互效率的高低是平台核心能力的集中体现。

在日常应用中，“平台”容易与“渠道”相混淆。“报社/电视台已经建立起多个新媒体平台”，这种表述经常见之于传统媒体对它们媒体融合进展的介绍，其实这里的“平台”，仅仅指的是传统媒体建立了新闻网站，开发上线了新闻 App，在微博、微信公众平台、抖音、快手、今日头条上设立了官方账号而已，而严格地说这些根本就不是“平台”，而是“渠道”。“平台”和“渠道”表面上有很多相似之处，都是信息传播的介质和空间，但“平台”和“渠道”有本质的不同，平台本质上是一种交互空间，在这个交互空间中，海量端口进行协作和交互；而渠道实际上就是信息传播的通道，只要能够让信息顺利通过，渠道就是成功的，至于是否发生交互、用户的数量多少，则无关紧要。

平台思维给新媒体运营提出了新的要求：这就是要迅速实现海量用户的聚集，善于激发合作伙伴的力量，努力实现用户的一站式满足。

1.必须迅速实现海量用户的聚集

平台本质上是由海量端口构成的交互空间，海量端口是衡量平台能否成为平台的首要条件。在海量端口中，最为重要的就是用户端口。综观微博、微信、抖音、快手等平台，无一例外都拥有庞大的用户基数。可以说，海量用户的迅速集聚是平台运营的基础所在。澎湃新闻的成功，其中一个原因就是澎湃新闻始终高度重视海量用户的集聚。在筹划阶段，澎湃新闻就已经凭借“打虎记”等一系列报道引起了网民的高度关注。上线之后，澎湃新闻更是在互联网上迅速刮起了一股“澎湃风”。可以说，澎湃新闻在口碑传播上做得非常成功，可以用“不鸣则已，一鸣惊人”来形容。澎湃新闻主打高质量原创新闻、聚焦时政新闻领域、核心团队持股等做法，在重大新闻事件中频频发声，给用户留下了深刻的印象，被誉为“传统媒体转型的标杆”。澎湃新闻依靠独树一帜的做法以及强大资金支持，成功地实现了海量用户的聚集。截至 2020 年 8 月,澎湃新闻 App 安装用户已超 1.78 亿,日活跃用户达到 1060 万,每日全网阅读人数超过 4.5 亿。海量用户的集聚,为澎湃新闻的平台运营奠定了坚实的基础。

2.要善于激发合作伙伴的力量

平台具有典型的双边市场的特征,在平台运营的过程中,用户与商家、消费者与生产者高度相关。如果平台能够迅速聚集起海量的用户,那么就有可能吸引海量的商家,进而进一步吸引用户;反过来,如果平台无法吸引足够多的商家参与,那么将带来用户的流失,进而导致恶性循环。在新媒体方面,由于用户需求呈现为多元化、个性化、动态性的特征,单靠媒体一方的力量是很难满足用户需求的。为此,新媒体运营必须善于激发合作伙伴的力量,将合作伙伴吸引到平台的周围,将合作伙伴纳入产品的生产环节。澎湃新闻从上线之初,就认识到通过自己的内容团队无法保证生产出足够多的优秀内容,因此澎湃新闻实行了开放的战略,接受所有时政思想类优秀内容团队的各种形式的合作。澎湃新闻通过湃客、政务、媒体、视频等频道的建设,积极导入 PGC、UGC 等内容资源。针对服务类内容缺乏的问题,澎湃新闻于 2017 年 7 月上线了“问政”频道,为入驻的政府部门提供政务信息发布、官方辟谣、在线互动等服务。截至 2019 年 8 月,入驻“问政”频道的各级政府的政务号超过 1.5 万个。针对优质内容产量不足的问题,澎湃新闻于 2018 年 7 月上线“湃客”频道。截至 2019 年 8 月,已经有 1200 多名内容创作者入驻。此外,澎湃新闻还开辟了“媒体”频道,截至 2019 年,已经有两百多家地方媒体入驻。澎湃新闻通过发布澎湃政务指数、湃客指数、优质湃客奖励等方式激发合作伙伴的生产热情,形成健康活跃的新媒体内容生态。澎湃的成功,实际上是澎湃新闻与众多的合作伙伴共同努力的结果。

3.努力实现用户的一站式满足

与平台媒体化和媒体平台化的趋势相对应的是,用户越来越习惯于在一个平台上实现所有需求和服务的满足。正如有的研究者指出的那样,“用户都是懒惰的”,他们不愿付出额外的信息搜索的成本,如果一个平台能够满足用户的所有需求,那么他们就会在这个平台形成消费的惯性。这种消费习惯也是互联网容易出现马太效应的重要原因。因此,在新媒体运营的过程中,需要分析用户的需求,对用户的需求进行分类。用户对平台的需求可以分为核心需求与一般需求。核心需求是新媒体满足的重点,也是构建新媒体特色的主要依据,新媒体需要调动主要的资源来满足用户的核心需求；与此同时，新媒体运营还要兼顾用户的一般需求，努力为用户提供更多更好更全面的服务，这就需要引入多元合作者，来满足用户的一般需求。一站式满足有利于提升用户体验，培养用户对平台的忠诚度。

四、流量思维

“流量”本来只是一个普通的汉语名词，指的是“单位时间内通过河、渠或管道某处断面的流体的量”或“单位时间内通过一定道路的车辆等的数量”。互联网出现以后，流量被赋予了新的内涵。网络流量，即能够连接网络的设备在网络上所产生的数据流量，更具体地说流量可以反映一个网站的访问人数、访问次数等。在吴军的《浪潮之巅》一书中，流量被誉为新时代互联网发展的“核心”。所谓的“流量思维”，指的是在新媒体运营中必须把流量放在非常重要的位置，做好产品和服务，通过各种手段不断获取新的流量，实现流量价值的最大化。

互联网普及以后，“流量为王”被互联网公司奉为圭臬。对互联网公司而言，流量就是生意，流量就是利润，流量能够带来巨大的经济收益。百度旗下的网站 hao123 是传统互联网时代流量经济价值的一个例证。hao123 是中国最早的上网导航站点，尽管它仅仅是简单得不能再简单的网址导航网站，但每年的收入一度超过了 2 亿。hao123 之所以这么赚钱，就在于它通过简单易用以及全面的网站首页导航模式，吸引了大量的网民，最高的时候 hao123 占领了全国网吧 50%以上的浏览器主页。凭借庞大的流量，hao123 通过两种途径实现盈利：一是向各网站收取首页位置费用，二是为各大网站导去流量收取相应的费用。

拼多多的成功则是移动互联网时代流量价值的例证。社交电商平台拼多多在电商领域中异军突起。2015 年 9 月，拼多多成立；到 2018 年 12 月，拼多多在年度活跃用户方面已经超过京东，成为中国第二大电商平台；到 2020 年 6 月，拼多多总市值突破 1 千亿美元大关，是百度的 2.47 倍、京东的 1.2 倍。拼多多也成为继阿里、腾讯、美团之后，我国第四家市值破千亿美元的互联网公司。拼多多之所以取得如此快的发展速度，与其低成本获得流量有很大关系。拼多多低成本获得流量的奥秘就在于微信入口、拼团模式。拼多多抓住了微信流量的红利和社交互动方式的运用，将社交流量运用于拼购玩法。微信的用户数量非常庞大，其社交属性让微信拥有了强大的用户黏性。拼多多正是利用了这一点，让拼多多的链接在微信中不断的传播。

用户可通过微信公众号/小程序或拼多多 App 进行拼购，选择心仪的商品发起拼单，支付拼单价后将链接转发给微信好友邀请其拼单，当下单人数达到规定要求时，拼单流程完成。同时，平台还推出需要多人分享参与的折扣活动，借助社交关系网络进行裂变式传播，通过社交关系网络传播触达潜在购物人群并激发其购买欲。

在新媒体运营中，流量思维贯穿新媒体运营的全过程，这要求新媒体从业人员正确理解和实践“流量为王”，提高流量的转化能力，同时也要坚持正向流量。

1.免费为王

从免费邮箱，到免费聊天工具、免费游戏、免费新闻客户端、免费短视频应用等，在互联网上免费服务铺天盖地。事实上过去几十年里，从全球范围来看，互联网几乎没有出现过一上来就收费并获得成功的案例。用免费的产品和服务去吸引用户，然后再通过增值服务或其他产品收费，已成为互联网企业普遍的成长规律。从流量思维来看，免费是获取流量的首要策略。任何一个互联网产品，只有用户活跃数量达到一定程度，才有可能产生质变；而要实现这个用户积累，免费就成为企业必然的选择，免费有利于最大限度地争取用户。2009 年之前，杀毒软件市场是收费软件的天下，在 2006 年，瑞星、金山、江民这三款收费杀毒软件品牌占据整个市场的 70%。2009 年 11 月，奇虎 360 进入杀毒软件市场。为了与瑞星、金山、江民竞争，周鸿祎决定“免费”，360 安全卫士不收取任何费用，并且上线就是永久免费。360 安全卫士上线半年后，奇虎 360 就拿到了杀毒软件市场 51% 的市场份额。截至 2019 年，360 杀毒月度用户量已突破 3.7 亿，稳居杀毒软件市场份额头名。奇虎 360 的“免费”策略是将杀毒软件行业的主营利润区降为零，获得了海量的流量入口，然后透过流量的二次变现，甚至是多次变现来补贴现有主营业务上的亏损。奇虎 360 通过免费的 360 安全卫士取得了空前的成功，随后又依托于免费策略，进入网络浏览器、手机软件等领域和市场，成为中国领先的互联网和安全服务提供商。

2.努力促成流量变现

流量也并非越大越好，比流量更重要的是流量的转化能力。360 公司通过免费杀毒软件占领市场以后，迅速推出网址导航、软件管家、360 游戏等产品，进一步收割流量。在此基础上，奇虎 360 进入儿童手表、智能家居、行车安全等领域，通过流量导入、网络广告、增值服务等方式进行流量变现。360 公司的免费策略取得了巨大的商业成功:2018 年,奇虎 360 总资产达 293.48 亿元,全年实现营业收入 131.29 亿元,净利润 35.35 亿元。可以说,360 公司凭借免费策略取得了商业的成功,但在网络存储领域,360 公司则遭遇了"滑铁卢"。360 云盘曾经是国内首屈一指的网盘服务商。凭借大容量的免费存储空间、较快的传输速度、"终身免费"的许诺,360 云盘受到了广大用户的欢迎,注册用户超过了 2 亿。海量的用户给 360 云盘带来了海量的流量,但 360 云盘始终无法把海量的流量转化成相应的经济收益。提供网盘服务的成本非常高,无论是带宽、硬件还是维护费用,都是一笔不小的支出。微薄的利润与高企的成本让 360 云盘一直处于赔本赚吆喝的境地,盈利遥遥无期。2016 年 10 月 20 日,360 云盘被迫宣布关闭个人云盘服务。360 云盘的例子告诉我们,获取流量是需要成本的,流量也并非越大越好,比流量更重要的是流量的转化能力。也就是说,不管是什么流量,转化和变现都是非常关键的。

3.摈弃低级流量,坚持正向流量

"流量为王"需要对流量进行辩证的分析,警惕低级的流量、失序的流量乃至带血的流量。"流量为王"能够为互联网公司带来巨大的流量,创造客观的经济收益,但是"唯流量"有可能会造成社会总福利的巨大损失。长期以来,人们有一种误解,认为普通人缺少流量,正能量不能吸引人,认为名人精英、娱乐明星、富商巨贾才有流量,于是互联网公司热衷于搜罗明星绯闻,汲汲于制作传播不辨真假、不辨是非的八卦轶事。事实上那些普通人的正能量故事,从火热生活中涌现出来的感人事迹,同样能够获得巨大流量,因为它们唤起了我们每个人心中对真善美的向往,在人们的自发分享、主动转发中,传得越来越广,影响越来越大,飞入了寻常百姓家,走进了人们的心灵深处。从流量的来源来看,低俗媚俗恶俗的内容在吸聚流量方面可能更有优势,但积极向上、健康阳光的内容往往自带流量;从流量产生的效益来看,前者虽然可能在短期内为新媒体企业带来一定的经济效益,但终究不是可持续发展之道,同时也会带来严重的社会问题,后者细水长流,对社会产生良好的价值导向作用。新媒体要辩证地看待流量的价值,走出"唯流量"的误区,努力提供更多更优质的内容产品,只有这样才能满足人们日益分众化、多元化的需要,也才能真正赢得市场。

五、社会化思维

信息和通信技术在过去的 20 年中发生了迅速的变化,其中一项重要的发展就是社会化媒体的勃兴。以博客、播客、SNS、RSS等典型应用为代表的Web 2.0的兴起，标志着社会化媒体时代的到来。社会化媒体的兴起，改变了人们生产信息、获取信息的方式，改变了人们的生活习惯，也重塑了生产者和消费者之间的关系。企业以往的通过大众媒介对用户传播信息的营销方式遭遇挑战，因此，企业的内部组织结构也发生深刻的变化，这就要求企业使用社会化思维来思考商业形态的变革和进化。社会化思维指的是利用社会化媒体，重塑企业和用户的沟通关系，重构商业模式的思维方式。

要理解社会化思维，首先要理解什么是社会化媒体。彭兰认为，社会化媒体是互联网上基于用户社会关系的内容生产与交换平台。[①] 内容生产与社交的结合是社会化媒体最大的特点。社会关系与内容生产相互融合在一起：社会关系的需求促进了社会化媒体平台上的内容生产，反过来，社会化媒体平台上的内容生产则成为联结人们关系的纽带。社会化媒体的另外一个特点是社会化媒体平台上的主角是用户，而不是网站运营人员。无论是从内容生产和消费，还是从关系的构建和维护来看，社会化媒体的主角都是用户。

Kantar Media CIC每年都会发布"社会化媒体格局图"。从这个"社会化媒体格局图"来看，论坛、游戏、即时通信、博客、视频分享、问答、SNS、微博、微信都属于典型的社会化媒体应用。如果对"社会化媒体格局图"进行一个历时的分析，可以发现淘宝网、京东商城、拼多多等电子商务应用经历了从"带有社会化媒体属性"的应用到典型的社会化媒体的转变。尽管电子商务平台的主营业务是电子商务，商品的信息往往是由网站提供的，但是在电子商务平台的运作中，用户评论占有重要的地位。以京东商城为例，用户在京东上以评论或问答的方式产生了大量的商品评论和互动信息，这些评论既有文字，也有图片；既有购买后的评价，也有追加评价。这些信息成为其他买家做出购买决策的重要依据，同时也成为用户间关系的桥梁和纽带。如果说"无跟帖，不新闻"的话，那么在电子商务里面，便是"无评论不交易"。可以说，如果不能将社会化媒体因素做好，那么电子商务网站是很难成功的。因此，这些电子商务平台也是社会化媒体的组成部分。

社会化媒体在他们生活中占据了重要的地位，社会化媒体持续主导消费者的注意力以及消费者对于产品和服务的信任度，在这种背景下，越来越

---

① 参见彭兰：《新媒体导论》，高等教育出版社2016年版，第55页。

多的企业认识到社会化媒体中存在巨大的商业价值。应用社会化媒体思维，就要求新媒体运营人员重塑企业与用户之间的关系，并努力重塑商业模式。

1.重塑企业和用户的沟通关系，实现与用户的“联结”

在新媒体时代，社会化媒体成为企业与消费者之间沟通交流的平台。社会化媒体的使用，有助于企业与用户之间的关系实现从“连接”到“联结”的升级。“连接”表现为企业与消费者之间简单的交易关系。企业的目标仅限于交易的达成，而并不关心与消费者能否建立紧密的关系。企业、消费者彼此相对独立，连接相对简单、脆弱，强度低，范围有限，缺乏持续、频繁的有效互动。“联结”则表现为企业与用户之间持久、密切的互动合作关系。此时，企业不再满足于简单的交易关系，会通过各种途径与消费者建立密切的关系——不仅仅是企业与消费者、消费者与产品之间，消费者与消费者之间也形成了紧密的交互关系。消费者与消费者之间不再是隔离的、割裂的状态，而是基于共同的兴趣、爱好、需要紧密地联系在一起，形成了消费者社群，成为不容小觑的市场力量。社会化媒体的使用，营造出平等沟通的氛围，这有利于塑造企业与用户的沟通关系，实现企业与用户的利益共同体。①

2.善于利用社会化媒体，重塑商业模式

社会化媒体有利于企业塑造乐于并易于沟通的形象，建立企业的品牌口碑和价值。小米公司有30多名微博客服人员，每天处理私信2000多条，提及、评论等四五万条。社会化媒体的使用，有助于实现与用户的互动式交流，建立与用户的互信关系，进而能够帮助企业建立基于信任的口碑营销。在用户互动的基础上，企业还可以基于共享的价值观和文化，构建社群，将目标用户联系起来，成为品牌的拥护者和信息传递者。

【本章小结】

本章阐述了新媒体运营的内涵、主要任务和工作内容，详细分析了新媒体运营对相关人员能力和素质的基本要求。本章结合实例，阐述了摩尔定律、梅特卡夫法则、马太效应、达维多定律、吉尔德定律等互联网定律的基本内涵和精神实质，并讨论了用户思维、产品思维、流量思维、平台思维、社会化思维的内涵及其在实践中的应用。

---

① 参见郑青华:《连接经济:传媒经济本质的再阐释》,《新闻大学》2018年第6期。

【思考与训练】

1.围绕新媒体运营岗位的职责要求和工作内容,组织课堂讨论。

2.要求学生利用互联网定律,尝试对互联网热点现象进行解释。

3.布置“互联网思维(或用户思维、产品思维、平台思维、流量思维、社会化思维)之我见”的作业,组织学生进行课堂汇报。

4.搜集新媒体运营人员的招聘广告,分析对新媒体运营人员的能力、素质的要求。

5.以外卖领域的竞争为例(或其他现象),谈谈互联网定律对你的启示。

6.利用中国知网,查找与互联网思维相关的论文,整理研究者对互联网思维的观点。

【延伸阅读】

1.彭兰:《新媒体导论》,高等教育出版社 2016 年版。

2.[美]菲利普·科特勒等著:《市场营销原理》,赵占波等译,机械工业出版社 2020 年版。

3.[美]尼古拉·尼葛洛庞蒂:《数字化生存》,胡泳、范海燕译,海南出版社 1997 年版。

4.谷虹:《信息平台的概念、结构及三大基本要素》,《中国地质大学学报》(社会科学版)的 2012 年第 3 期。

5.彭兰:《微信红包中的社会图景》,《山西大学学报》(哲学社会科学版)2017 年第 4 期。

6.彭兰:《“内容”转型为“产品”的三条线索》,《编辑之友》2015 年第 7 期。

7.郑青华:《连接经济:传媒经济本质的再阐释》,《新闻大学》2018 年第 6 期。

第六章　新媒体运营的实务与策略

【本章概述】

新媒体运营的主要任务和工作内容分为三大模块：内容运营、产品营销和关系经营。内容运营主要围绕选题策划、叙事策略、形式创新三个环节展开运营，即策划有引爆力的选题，进行叙事策略的创新，综合运用多种传播手段，打造爆款文章。产品营销是新媒体运营最有挑战性的工作，事件营销、节日营销、情感营销是较为常见的三种营销方式。关系经营已经成为网络和新媒体经营的关键环节，新媒体要努力做好粉丝关系和社群关系的经营。

【知识结构图】

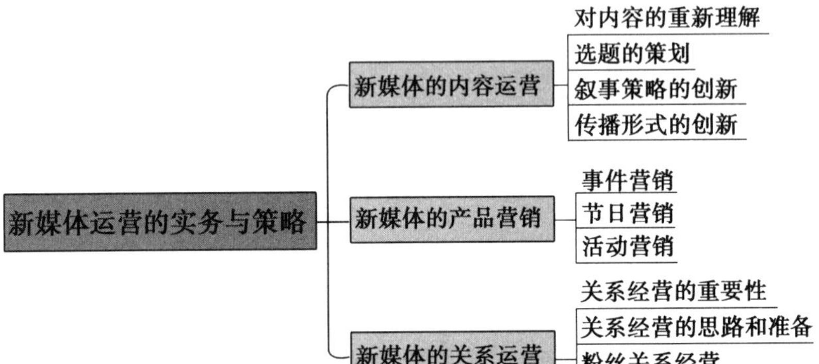

【学习目标】

- 深入理解新媒体内容的内涵。
- 把握新媒体的选题策划、叙事策略、形式创新的要求。
- 把握新媒体的事件营销、节日营销、情感营销的运营流程。
- 掌握新媒体粉丝关系经营和社群关系经营的方法和技巧。

新媒体运营是以用户为中心，为了满足用户的需求所进行的价值创造活动。在新媒体的价值创造活动中，用户、内容和营销是三个核心要素。用户关系是中心任务，内容产品是价值载体，营销是关键环节。因此，新媒体运营实务可以分为三大模块：内容经营、产品营销和关系经营。

第一节　新媒体的内容运营

新媒体产业本质上是内容产业，内容是新媒体产业的基础要素和关键资源。内容运营既是新媒体运营的基础环节，也是中心任务。新媒体的内容运营首先需要重新理解运营的对象即内容的含义，并围绕选题策划、叙事策略、形式创新等三个环节展开运营。

一、对内容的重新理解

“内容为王”的理念曾经被传媒界奉为圭臬，传媒在运作过程中始终以内容为中心，围绕高质量的内容生产实现对整个产业链的控制。随着对传媒产业理解的深入，人们又对这一理念产生了怀疑，又出现了“广告为王”“品牌为王”“产品为王”“渠道为王”“技术为王”“平台为王”“信息服务为王”等不同的观点。尽管在以什么“为王”这个问题上存在争议，但是内容的重要性始终没有被忽视，其地位也并没有被动摇。事实上，在数字时代，“内容”的地位非但不应有任何意义上的削弱，反而须得到前所未有的加强。[①]

内容永远是根本，传媒应以内容优势赢得发展优势。但需要注意的是，在新媒体时代，内容的内涵与外延应该进行重新理解。比尔·盖茨在一次演讲中说，“当我们身处互联网这样的互动网络中时，‘内容’的定义也会大

① 参见辜晓进：《内容的至上地位永难撼动——兼与〈旗帜鲜明地反对“内容为王”〉商榷》，《新闻记者》2014 年第 9 期。

为扩展。例如计算机软件就是极其重要的一种内容形式，对微软来说尤其如此。……只有那些把互联网做成思想、经验、产品的商场也即内容的商场的企业，才会获胜”。喻国明教授也指出，“内容”是传媒的基础要素与战略资源，传媒业的发展定位有必要回到价值逻辑的原点，审视“内容”所发生的重大变化。[①] 这就告诉我们，在新媒体时代人们需要对“内容”的内涵与外延进行重新审视。

一直以来，传统媒体所理解的“内容”，主要指以理性、逻辑性为特征的信息内容，尤其指向新闻信息。在新闻信息中，最受传统媒体重视的是时政类新闻，甚至在官方政策中，时政类新闻成为新闻的代名词。在《互联网新闻信息服务管理规定》中，“新闻信息，是指时政类新闻信息，包括有关政治、经济、军事、外交等社会公共事务的报道、评论，以及有关社会突发事件的报道、评论”。可见，传统媒体视域下的“内容”存在明显的“窄化”，即从信息内容“窄化”为新闻信息，又从新闻信息进一步“窄化”为时政类新闻。然而，尽管时政类新闻能够消除环境的不确定性，但是时政类新闻只是人们信息需求的其中一种而已。而且时政类新闻尽管属于刚性的信息需求，但往往难以产生较强的用户黏性，传统媒体过于强调时政类新闻有可能使得媒体越来越远离民众。

新一代信息技术的发展使得传播媒介、传播方式发生了很大的变化，内容的表现形式也变得更加多样化。范以锦教授认为，传媒应注重发展“相关的多元化”，做的还是内容，不一定是纯新闻内容，是有创意的内容，即“泛内容”，“泛内容”可以是各种各样、能够连接产业、服务型的内容。[②] 这就告诉我们，“内容”需要重新定义，碎片化、浅阅读、消费属性的泛资讯内容正在进入新媒体的内容生态。从用户需求来看，用户对内容的需要已经远远超越了新闻的范畴，拓展为娱乐、休闲、游戏、健康、历史、美食、旅游等泛内容。因此，在新媒体运营的过程中，既要重视传统的新闻资讯内容，同时也要重视短视频、影视剧、综艺、小说网文、动漫、音频等“泛内容”。

与内容新的内涵与外延相对应的是，内容的表达主体、传播形式、传输介质正在发生深刻的变化。在“四全媒体”（全程媒体、全息媒体、全员媒体、全效媒体）的背景下，传媒机构不再是内容生产的唯一生产者和组织者，海

① 参见喻国明、耿晓梦：《未来传播视野下内容范式的三个价值维度——对于传播学一个元概念的探析》，《新闻大学》2020 年第 3 期。

② 参见范以锦：《“泛内容”变现：延伸媒体产业链的新路径》，《新闻与写作》2018 年第 4 期。

量用户也参加到内容生产的过程中来，能否激发个人传播者的传播能量，已经成为决定新媒体内容传播力的重要标准。此外用户心理与需求也在发生深刻的变化，这就提醒新媒体运营从业人员，内容范式被重新定义的同时，传播语态、传播形式都需要进行相应的调整和变革，不断创新用户的消费体验。

二、选题的策划

"爆款"指供不应求、销量很大的商品。当这个概念被引入新媒体领域后，就形成了爆款文章的概念。爆款文章的特征是传播范围广、点击量高、口碑好，其默认标准是阅读量超过 10 万，达到 10 万＋。打造爆款文章是一个系统工程，涉及内容选题的规划、叙事策略的革新、传播手段的创新，还需要营销策略的配合。选题策划是打造爆款文章的起点。

用户思维要求新媒体运营必须以用户为中心，以用户需求为导向，挖掘和满足用户需求，真正为用户创造价值。因此，新媒体需要基于用户需求和心理的特征进行选题策划。在新媒体每个"现象级"传播的背后，都是用户的需求和心理在发挥作用。也就是说，要做好新媒体的选题策划，必须深入了解用户的需求，分析用户的心理特征。

彭兰教授把用户需求概括为关系需求、内容需求和服务需求三个方面，关系需求包括社会互动、人际交流、情绪管理、社会报偿、形象塑造等方面的需求；内容需求包括环境认知、个人发展、休闲娱乐等方面的需求；服务需求则包括线上需求和线下需求。[①] 彭兰教授的概括非常全面，这对新媒体运营很有启发意义。当然具体到特定的新媒体运营，由于不同的新媒体产品有着不同的媒体定位和用户定位，因此，新媒体运营必须要掌握用户的特定需求。

在新媒体的选题策划中，新媒体运营人员必须学会换位思考，要从用户的立场出发，揣摩、研究和分析用户心理。在分析用户心理时，有的新媒体运营人员过于强调用户的心理弱点，提出利用人性的弱点来做新媒体运营，认为"新媒体营销就是营销人性的弱点"。如有的新媒体运营人员基于宗教七宗罪的说法，将人性的弱点总结为性欲、懒惰、傲慢、嫉妒、愤怒、贪婪、食欲等，并主张将之用于新媒体运营过程中。我们认为，从用户心理弱点出发

---

① 参见彭兰：《新媒体导论》，高等教育出版社 2016 年版，第 113～116 页。

去做运营,有失偏颇。用户心理既有阴暗的那一面,同时也有向善、上进、追求正能量的那一面。也就是说,对用户心理的分析,既需要了解用户所谓的心理“弱点”,又要激发用户正面的心理能量。

在新媒体运营中,用户以下几种心理需求需要受到特别重视。

(一)情感需求

马斯洛的需要层次理论认为,归属与爱的需要是人的基本需要之一,人们都希望与其他人建立感情的联系或关系。因此,能激发起用户的情感,使用户产生情感共鸣的内容,往往会受到用户的青睐。暖新闻的兴起,就在于这种新闻样式满足了受众的情感需求。美国学者约拿・伯杰(Jonah Berge)与凯瑟琳・米尔克曼(Katherine Milkman)曾在 2013 年对《纽约时报》邮件分享最多的报道进行分析,发现人们更倾向于分享可唤起积极情绪的新闻。暖新闻多是以身边的普通人的不平凡事为主要报道内容,如《老人摔倒在公交站台女司机飞奔下车扶起》《面对患脊椎炎的同学,他坚持当了六年多“拐杖”》《老人昏迷倒地,市民和护士接力跪地抢救》《不离不弃,农妇守护“植物人”丈夫 10 年》《他没左腿,但他仍想在绿茵场飞奔》等。这些新闻能够成功激发人们关爱他人、被他人感动等真挚的情感。人们每每看到这样的感人故事,就会觉得眼前一亮,感受到些许温暖。暖新闻的走红,就在于这种新闻给予人向上和希望,促使人不断追求,让生活变得圆满幸福,可以激发用户心中的善念,抚慰用户的焦虑,与用户产生共情。可见,能够满足用户情感需求的选题,具备成为爆款文章的潜质。

(二)社交需求

建立、发展自己的社会关系,维持自己在社会关系中的存在是用户对新媒体的核心需求。[①] 心理学的研究也表明,害怕孤独,渴望与人交往是人的普遍心理。在社会交往中,“谈资”是社交的润滑剂,有利于增强自己与他人的社会关系。因此,要满足用户的社交需求,提供“谈资”是必备的条件。“谈资”意味着内容可以分享,并且在分享中彼此可以获得社会归属感和与他人的联系感。“谈资”往往与用户新近关心的话题有关。这可以通过搜索指数、阅读偏好的数据分析方法来获得。新媒体运营人员可以查看微博的热搜榜,查看热点话题排行,查看朋友圈、知乎等网站上的相关推荐。

---

① 参见彭兰:《新媒体导论》,高等教育出版社 2016 年版,第 113 页。

（三）娱乐需求

中国科学院心理研究所曾经做了一个“社会转型期不同职业群体主要社会应激源与心理健康研究”的课题，研究发现20～30岁的人群是各年龄段压力之首，压力来自社会环境、工作情况、个人成就、经济收入、人际关系、社会支持、家庭、住房、子女和个人生活等各个方面。[①] 在巨大的压力面前，用户有着释放压力、缓解压力的需求，娱乐需求也就成为网民的基本需求之一。在百度热榜、微博热门话题、微博实时热点上，轻松、活泼、有趣的娱乐性内容常常位居前列。在Facebook网站上，阿猫阿狗的视频经常位于视频播放排行榜的Top10。有研究者对新浪微博官方短视频应用“秒拍”上转发次数超过2000的短视频的质性内容分析后发现，生活类、搞笑类、娱乐类三类位居高转发短视频的前三名，搞笑类、娱乐类短视频所蕴含的快乐文化是推动短视频发展的一大动力。[②] 这就提醒新媒体从业人员，必须充分重视用户的娱乐需求。也就是说，要多选择轻松的话题，探索轻量化的叙事方式，增强视觉冲击力，使用户在轻松愉快中完成内容的消费。

（四）表达需求

当前，中国正处在社会转型期，随着经济体制、社会结构和利益格局的深刻调整，社会矛盾凸显，多年来经济社会发展积累起来的矛盾引发了社会的不满情绪。在这种背景下，网民的表达诉求日益旺盛。在社会公共事务中，人们倾向于利用微博、微信、抖音、快手等新媒体平台发表自己的意见和观点。因此，新媒体运营人员必须充分尊重用户的表达需求。这在两个方面给新媒体运营人员提出了要求：一方面，要积极追踪社会热点，组织用户参与公共话题的讨论；另一方面，新媒体的内容生产要充分考虑互动的要素，将互动、参与设计成产品的要件。

对用户需求和心理的理解，给新媒体的选题策划提供了方向。如从情感需求和娱乐需求出发，新媒体运营人员应多策划有人情味的故事和话题；从社交需求和表达需求出发，新媒体运营人员应加大公共性、争议性议题的策划力度；从社交需求和娱乐需求出发，新媒体运营人员应善于策划参与性

---

① 参见《社会转型期新问题：二三十岁年轻人精神压力最大》，国际在线，2004年12月24日，http://news.cri.cn/gb/3821/2004/12/24/301@401526.htm。

② 参见高崇、杨伯溆：《微视频的内容主题发展趋势分析——基于对新浪微博官方短视频应用“秒拍”上高转发微视频的研究》，《新闻界》2016年第6期。

话题。

一是有人情味的故事。好故事自带传播属性，人们看到情节完整的好故事，往往会产生强烈的传播与分享欲望。故事能够让用户与故事人物感同身受，使用户与故事人物产生情感共鸣，让人产生人与人之间的平等、关怀、互助等情感体验，吸引用户的持续关注，从而通过情感引导来进行行动召唤。此外，听故事也是一种令人愉快的娱乐型体验，契合了人们的娱乐需求。因此，具有浓厚的人情味的故事具备成为爆款文章的潜质。

微博上曾经流传过一组图《小猴子哭着要找妈妈，给它一个玩具熊抱着才安静下来》。这个故事通过一组图讲述了一只小猴子找妈妈的故事：动物保护组织解救了一只才 2 个月大的小猴子，小猴子一直不停地叫着闹着发出一种类似哭泣般的声音找寻自己的母亲，救援者最后给了它一个绒毛玩具熊，它才抱着玩具熊安静下来。故事很短，图片也不多，但是在微博上却成为热帖，阅读量和评论量都很高。之所以如此，就在于这个故事具有浓厚的人情味和感染力，人们从这个故事推己及人，通过对猴子幼崽的不幸遭遇萌发了关爱小动物的真挚情感。新媒体运营人员在进行话题选择时，应多关注类似的具有人情味、故事性的话题。一个简单的判断标准就是故事能否让自己感动，即这个故事能否让自己产生很强的情感共鸣，故事情节能否让自己产生浓厚的阅读兴趣。

二是公共性议题。公共性议题指具有群众性与普遍性，涉及公众的普遍利益，往往能引起公众热议，成为社会热点的公共问题。公共性议题往往是媒体、公众、政府三者都重视的问题，能够引起很强的话题张力。公众不仅会密切关注此类议题，而且还会主动参与到话题的讨论中去，此类议题在一段时间内也会成为公众讨论的焦点，可以充分满足用户的表达需求和社交需求。在众多的公共性议题中，新媒体运营人员可重点关注民生情感类、官员风纪类、社会公正类等几个类别的议题。

民生情感类议题往往涉及人们的衣、食、住、行、用等日常生活，涉及人的婚姻、两性、情感、子女等社会关系，也就是说这类议题关系到人们的基本生存和生活状态，与每个人的切身利益息息相关，因此，很容易吸引用户的眼球，并吸引公众参与和互动。新浪微博曾经发起"30 岁没结婚你会考虑将就吗"的讨论。该话题与广大青年男女的日常体验具有很强的关联度，具有很强的话题张力，很快成为微博的热点话题，累计阅读量超过了 1.7 亿人次，讨论量超过 2.2 万条。因此，在新媒体的选题策划中，不要认为此类话题太小，事实上越是日常性的话题，越容易引起人们的共鸣。

官员风纪类议题往往会触及公众的敏感神经，与社会情绪产生共振。《新媒体蓝皮书：中国新媒体发展报告(2011)》曾对1998～2010年发生的210起重大网络舆论事件进行系统分析，发现重大网络事件涉及的十大阶层中，出现频率最高的是“国家与社会管理者阶层”，约占36%。在策划官员风纪类相关议题时，需要提前做好舆情预判工作。官员风纪类议题是一把“双刃剑”，既能够为新媒体带来流量，但处置不当也有可能给社会带来消极影响。这就要求新媒体运营人员做好策划工作，发挥此类议题的积极效果，抑制不良后果。

社会公正类议题涉及“公正”“维权”，此类议题容易引发热议，具有较强的成为爆款的潜质。公正是社会主义核心价值观在社会层面的要求之一，要求公民参与经济、政治和社会其他生活的机会公平、过程公平和结果分配公平。随着社会的进步、新媒体赋权，公众参与公共事务的意识大大增强，维权的意识不断增长，公正已经成为公众的重要价值追求。社会公正类议题涉及社会的各个领域，如教育、执法、司法等。社会公正类议题往往也是网络热点问题。2021年3月，上海市教育委员会公布了《上海市高中阶段学校招生录取改革实施办法》，规定将上海委属、区属的实验性示范性高中招生计划的50%～65%“分配到区、分配到校”。由于学区房与广大市民的利益息息相关，涉及教育资源的公平分配问题，该政策很快在网上引发热议，成为百度搜索的热门话题。

三是争议性话题。蕴含争议与冲突的话题由于观点的多元化与冲突性，备受网民的关注，有可能引爆整个网络。一方面，中国处于社会转型期，社会阶层的分化、利益格局的调整带来了人们利益诉求的多元化，也导致了价值观的分化和冲突；另一方面，互联网和新媒体的赋权使得普通人有了表达意见和观点的机会。在一些话题上，网民处于不同的立场，形成了不同的观点，短时间内无法取得一致的意见。不同观点之间发生了激烈的碰撞，这种冲突与碰撞产生了巨大的势能，使此类话题容易吸引网民的广泛关注。如2021年4月，中国人民大学法学院考研复试期间，部分考生复试结束较早，在交流群内分享了复试信息，但此时该专业全体同学复试未完全结束，于是，人大法学院对分享了复试题目的24名考生复试成绩全部记零分。针对这个事件，有一些网民同情惋惜这部分考生，认为人大的做法不妥，但也有一些网民认为法硕考生知法犯法，藐视复试规则。“人大法硕复试20余人成绩0分”迅速登上热搜，在新浪微博上，“人大复试泄题考生成绩归零可惜吗”，微博阅读量超过1.5亿，评论量超过1万，多种观点针锋相对，展开激烈的讨论。可见，争议性话题蕴含着大量争议和冲突元素，可以很好地满足用户的表达需求和社交需求，这类话题在新媒体上具有很强的话题引爆力。

四是参与性话题。参与性话题指的是具有较强的互动性与参与性，能够让网民参与其中的话题。参与性话题往往具有游戏性、共情性的特征。爱玩是人的天性，如果话题中能够设计较为便捷且充满趣味性的游戏环节，那么就有可能吸引广大网民的参与和互动。此外，话题如果涉及亲情、友情、爱情等人类共同的情感，能够让人产生情感共鸣，那么，网民往往会主动参与到话题的传播中来。从《人民日报》新媒体生产爆款文章的经验来看，能否激发网民在网上网下的互动参与，已经成为能否成功打造爆款文章的必备要素。

三、叙事策略的创新

在2017腾讯媒体＋峰会上，腾讯新闻发布了企鹅智酷《2017中国新媒体趋势报告：通向媒体新星球的未来地图》，报告显示：近六成的自媒体读者偏好幽默、调侃的文风，而不是冷静、认真的传统风格。不同的文体特征、文章风格反映了不同的叙事策略。叙事策略需要适应新媒体时代内容生产变革的要求。在很大程度上，叙事策略的运用是新媒体作品成功的关键。在叙事策略的创新上，新媒体需要打破传统的叙事方式，积极探索故事化表达、口语化表达、轻量化表达和互动式表达等多种叙事方式。

（一）故事化表述

故事化表达指将内容简化成小故事，依托具体的事实，解说抽象的道理，并把这些事实放在特定的情节中，融入人的活动、情感中。故事化表达最大的好处是有助于使严肃的内容更加具有传播力，让内容真正做到入耳、入脑、入心。

故事化表达需要通过一系列的素材，用具体的方式去表达一个理念或观点，或者去展现一个人物，从而影响他人。因此，故事必然包含人物、事件和目的三个要素。人物是故事的主角，事件由具体的情节构成，多个情节构成了完整的故事，目的则是新媒体运营人员试图通过人物和事件所表达的理念和观点，也是讲故事的意图所在。

进行故事化表达，必须首先明确传播目的，即故事是讲给谁听的，想实现怎样的意图。只有明确了传播目的，才能在讲述故事的过程中强化细节、优化细节、分清主次，才能使得情节和细节具有合理性。然后，故事化表达要对角色设定、素材选择和情节设置进行精心筹划。在角色设定上，名人明星可以作为主角，而普通用户同样可以成为故事主角。好故事始终是围绕着人和人的生活、情感和命运来展开，普通用户作为故事的主角将增强故事的感染力。真实人物的真实故事，哪怕不完美，都会让故事具有强大力量。在素材选择上，素材应尽量接地气，接地气才会有生活气息；有生活气息，用户才会觉得这个故事是与他们息息相关的，由此可以增强故事的说服力，更容易获得用户的信任。在情节设置上，故事要有时间、地点等要素，需要刻画具体的细节。一个好故事必然会有情节冲突，需要在合适的地方放置合理的情节冲突。一般来说，故事的冲突点与高潮点最好放在文章中前段，这对留住用户是有一定效果的。

（二）口语化表达

传统媒体追求的是内容的客观性与精准性，喜欢使用书面语言。而新媒体面向的用户对象更加年轻，青少年网民更青睐简单、形象、易懂的沟通方式。因此，新媒体叙事文风转变的重点是转作风、接地气，用网民听得懂的语言写作，让话语表达更加草根化，这样才能言之有物、言之有理、言之有情。因此，对于新媒体来说，在话语表达方式上要尽可能做到口语化表达。口语化表达可以拉近与用户的距离，增进与用户的情感，努力塑造与用户拉家常、说闲话的朋友形象。具体来说，新媒体产品可以通过日常生活用语的使用，以及网络流行语的借用，创新话语表达方式，让话语表达清新鲜活。

一是对日常生活用语的使用。新媒体在传播过程中注重保持与受众平等的位置，多采用倾听的姿态，多使用“我们”“你我”“晚安”等朴实的日常生活用语，营造一种轻松、愉快的阅读氛围。以《人民日报》官方微博为例，我们见不到长篇累牍的会议报道、领导讲话，微博使用的大多是家常话，大多是朴实无华的口头语言。2013 年 2 月 26 日，《人民日报》官方微博发表了一则标题为《再见了，北京》的微博，吐槽北京环境污染。微博引用了某夫妻俩移居大理的心路历程：“‘我们决定离开北京，移居大理生活。我们只想在一个依山傍水的地方隐居起来，去讨一个清静的日子、一口新鲜的空气、一顿天然食材的饭菜’……总说要去远方寻找梦想的生活，可没时间，没有钱，没准备好,日复一日便也停顿下来。读读这对小夫妻的故事,对你会不会有些启发?"这条微博语言平实,完全以用户的口吻来发表对北京空气质量下降的不满,激起网民强烈的共鸣。

二是对网络流行语的使用。在今天,网络语言已经成为人们网络生活中必不可少的一部分。网络语言中包含的信息与符号、思想与内涵获得公众认可,产生了认知默契与思想共鸣,进而被很多人重复使用,从而成为网络流行语。网络流行语之所以能够在网络中广为流传,是因为它们抓住了时下热点,反映了社会现状,道出了网民所思所想,而且简短易记、诙谐幽默,能够引起共鸣。网络流行语契合了新媒体用户,尤其是青少年网民追求特立独行个性和追求时尚的心理。因此,对新媒体来说,将网络流行语应用于新媒体文案写作中,可以给青少年网民与时俱进的感觉,赢得他们的喜爱。这就要求新媒体运营人员首先要熟悉网络语言,不仅要关注网络流行语的各种榜单,也要随时关注网民新近创造出来的并被广为接受的"新词"。其次,使用网络流行语,既要善于直接使用,也要善于创造性使用。照搬照抄并不一定能让用户满意,在网络流行语的基础上再创作、再加工,可以让人眼前一亮。再次,使用网络流行语,要根据特定的场景需要,不能强行将网络流行语插入内容之中,为了使用而使用。《人民日报》官方微博根据特定的情景使用"屌丝""拼爹""给力"等网络流行语,恰如其分,取得了良好的传播效果;在对很多新闻进行评论时,都加上"元芳,你怎么看?"这实际上营造了一种互动的氛围,体现了放下身段的亲民姿态。最后,需要注意的是,使用网络流行语要把握好尺度。一方面,新媒体引用网络流行语不能为了刻意赶时髦,为了引用而引用,不要对网络流行语进行堆砌;另一方面,不应以吸引眼球为目的,不能对网络流行语不加选择地进行使用,应多使用"点赞""蛮拼的"等向上向善的网络流行语,营造健康向上的阅读氛围。

(三)轻量化表述

"轻量化"经常被用来描述自媒体文体的特征。[①] 轻量化表述与厚重、深度与专业化的表达相对,指的是简化内容的表达方式,强调的是文本的短小、灵活和直白。轻量化表述与移动互联网时代的碎片化传播特征是一致的。移动互联网改变了信息传播的时间观与空间观。在传统媒体时代,人们是在一个完整的时段来读报纸、看电视、听广播。但是在移动互联网时

① 参见郑二利:《微信公众号10万+的叙事套路分析》,《探索与争鸣》2017年第7期。

代，用户信息消费的时间从完整的时段转变为碎片时间。人们越来越倾向于随时随地进行信息的消费，这就使得信息消费呈现为碎片化的特征。信息消费的碎片化对新媒体内容提出了新的要求：与相对完整的、长篇累牍的文本相比，短小精悍、直白简洁的文本更契合碎片化阅读的要求。在这种背景下，简单、直白的“轻量化”表达方式往往更容易取得实效。

“轻量化”表述追求的是简单、直白的表述方式，“可视化”即体现了“轻量化”表述的要求。可视化的通常做法就是把文字与图片、动图、表情包、视频、音频结合在一起，生成融媒体产品。其中尤其值得关注的是网络表情包的使用。网络表情包是融合了文字、图像、视频等多种元素以进行话语表达的“网络方言”。随着表情包被广泛使用，不仅出现了“斗图”这类新型的网络行为，还形成了“表情党”这样的新兴群体，表情包逐渐成为不少网民对社会热点话题发表意见的手段与工具。网络表情包具有幽默感、画面感、互动性强、接受度高、易理解和易传播等优势。在信息量巨大、人们的注意力分散且难以形成共鸣的情形下，“一图抵千言”的表情包却往往能使人一目了然、一见倾心。

（四）互动性表达

新媒体的爆款文章，离不开激发受众作为第一人称的主体参与性。[①] 新媒体在选题策划时，需要充分考虑互动元素，调动用户参与积极性。2017 年八一建军节前夕，《人民日报》新媒体发布了《快看呐！这是我的军装》H5。军装照 H5 将 1927～2017 年这 90 年间的军装全部呈现出来，让用户上传照片，利用人脸识别技术，生成属于用户的不同年代的军装照片。军装照 H5 取得了空前的成功：上线两天，页面浏览量超过 2 亿，平均每分钟有 22 万张照片生成。军装照 H5 的成功就在于互动化表达。“军装照”在设计上，从一开始就激励用户成为主动传播者，让用户自主、自愿分享军装照片，从中获得参与感、认同感和归属感。由于操作简单、互动性强、技术门槛不高，再加上庆祝中国人民解放军建军 90 周年的火热气氛，众人的参与热情被瞬间点燃，从而产生了“刷屏”的效果。这也告诉我们，新媒体要制造爆款，必须发挥出不同于传统媒体的特质，这就是互动性。从网络传播的特性来讲，互动性表达也是新媒体最具有魅力的叙事策略。

① 参见岳小乔：《〈人民日报〉新媒体打造“爆款”的五点启示》，《中国广播》2019 年第 5 期。

四、传播形式的创新

在信息传播过程中，内容是灵魂，是根本，而形式则是决定内容能否被用户喜闻乐见的重要条件。《人民日报》社新媒体中心客户端编辑余星馨认为，要在众多新媒体产品中做到脱颖而出，必须内容与形式俱佳。[①] 随着新媒体技术的发展，全景拍照技术、虚拟现实技术、网络直播、秒拍、客户端图解、H5 等多种技术手段被应用到了新媒体的传播过程中。在新媒体产品生产和传播的过程中，新媒体运营人员应高度重视形式上的创新，积极探索多媒体融合的传播手段，思考以下问题：内容应以哪种方式呈现或展示？哪些传播形式更有魅力，更能吸引注意力？哪种传播手段是别人未曾使用过的？动画、表情包、图片、音频、短视频、H5 等表现形式的综合运用，是“刷屏级”爆款文章的重要特征。[②] 新媒体运营人员综合利用多媒体融合的传播手段，可以产生很强的视觉冲击力，大大增强新媒体产品的传播力、引导力、感染力、吸引力。

（一）图片图表的使用

1998 年，花城出版社编辑钟洁玲为推广其策划出版的《红风车经典漫画丛书》，第一次提出了“读图时代”的概念。[③] 该概念一经提出，即产生了广泛的影响，媒介使用方式向“读图”的回归成为人们的共识。“读图”契合了用户轻松获取信息的需要，尤其有利于青少年群体个性的表达。图片具有“一图抵千言”的传播效果，自带视觉冲击力、形象力和感染力，新媒体运营人员应用好图片图表这一传播手段。

首先是图片的使用。新媒体产品对图片的使用，主要有两种情况：一是配合文字使用，即配图。配图可以对理解文字内容起到辅助作用，有助于文章风格的塑造。一篇文章是否有优质的配图，可能直接影响文章的流量。二是作为“主角”进行故事的讲述。图片不仅可以配合文字使用，还可以通过一个长图片来进行新闻报道，或者通过一组图片的组织，讲述一个完整的故事，这就需要进行精心的策划。央视网官方微博在武汉“解封”一周年之际，策划了一期“在武汉过完美一天”，报道了武汉新冠肺炎疫情后的重振之

---

① 参见《融媒“爆款”人民日报这样炼成的》，《人民日报海外版》2019 年 3 月 7 日。

② 参见《湖北政务新媒体先锋榜：爆款文章都有这些特征》，《潇湘晨报》2020 年 6 月 18 日。

③ 参见孙晓燕：《解读“读图时代”》，《编辑学刊》2004 年第 3 期。

路。内容产品由“一碗热干面，一份面窝，开启武汉人一天的幸福”“江城繁华依旧，市井生活如昨”“烟火小巷，温柔以待八方客”等9张图片组成，以时间轴的方式记录了记者在武汉的一整天的经历，图片分别聚焦于早餐、超市购物、工业生产、校园生活、夜生活等生活和工作场景，图片具有典型性，富有视觉冲击力，图片前后的文字画龙点睛，叙写了武汉的“春天故事”。“在武汉过完美一天”推出后，被各大新闻媒体和自媒体转载，成为网上爆款文章。

其次是图表的使用。图表可以把文字以一种可视化的方式呈现出来，实现了简洁、高效的信息传递，这大大增强了内容的易读性、可读性，也节省用户的阅读时间，由此图表受到了用户的欢迎。2020年《政府工作报告》总字数为11386个字，为了让用户更快更好地了解《政府工作报告》的主要内容，新华视点微博制作了“3分钟读懂2020年《政府工作报告》”的图表。图表分为2019年和2020年以来工作回顾、2020年发展主要目标和下一阶段工作总体部署等8个部分，把各个部分的要点用30～70个字概括出来。一张图表，寥寥700多字，简明扼要，浓缩了《政府工作报告》的精华，让用户在几分钟之内就能对《政府工作报告》有一个大致的了解。图表受到了网民的热烈欢迎，很短的时间里阅读量就超过了10万＋。

最后是漫画的使用。漫画使用简单而夸张的手法来描绘生活或时事，具有很强的视觉表现力。漫画具有独特的魅力，漫画视觉化的形式要优于文字，而且在某些情况下也会优于视频。相较于文字容易出现歧义，漫画更为直观；相较于视频容易产生大量无效信息，漫画则能帮助用户快速抓住重点。可以说，漫画在信息传达和表达力上，拥有独特的优势。漫画的可读性和再传播性都极高，往往容易形成爆款。漫画的另外一个好处就是可以避免搜集素材的烦琐工作，也规避了版权侵权的风险。尤其是在讲述较长时间跨度的故事时，由于历史照片资料的缺失，通过图片的方式很难完成任务，漫画则可以通过再创作，弥补缺失的影像资料。漫画制作需要投入较多的人力成本，需要策划、文案、手绘与设计的结合，但一旦制作推出，往往就会成为网民关注的焦点。新华网客户端曾推出新媒体作品《20多任县委书记，连续干了一件事》，这部作品以漫画的方式讲述了种树治沙的感人故事：从新中国成立之初至今，山西省朔州市右玉县20多任县委书记，带领人民种树治沙，最终实现了沙漠变绿洲的传奇。故事以老奶奶向孙女讲故事的方式展开，情节跌宕起伏，漫画虽长，但富有代入感，能够吸引用户读完全文。网友纷纷在文章后面评论道:“可以搞成一集动画片。”“这个连环画很好看,生动有趣又有教育意义。”“这个连环画不是不错哦,让我们这代人忆起了过去年代,很怀念曾经的过往。”需要指出的是,漫画的准入门槛较高,对此新媒体可以尝试两条腿走路:培养具备动漫创作能力的编辑人才,或者与社会上的漫画工作室合作。

(二)音视频的运用

企鹅智酷《2017 中国新媒体趋势报告:通向媒体新星球的未来地图》显示,网民使用新媒体产品时,喜欢看视频的用户比例高达 61.8%。从中国互联网络信息中心发布的第 47 次《中国互联网络发展状况统计报告》的数据来看,网络视频的使用率高达 94.1%,是仅次于即时通信的第二大常用的互联网应用。[①] 因此,新媒体运营人员要善于使用短视频、背景音乐等传播手段,以增强作品的表现力。

首先是短视频的制作与使用。与其他媒介形式相比,视频具备更强的现实感和说服力,在信息传播方面具有独特的作用。从宏观记录到微观叙事,从现场观感到深度解读,视频能够为观众提供充足的信息增量和情感增量。与长视频不同,短视频短小精悍,内容主题集中,叙事简洁紧凑,节奏感强,打破了时空的限制,可以满足人们在碎片化时间中的观看需求。短视频尤其在宏大叙事中可以发挥意想不到的效果。《人民日报》新媒体推出的“中国一分钟”系列短视频,以“一分钟”为切口,将宏大叙事按照时间刻度进行微缩,建构起中国改革开放 40 年成就的全景。“中国一分钟”系列短视频线上阅读播放量超过 24 亿,线下覆盖用户数超过 2.5 亿;《人民日报》微信公众号所有推文阅读量均为“10 万+”;微博话题阅读量超 9.4 亿,参与讨论者达 46.9 万人,占据微博热搜榜首位。“中国一分钟”系列短视频也荣获第二十九届中国新闻奖特别奖。总之,短视频可以将对宏大叙事的观照和对个体感知的体察有机结合起来,以小见大、以点带面,从受众真切可感的生活体验出发,引向重大主题的阐释。

其次是背景音乐与视频的相互促进。音乐情感渲染效果和短视频的视觉冲击效果相结合,可以实现很好的传播效果。背景音乐可以起到推进叙事、烘托气氛、带动情绪、引起共鸣等作用。新媒体运营需要根据产品的主

---

① 参见《第 47 次〈中国互联网络发展状况统计报告〉(全文)》,中国互联网络信息中心,2021 年 2 月 3 日,http://www.cac.gov.cn/2021-02/03/c_1613923423079314.htm。

题，选择适合的背景音乐。2018 年 12 月，《人民日报》推出“孟晚舟获得保释”抖音视频，该视频前半段是孟晚舟获得保释后的现场乘车画面，后半段则采用孟晚舟所发的“我以祖国为傲”朋友圈截图内容，配以“我爱你中国”伴奏音乐，迅速激发了广大网民强烈的爱国主义情感。总之，背景音乐能够提升视频产品整体的效果，可以让用户的情感、心理与视频内容融合，实现情感的共鸣和升华，具有很强的情感表达效果。

（三）H5 的使用

新媒体运营人员应主动求新求变，充分借鉴、吸收和运用大数据、物联网、云计算、虚拟现实、人工智能等最新的互联网技术，利用新的技术在产品功能和设计方面做到更加友好，最大化地满足最广泛的多元化个性需求。H5 作为互联网的下一代标准，对视频、音频、图像、动画以及与设备的交互都进行了规范，具有很强的表现能力。H5 可以制作集文字、图片、音乐、视频、链接等多种形式为一体的页面，具有丰富的控件、灵活的动画特效、强大的交互功能和数据分析功能，尤其适用于移动互联网的展示与分享。

与传统页面相比，H5 的特色之一就是支持音频、视频，无须第三方插件就可以实现音视频的播放功能，从而摆脱了对插件的依赖，加快了页面的加载速度，可以实现文字、图片、音频、视频、动画的组合显示，丰富多彩地呈现信息内容，从而大大提升了信息的传播效果。H5 的特色之二就是交互性强。在 H5 页面上，用户可以选择感兴趣的内容进行查看，还可以进行评论，实现流畅的交互性。此外，H5 还可以通过 GPS 或网络信息实现用户的定位，获得他人的定位信息。总之，H5 的上述优越性使其在移动互联网时代成为重要的内容表现形式。目前，H5 已经被广泛应用于营销活动、互动活动、品牌宣传、产品介绍、小游戏中。如新华社在 2018 年“两会”即将开幕之际，围绕“两会热点是什么”设计了一个投票的 H5 产品，用户只需要识别二维码，进入 H5 页面，在列出的关键词中点击最关心的问题，就可以参与调查，非常简单，操作方便。

H5 常用的制作工具有 Maka、易企秀、兔展、秀米、微页等。如果新媒体自身技术实力不足，也可以将技术支持外包给专业的互联网公司。以“军装照”H5 为例，该产品由《人民日报》客户端策划出品并主导开发，产品制作周期为两星期，客户端编辑负责创意策划、脚本设计、资料搜集。“军装照”H5 中，最关键的一环就是将用户照片合成军人形象，提供技术支持的是腾讯旗下的天天 P 图团队。天天 P 图首创了以 AI 为基础的人脸融合技术，并将人脸融合技术与实时热点相结合。腾讯云具有强大的技术实力，为了应对巨大的访问量，腾讯在最高峰动态部署了 4000 台腾讯云服务器，并采用了智能分流、柔性策略等办法，确保应对海量的用户请求，最高峰 1 分钟能够完成 117 万用户的需求。可见，先进稳定的技术是“军装照”H5 成功的重要条件，这也要求新媒体以一种开放的姿态向合作伙伴开放，共同完成产品的生产，联合打造爆款文章，共享流量收益。

第二节　新媒体的产品营销

新媒体的产品营销指的是运营人员利用新媒体平台引导新媒体产品流向用户，满足用户需求的一系列活动。目前对新媒体营销的探讨，主要是围绕企业进行的，即探讨企业利用新媒体平台进行产品销售、顾客沟通、品牌经营等活动。事实上，新媒体营销的范畴非常宽泛，除了企业的营销活动，还包括新闻媒体、政府机构、个人或团体在自媒体平台或客户端上所进行的内容推广、市场推广、产品销售、广告营销等活动。如《人民日报》新媒体发起的大型网络互动活动也属于新媒体营销的范畴。

关于新媒体营销方式的分类，有人基于营销活动所使用的平台进行分类，把新媒体营销分为微信平台、微博平台、问答平台、百科平台、直播平台、音频平台、短视频平台、论坛平台等不同方式；还有人根据营销活动的性质进行分类，列出了新媒体营销的十大模式：饥饿营销、事件营销、口碑营销、情感营销、互动营销、病毒营销、借势营销、IP 营销、社群营销、跨界营销。本书认为上述两种分类方法都有一定的合理性，但均存在不足。新媒体营销活动越来越呈现为跨媒体、跨平台的特征，很难把新媒体营销局限在一个平台上，因此根据营销平台进行分类不太符合新媒体营销的现实实践。至于根据营销活动的性质进行分类，一方面新媒体营销方式千变万化，再多的模式也未必能概括所有的营销活动；另一方面，营销活动的分类过于分散，也不利于对营销活动的把握。本书认为，做好新媒体的产品营销，关键在于把握新媒体营销的内在规律。因此，本书并不打算对新媒体的产品营销做非常详细的分类，而是试图通过三种常见的产品营销方式探讨新媒体营销的规律。在新媒体的产品营销中，事件营销、节日营销、情感营销等较为常见。

一、事件营销

事件营销，也叫活动营销，指的是新媒体以产品为载体，通过策划组织社会活动，或利用具有新闻价值、社会影响以及名人效应的人物或事件，提高新媒体品牌和产品的知名度、美誉度和影响力，实现经济效益和社会效益的营销方式。

（一）事件营销的特征

在新媒体营销活动中，事件营销可以说最为常见。事件营销具有渗透性强、关注度高、回报率高等优势，可以集新闻效应、广告效应、公共关系和形象传播为一体，具有良好的传播效果。总体来看，事件营销具有引爆性、策划性、关联性、参与性、融合性等特点。

1.引爆性

事件营销是以特定的活动或事件为载体，这个特定的活动或事件是运营人员从众多的活动和事件中筛选出来的，具有很高的关注度，能够吸引大量网民的注意力，是网民讨论的焦点，是网络热点所在。事件营销与网络热点或社会焦点紧紧联系在一起，因此事件营销具有很强的引爆力，在精心策划的基础上，有可能在很短的时间内就会引爆整个网络，使产品或品牌成为网民关注的焦点，并吸引媒体的报道或转发。也就是说，事件营销就是制造热点或利用热点所进行的营销活动。事件营销最关键的一环就是找到“爆点”，具体来说有两种途径：一是制造热点，这就需要新媒体运营人员策划活动或事件，捕捉用户的注意力，使活动或事件成为网络热点事件；二是紧跟网络热点，去“蹭”热点，将新媒体与热点事件进行勾连，将信息植入热点事件中，从而借助热点事件的“热度”达到提升事件营销注意力和影响力的目的。

2.策划性

无论是制造热点还是紧跟热点，都体现了事件营销的策划性。也就是说，策划是事件营销的重要环节，这就要求运营人员在用户调查和市场分析的基础上，遵循特定的方法或者规则，对营销活动进行系统、周密的准备并制订可行性的方案。事件营销的策划性具体体现在对事件的筛选和活动的选择以及对营销形式的设计上。事件营销在正式启动之前必须进行周密的准备，确定营销目的，并根据营销目的撰写策划方案。策划方案应包括营销目的、营销主体、营销对象、营销创意、营销渠道、营销形式、营销节奏、营销预期效果等。其中需要重点解决的是营销创意的问题。营销创意是事件营销的切入点，也是事件营销的灵魂所在。一个事件或活动，可以有不同的接入方式，到底从哪个点接入，如何实现与新媒体产品的勾连，如何做到独树一帜，这就需要巧妙的创意，找到具有新颖性和创造性的构思，并实现精巧构思和深刻立意的结合，从而让事件广为传播，取得预期的效果。

3.关联性

事件或活动本身往往并不带有产品属性，也就是说事件或活动与新媒体产品或品牌可能并没有直接关系。这就需要把事件或活动和营销目标巧妙结合在一起，需要让事件或活动、新媒体品牌和产品信息以及公众的关注关联起来。即事件营销应该做到把产品的诉求点、事件的核心点、公众的关注点重合在一起，形成三点一线，贯穿一致。事件营销的实践和案例已经证明：世界上万事万物都是有关联的，新媒体产品同样具有多种属性。新媒体与事件或活动关联度越高，就越能让用户把对事件或活动的关注度转移到新媒体产品或品牌上。需要指出的是，在寻找关联的过程中，切忌生拉硬套，要自然且符合逻辑，笨拙、混乱的逻辑会影响到事件营销的效果。

4.参与性

事件营销需要主动的策划和执行，但是事件营销绝不是企业的自编自导自演，而是需要用户的积极配合。在事件营销中，事件或活动仅仅扮演着入口的角色，更为关键的是要通过事件或活动把用户吸引过来，让他们参与到事件营销的过程中来。一个好的事件营销，往往具有互动性强、参与度高的特征。事件营销要把大规模的流量变成真正可控制、有黏性地对新媒体产品和品牌的关注，并且深度激发消费者与新媒体之间的化学反应，就必须降低参与门槛，精心设计互动、参与环节，让用户真正参与到营销过程中来。新媒体要设计和设置具体的情景，以充分释放用户的表现欲，让用户从关注转化为参与行动。用户参与到具体活动环节中后，还可以进一步引导其拉动更多身边好友进行参与，由此事件的影响力就被不断地拉动起来了。

5.融合性

整合营销传播理论告诉我们，营销活动应该整合、协调使用各种不同的传播手段，发挥不同传播工具的优势，从而形成营销的冲击力。事件营销对传播渠道的要求很高，如果不能借助融合性传播渠道实现“多点引爆”，那么事件营销很难取得良好的营销效果。热点事件往往需要传统媒体和新媒体的接力式传播，也就是说首先通过微信、微博、抖音、快手、知乎、B站等自媒体平台引爆和迅速传播，然后吸引报纸、广播、电视、杂志等传统媒体的报道，然后自媒体平台进一步进行发酵，从而在网上引起广大的关注。总之，事件营销要善于调动多个自媒体平台，吸引传统媒体的关注与参与，融合多种平台和渠道，形成立体化传播的效果。

（二）事件营销的主动模式

事件营销就是制造热点或紧跟热点所进行的营销活动。根据热点的来源，可以把事件营销分为两种模式：主动模式和借力模式。事件营销的主动模式指的是新媒体主动组织策划活动或事件，将活动或事件做成热点；事件营销的借力模式则是指新媒体借助于备受网民关注的、具有较大影响的人物、事件和话题，策划营销活动，实现营销目标。

事件营销的主动模式需要新媒体运营人员主动发现问题，寻找“爆点”，制造热点。因此，主动模式具有很强的策划性，也给运营人员提供了很大的创新空间。要做好事件营销，新媒体运营人员需要把握好以下环节：

1.确定好事件营销的创意

创意是事件营销的灵魂所在，因此，做好创意是事件营销的起点。这需要做好以下几个方面。首先，创意要贴合营销目标。在创意策划之前，新媒体运营人员要明确事件营销的目标：是为了塑造品牌？还是销售商品？还是主题宣传？然后在营销目标的框架下展开创意策划。其次，了解目标用户的诉求，契合目标用户喜好，让事件或活动成为目标用户的触点。再次，创意应找到独特的卖点。创意应跟紧新媒体品牌或产品的核心卖点，这个核心卖点就是新媒体所提供给用户的特殊价值，也是新媒体最大的特色所在。只有把握住核心卖点，才能防止流量外溢，营销活动才能落地。最后，在传播渠道上，应利用好社会化媒体，在社交媒体上与目标用户进行深度的沟通，利用好人际传播网络进行裂变式传播，从而在网络上造成较大的声势和影响。

2.做好活动文案的策划

如何快速高效地传递活动或事件的信息？这是事件营销需要考虑的重要问题。在设计活动文案时，运营人员要善于用简洁明了的语言来表达核心内容，向消费者传递活动信息；还要善于制造有关活动的热门话题，引起消费者的广泛讨论，从而为开展活动造势，达到预期的营销效果。总之，活动文案应该简明扼要，并具有形象力和感染力，具有打动用户内心的力量。

3.做好前期准备工作

事件营销的前期准备工作必须做到周密、翔实。事件营销的准备工作包括人员、素材、媒体支持等相关方案。在人员准备上，一方面要明确单位内部参与人员的职责分工，另一方面要联系好大V、中V、小V等意见领袖，与这些意见领袖进行沟通，选择合适的合作伙伴；在素材准备上，要根据创意内容、活动文案准备好可能用到的图片、视频、音频等素材，随时准备投入使用；在媒体支持上，要与合作媒体和平台取得联系，做好活动预案。

4.把握好活动的节奏

掌握事件营销的节奏，是执行的关键。事件营销一般都要持续较长的时间，能否延长事件营销的热度在很大程度上决定着事件营销的成败。在事件营销的引爆阶段、高潮阶段、尾声阶段等不同阶段上，新媒体需要投入不同的资源，掌控活动的走向。

5.制定活动优化及替代方案

控制是管理的基本职能之一，即检查活动是否按既定的计划、标准和方法进行，发现偏差分析原因，进行纠正，以确保组织目标的实现。活动优化及替代方案即起到控制的作用。活动优化及替代方案可以根据出现偏差的原因，及时实施补救，从而确保事件营销顺利进行，并取得预期的传播效果。

（三）事件营销的借力模式

事件营销的借力模式是指新媒体借助新近网民关注的、具有较大影响的人物、事件和话题，组织策划营销活动，并实现营销目标。

事件营销的借力模式要想取得良好的营销效果，必须坚持关联性、社交性和系统性的要求。关联性指的是人物、事件、话题必须与新媒体品牌及其产品具有较好关联度。事件营销蹭热点的前提是要找准热点与自身定位和产品之间的契合之处。社交性指的是新媒体在与热点事件关联的过程中，必须制造具有社交性的话题，策划互动性的活动，能够让网民参与进来，通过社会传播在短时间内引爆网络，才能取得良好的营销效果。系统性是指新媒体借助外部热点事件或话题，必须策划和实施一系列与之配套的公共关系策略，整合多种手段，实现外部议题与组织议题相结合，推动公众对外部议题的关注向组织议题关注的转化。

与主动模式有所区别，事件营销的借力模式具有快速启动、精准跟进的特点。由于新闻事件已经发生，所以事件营销的借力模式无法留给运营人员太多的准备时间，要求运营人员在很短的时间内做出判断，并付诸行动。这就要求运营人员对热点事件或话题要有很好的敏锐性，能够准确把握新闻事件的营销价值，从众多的新闻事件或话题中准确选择某一热点事件或话题。在热点事件与新媒体品牌和产品之间找到一个交叉点，让两者建立内在的关联，即找到热点事件与新媒体产品的共性，并将二者巧妙融合。一旦选定了新闻事件，就要迅速调动人力、财力、物力等各种资源，启动营销活动。

总之，无论是事件营销的主动模式，还是被动模式，都要善于策划，基于新媒体的核心价值提出创意，并鼓励用户参与和互动，实现事件与品牌或产品的共振。

2018年，《人民日报》新媒体联合全国党媒信息公共平台，携手近百家党媒单位，共同发起以“铭记劫难，致敬重生，以己之力，勇往直前”为主题的大型互动活动，倡议以实际行动纪念汶川大地震。这场大型互动活动也是一次比较成功的事件营销。此次活动历时一周，活动总参与量达6亿+，微博话题合集阅读量达1.7亿次，讨论量达8万人次。这次事件营销的成功，在于《人民日报》新媒体把握住了事件营销的几个关键点。

第一，以“互动”为核心，以用户参与构成活动的主体。

人民网充分发挥其新媒体优势的特点，将策划重心放在了“互动”上。在抖音平台上，人民网与抖音短视频社交平台合作，在抖音发起“5·12，我想对你说”的话题，邀请网友用手势舞的形式接力倡议，用个性化的方式表达对汶川地震中逝去的生命的缅怀。作为在抖音上流行起来的一种舞蹈，手势舞用手来表现节奏，节奏感强烈，火遍网络，引发众人模仿。这种形式新颖、活泼的舞蹈，非常适合青少年网民的参与。用肢体语言传递正能量，也可以说是正能量传播形式的一次创新。《人民日报》发起的这个话题吸引了众多官方机构、知名艺人、抖音达人的自发参与。此外，《人民日报》新媒体在新浪微博创建了“汶川地震十年”的话题，收集近60条短视频，网民纷纷以文字和图片的形式追忆汶川地震时的亲身经历。网民的积极互动和参与为这次活动贡献了海量的内容，也制造了这次活动超高的人气，这是这场大型互动活动成功的关键要素。

第二，与意见领袖合作，推动活动的开展。

意见领袖凭借其高粉丝量、知名度、影响力，扮演着信息传播、信息中转、信息过滤的角色，成为事件营销的一个重要环节。意见领袖能快速引爆话题，可以迅速扩大事件或活动的影响，助推事件或活动达到高潮。意见领袖的加入，可以吸引众多粉丝的关注与参与，带来流量提升曝光。在这场大型互动活动中，《人民日报》新媒体充分重视意见领袖的作用，邀请潘粤明、雷佳音、韩雪、沙溢、万茜5位正能量大V助力倡议。这几位大V带动了5万网友转发讨论，对活动的知名度和影响力起到了很好的提升作用。

第三，传统媒体与新媒体密切合作，打造立体化传播网络。

在这次活动中，中央和地方党媒党刊与抖音、秒拍、新浪微博、今日头条、一点资讯等商业平台合作，积极联动，进行接力互动。由人民网官方账号在新浪微博创建的“汶川地震十年”话题，被《重庆日报》、《长春日报》、温州广电、苏州广电、宜昌三峡广电等近百家党媒单位接力互动。网友参与内容在全国党媒平台、《人民日报》客户端、新浪微博、秒拍、腾讯视频、今日头条、一点资讯等平台曝光。专业媒体与商业平台打造的立体化传播网络扩大了事件的影响，拓展了传播范围，营造了良好的传播范围。

总之，这场大型互动活动传递了爱国情怀，实现了凝心聚力的正面导向作用，实现了主题宣传的目标，实现了很好的社会效果。同时这场大型互动活动也为新媒体如何做好事件营销提供了很好的启发。

二、节日营销

节日营销指的是利用特殊的时间节点——节日所进行的营销活动。这里的节日，主要指我国传统习俗或由法律规定或约定俗成的特定日子，此外也包括被部分国人认可的个别西方节日，如情人节、圣诞节等。节日营销是非常时期的营销活动，有别于常规性营销的特殊活动，它呈现出集中性、规模性、文化性和情感性的特点。在节日期间，人们会从繁忙单调的工作生活节奏中暂时抽离出来，获得身心上的放松。在节日期间，用户的需求比较集中、统一，而且人们会产生更强烈的互动意愿和情感需求，大部分人愿意看到与节日相关的内容，也愿意互动。此外，节日一般具有较为深厚的文化或情感内核。总之，节日具有获得公众注意力的天然属性，与节日相关的内容具有天然的情感优势，更容易引发用户的共鸣，让用户找到群体认同感和归属感，从而建立信任关系。因此，节日营销就成为新媒体行业营销的重头戏，可以起到事半功倍的效果。很多爆款作品都属于成功的节日营销范例。“快看呐！这是我的军装照”是在中国人民解放军建军90周年前夕推出的，

“我为祖国升国旗”则是在庆祝中华人民共和国成立68周年前夕推出的，“我爱你中国”全媒体互动则是在中华人民共和国成立70周年推出的。这些产品符合用户在特定节点时的共同心理需求，受到了用户的普遍欢迎。

新媒体要做好节日营销，需要把握以下要点。

(一)深入把握节日的文化属性和情感内核

中国传统节日起源于农耕时代，形式多样，内涵丰富，经过千百年的淬炼和代代相传，已牢牢根植于中华民族的精神家园与文化情怀之中，成为中华民族悠久历史文化的重要组成部分。传统节目已经形成了稳定的文化和情感内涵：春节蕴含着阖家团圆、彼此祝福、平安吉祥、来年更好的人文精神，寄托了人们吉祥如意、幸福平安的美好情感；中秋节的文化内核是圆满、团圆；端午节则体现了中国人积极向上的价值追求、“天人合一”的文化理念以及追求美好生活的愿望……总之，传统节日是中华民族重要的文化载体，节日营销应立足于节日深厚的文化属性，大力挖掘节日本身承载的大众情感，把大众情感与节日的文化属性与精神内核完美融合，推出相应的创意和策划。

(二)寻找新媒体品牌和产品与节日的相关性，选择合适的角度切入

在把握传统节日的文化属性和情感内涵的基础上，还要找到节日与新媒体的品牌和产品的相关性。也就是说，要借节日的势，必须将新媒体传递的价值与节日文化内涵、用户价值联系在一起，这样用户才会感到亲切、自然，不至于感到突兀。这就要把节日意义和品牌形象、理念、产品结合起来，快速拉近用户跟品牌的情感，引起用户的情感共鸣。要找到这种相关性，就必须做到两点：一是深入把握新媒体的核心价值，并把这个价值阐述出来，二是从用户的立场出发，站在用户的立场去思考，把自己跟消费者站在同一维度，深入洞察用户的消费心理、偏好程度，只有这样才能更好地为用户创造价值，并使新媒体的核心价值与用户所需的价值相一致。

(三)创新传播内容，吸引网友的参与互动

节日营销是在文化主导之下的全民参与，这种自发式的营销气氛烘托，使得“内容、体验和互动”成为节日营销的核心元素。美国学者凯文·凯利(Kevin Kelly)在《失控》中曾说过：“在未来，无法互动的东西，都将失败。”实际上，节日本身就是一个超强IP，自带流量，消费者在内心深处对于节日存

在很强的期待，都期望通过参与到节日仪式中来获取群体归属感。因此，节日具有全民参与的属性，节日营销应该利用好这个属性，吸引网民的参与互动，打造网络爆款。这就要求在节日营销的过程中，充分利用主题MV、音乐快闪、互动H5、主题地铁专列、网络征集等多种形式，精心设计参与互动环节，创新传播内容，让网民围绕自我、回忆、梦想、爱情、亲情等话题展开讨论，在热烈、感动的氛围中参与、体验与互动。总之，善于策划契合节日时机的话题或活动，激发起消费者互动和参与，是节日营销成功的重要条件。

《人民日报》新媒体“牵妈妈的手”互动活动是一次成功的节日营销案例。2018年春节期间，《人民日报》新媒体与众多新媒体共同发起了“牵妈妈的手”网络互动活动。该网络互动活动选择了春节这一特殊的时间节点。对于国人来说，春节最重要的就是阖家团圆，“常回家看看”也是春节期间父母对子女的期待。中国自古以来就有“百善孝为先”的传统，也有“乌鸦反哺，羊羔跪乳”的美德。可见这个活动契合了春节期间大众的普遍情感，“牵妈妈的手”的主题很容易引起大众的情感共鸣。

为了做好节日营销，《人民日报》新媒体在春节期间推出了三个连贯的广告文案宣传这个活动。这三个广告文案分别是：大年初三“回娘家”文案、“牵妈妈的手”视频广告和一组海报文案。《人民日报》运用了“回娘家”的习俗，和妈妈挂钩，并且还选了一幅暖心图片，这让用户很容易产生共鸣。《牵妈妈的手》的短视频尽管只有2分钟，但是却是对多数青年人的写照，也道出了大多数母亲的日常，画面感人。海报文案用漫画的方式，叙说了子女的成长和父母逐渐老去的感慨。

在活动具体开展的过程中，《人民日报》新媒体充分利用技术，鼓励网民的参与和互动。一是《人民日报》新媒体联合腾讯天天p图团队推出互动H5产品，邀请网民上传自己和妈妈的合照，然后一起回到小时候。无数网友积极响应，把自己和妈妈牵手的照片、视频以及文字记录，发布在自己的微信朋友圈，让浓浓的过年氛围中又充满了亲情的味道、感恩的味道。二是《人民日报》新媒体与新浪微博合作，开设“牵妈妈的手”“我妈真美”等话题，邀请网民通过新浪微博平台，发布照片、视频或撰写文字故事，分享与父母的故事。“牵妈妈的手”互动活动获得了巨大的成功，系列策划产品引发了超过15亿人次的关注，并荣获第二十九届中国新闻奖一等奖。

三、情感营销

情感营销指的是从用户的情感需要出发，寓情感于营销之中，唤起和激起用户的情感需求,实现用户心灵上的共鸣的营销方式。在新媒体时代,内容是沿着社会关系的渠道流动的,仅仅凭借理性的力量,未必能够穿透社会关系的渠道;要进入人的社会关系,就需要借助感性的、情感的力量。在用户注意力日益有限、日益碎片化的背景下,人们往往不是对理念或事实做出反应,而是更容易产生情感共鸣。喻国明教授认为,人们的关系和情感没有认同的时候,内容是无法进行有效选择的,形成关系认同和情感认同需要把握的是一种非逻辑表达,在过去,我们认为他们是冗余信息,而今成为传播制胜的关键所在。① 也就是说,构建关系与情感认同已经成为新媒体时代传播制胜的关键所在。

著名品牌战略专家李光斗认为,产品的质量已经不再是取胜的关键,情感成了所有企业的终极利器,只有与消费者建立深厚的情感,企业才能获得长足进展,情感营销的时代已经到来。② 实践已经证明,情感营销是行之有效的营销方式。抓住用户的情感,围绕用户的情感来选择合适的情感主张,激发用户的情感,与用户建立亲密的情感交流,可以帮助新媒体的产品和品牌真正为用户所接受。

新媒体要做好情感营销,应该充分挖掘题材中的情感元素,选择合适的情感主张,激发用户的情感化表达,鼓励用户的参与互动。具体来说,情感营销要把握以下要点。

(一)充分挖掘题材中的情感元素

好的产品和品牌应该能够激发用户的情感,引起用户的情感共鸣。因此,情感营销的第一步就是挖掘题材中的情感元素。那么哪些情感元素更容易引起用户的情感共鸣呢?

第一,有泪点的题材容易激发用户的情感。有些题材很容易让人们感动,甚至催人泪下。例如亲情与爱相关的题材。亲情与爱,是人类永恒不变的主题,如果能够以巧妙的情节来演绎这种情感,那么很容易让人产生情感上的共鸣。又例如在灾难报道中对生命的尊重、关爱,对不屈精神的赞美、弘扬,对底层人物的生存状况的关心,对小人物命运的同情,这些与生命、尊严有关的题材也容易制造“泪点”。

---

① 参见喻国明:《构建关系与情感认同成为当下传播制胜关键所在》,中国青年网,2015 年 2 月 2 日,http://news.youth.cn/gn/201502/t20150202_6451095.htm。

② 参见李光斗:《情感营销:社交媒体时代的营销生态》,电子工业出版社 2015 年版,第 19 页。

第二，有兴奋点的题材容易引起用户的情感共鸣。有泪点的题材激发的是低沉的情感，击中的是用户内心中的柔软，而有兴奋点的题材则可以激发出激昂、奋进、自豪、进取的情感。具有爱国主义、英雄主义的内容往往自身就包含情感元素。体现爱国主义和英雄主义情感的题材主要包括回忆战友、致敬英雄、国家仪式等。这些题材容易激发人们的爱国热情，激发内心的英雄主义，从而形成情感共振。

(二)选择合适的情感主张

情感营销中最大的关键点就是如何选择最合适的情感主张，让这个情感主张直击用户的心灵。情感的元素包含很多，有亲情、友情、爱情，包括坚韧、顽强、不放弃等品质，还包括爱国主义、英雄主义等情感。在进行情感营销时，必须选择最合适的那一个，并将这个情感贯穿于情感营销的始终。那么如何选择情感主张呢？我们认为，每个人的情感总是源于个人所处的当下环境，属于场域性情感。场域性情感是借助一定的情景表达在这种情景下的情感，人物在不同的情境下会生成不同的情感，不同的人在相同的场域下也会生成不一样的情感。因此在选择情感主张时，一是要注意选择的情感主张与产品或品牌本身紧密相连，二是要根据特定的时间节点或传播场景来选择情感主张。比如在春节期间，“亲情”更契合当时的时间节点，围绕“亲情”来做文章更容易打动用户；而在国庆节期间，“爱国主义”则可能是更合适的情感主张。

(三)情感化表达，激发和升华用户情感

确定了情感主张以后，新媒体应通过标题、图片、文案、视频、H5 等将情感表达出来，与用户展开深度的情感沟通。首先是标题。标题对于新媒体产品具有“画龙点睛”的作用，能够为情感营销定调。《快看呐！这是我的军装照》这个标题充满动感，语气词“呐”属于很“萌”的口语化表达，整个标题洋溢着对军人崇敬的情感。可以说，这个标题很好地烘托了拥军爱军的气氛，有拟人化的效果，仿佛以朋友的身份在邀请网友参加这个活动。其次是图片。图片是激发情感的重要一环，能够配合标题产生极强的代入感，成功激发消费者的情感共鸣。最后是文案。图片可以讲述完整的故事，而文案则以凝练的文字进一步明确诉求，并进一步催化情感，成为升华情感的助推器。此外，新媒体还可以通过短视频、H5、漫画、动画等形式来进一步演绎情感。

（四）鼓励用户参与传播，在互动和参与中积淀情感

情感营销最关键的是让用户“动”起来，体验、互动、感情、依赖、参与是情感营销的重要元素。互动和参与，可以拉近产品与用户的距离，让用户亲身体验产品的情感价值；互动和参与，也可以激发用户主动探求的欲望；互动和参与，还可以通过提供给用户有可能成功的、富有挑战性的任务，使用户在完成任务的过程中获得心理的满足感和成就感。总之，互动和参与可以让用户产生沉浸感、愉悦感和成就感，使用户内心产生强烈的情感共鸣。

第三节 新媒体的关系运营

美国营销学家史密斯（Mary Smith）在《关系营销 2.0》中说：“关系是新的货币，人们总是与自己认识、喜欢和信任的人做生意。”[①]从关系入手，努力做好关系经营，在关系的基础上进行新媒体产品的生产、开发与营销，已经成为新媒体运营的基本要求。

一、关系经营的重要性

彭兰教授很早就论述了关系经营对于网站的重要性。她说，网站不应再是简单的内容产品的提供者，而应该是关系平台的提供者，是关系的积极建设者与推动者；新闻网站的革新需要以关系建设为核心，应从一种全新的关系思维出发，从营造全新的关系出发，来构建网络产品链条。[②] 彭兰教授指出了很多网站经营者忽视的关系经营问题。而在今天，关系经营已经日益成为网络和新媒体经营的关键环节。

关系经营获得重视，体现了用户在信息生产和分发过程中地位的提升。随着社会化媒体的兴起，人们的社会关系已经成为人们获取信息的基本渠道，信息必须进入人的社会关系网络，才能发挥相应的传播效果。喻国明教授指出，如果媒体传播的内容不能有效地嵌入社会关系渠道中，就可能死在社会传播的最后一公里。[③] 在内容要素中注入更多的关系要素和场景要素，

---

① [美]史密斯：《关系营销 2.0——社交网络时代的营销之道》，张猛、于宏、赵俐译，人民邮电出版社 2013 年版，第 10 页。

② 参见彭兰：《网站经营：从“内容为王”到“关系为王”》，《信息网络》2010 年第 5 期。

③ 参见喻国明、弋利佳、梁霄：《破解“渠道失灵”的传媒困局：“关系法则”详解——兼论传统媒体转型的路径与关键》，《现代传播》2015 年第 11 期。

才能增加穿透社会关系渠道的魅力。[①]

关系经营受到重视,还反映了价值创造理念的深刻改变。价值创造是企业战略关注的核心问题之一。传统的价值创造理论认为,生产者是唯一的价值创造者,而消费者则是纯粹的价值消耗者;而价值共创理论则认为,生产者不再是唯一的价值创造者,消费者也不再是纯粹的价值消耗者,而是与生产者互动的价值共创者。[②] 也就是说,生产者与消费者在产品或服务设计、生产和消费等价值创造过程中进行广泛的互动和合作,在为自己创造价值的同时也为对方创造价值。因此,价值共创理念要求生产者积极鼓励消费者参与到生产过程中来,通过与消费者的持续互动和合作,把消费者价值创造过程与企业的价值创造过程连接起来。因此,要实现价值共创,就必须做好关系经营。可以说,关系经营的质量,直接影响和决定着价值创造能否顺利实现。

在价值共创理念的指导下,关系经营要求生产者通过用户服务、紧密的用户联系、高度的用户参与等来建立双方良好的合作关系,将用户视为永久性的伙伴、朋友,并与之建立互利互惠的伙伴关系。在关系经营的逻辑下,生产者的目标不再仅仅限于交易的达成,而关心的是与消费者能否建立紧密的关系。生产者不再满足于简单的交易关系,而是通过各种途径与用户建立密切的关系——不仅仅是生产者与消费者、消费者与产品之间,消费者与消费者之间也形成了紧密的交互关系。消费者与消费者之间不再是隔离的、割裂的状态,而是基于共同的兴趣、爱好、需要紧密地连接在一起,形成了消费者社群,成为不容小觑的市场力量。

进一步讲,关系经营并非仅仅局限于生产者与消费者之间,而是意味着要真正关心所有人,与他们建立稳定的、双赢的关系。这里的所有人包括潜在客户、现有客户、战略联盟,甚至包括竞争对手。关系经营的精髓是“合作”,它要求企业与消费者、竞争者、供应商、分销商、政府机构和社会组织等利益相关者实现充分的合作,通过合作实现多赢,增加利益相关者的利益,而不是通过损害一方的利益来增加另一方的利益。

---

① 参见喻国明、焦建、张鑫:《“平台型媒体”的缘起、理论与操作关键》,《中国人民大学学报》2015年第6期。

② 参见武文珍、陈启杰:《价值共创理论形成路径探析与未来研究展望》,《外国经济与管理》2012年第6期。

二、关系经营的思路和准备

美国学者查伦·李(Charlene Li)和乔希·贝诺夫(Josh Bernolf)在《公众风潮:互联网海啸》中提出了POST战略,并把它作为社交营销的基本指南。[①] 本书借鉴POST战略,用来确定新媒体关系经营的基本思路和准备工作。

首先,认识人们(People)。关系经营是做人的工作的,而要做好这个工作,就必须真正认识和理解所面对的人。这种认识和理解并非知道用户是谁就可以了,而是要进一步了解用户的心理特征、媒介使用惯习和产品消费行为。也就是说要回答以下问题:用户总体的心理和需求具有怎样的特征?用户个体的真正需求是什么?他们经常在哪些媒体上活动?他们的产品消费行为具有怎样的特点?这些数据一方面可以通过相应的用户分析工具获得,另一方面可以通过与用户日常的交往和互动进行积累。

其次,明确目标(Objective)。新媒体运营人员必须明确关系经营的目标是什么。关系经营的目标可以分为长期目标和短期目标,主要目标和次要目标。也就是说需要找到以下问题的答案:关系经营的首要目标是什么?是期待用户能够参与到近期开展的新媒体营销活动中,还是日常性的互动与沟通中?是希望通过关系经营提高品牌形象,还是希望吸引用户参与到产品和服务的生产和提供中去?

再次,制定战略(Strategy)。在中国,"战略"一词是军事方面的概念,"战"指战争,"略"指谋略、施诈。在西方,"strategy"一词源于希腊语"strategos",意为军事将领、地方行政长官,后来逐渐演变成军事术语,指军事将领指挥军队作战的谋略。在管理学中,战略是一种从全局考虑谋划实现全局目标的规划。新媒体运营人员必须制定好战略规划,确保战略与所运营的新媒体的主要目标相吻合。在新媒体运营的过程中,两种战略是至关重要的,一是粉丝经营战略,二是社群经营战略。新媒体关系经营的重点工作即粉丝关系经营和社群关系经营。

最后,运用(Technology)。与传统媒体相比,新媒体的技术基因更加明显。新媒体建立在互联网技术、数字技术等技术的基础之上,大数据、物联网、云计算、人工智能等新兴技术的发展,推动着新媒体形态的推陈出新,也

---

① 参见[美]查伦·李、乔希·贝诺夫:《公众风潮:互联网海啸》,郭武文译,机械工业出版社2013年版,第62~63页。

源源不断地创造出新的用户需求。因此,新媒体运营人员必须具有很强的技术敏感性,在关系经营的过程中运用好相关的技术。这些技术包括:用户分析的工具、内容制作技术、新媒体产品开发技术等。

三、粉丝关系经营

“粉丝”,是英文单词“fans”的直译。在19世纪80年代,“fans”作为“fantastic”的缩写形式被使用于美式英语中,指代某一支棒球队的忠实追随者。随着fans成为文化消费市场一股不可小觑的力量,“fan”这个词被正式收入英语词典。“粉丝”在中国的流行,则与湖南卫视的选秀节目“超级女声”有关。2004年起,湖南卫视举办了大众歌手选秀节目《超级女声》。在这个节目中,参赛选手们的最终排名是由观众短信票选决定的。为了支持自己的偶像,网民们以百度贴吧为阵地,建立了偶像的后援团。他们以偶像名字的谐音为该团体命名,成立了诸如“笔迷”(周笔畅)、“玉米”(李宇春)、“凉粉”(张靓颖)、“盒饭”(何洁)等粉丝群体。网民不仅利用百度贴吧为他们喜爱的“超女”选手提供了全方位的支持,而且利用新媒体平台形成了自己独特的粉丝文化。

《罗辑思维》主讲人罗振宇认为:“未来的品牌,没有粉丝迟早会死。”联想手机和小米手机走出了不同的发展轨迹。联想手机曾经一度在国内排名前列,2012年联想手机的国内市场占有量仅次于三星,位居第二。然而,从2015年开始,联想手机全面衰退,到2019年第二季度,联想手机的销售量仅为30万台。而小米公司自从进入手机市场以来,取得了令世界瞩目的业绩:2011年12月发布第一款手机,2012年全年售出手机719万台,2015年售出手机超过7000万台,2018年售出手机超过1.2亿台。从2018年开始,小米手机的销量连续高居世界第四。为什么联想手机和小米手机的命运截然不同?或许我们可以从这两家公司对待粉丝的态度中找到一些答案。《第一财经日报》曾经对联想手机业务的衰退做出评论:“在注重粉丝经济、提高参与感的时代,联想的高管团队直到2014年年底才发出第一条微博。此时小米的创始人雷军已在微博上活跃了近4年,积累了1200多万的粉丝。”而小米公司则把粉丝放到了运营的中心环节,可以说粉丝经济是小米手机成功的原因之一。正如雷军所说:“传统厂商每卖出一台手机,基本算是生意的结束,而小米每卖出一台手机,只是一个生意的开始——先用手机把用户吸引过来好好伺候成‘米粉’,再通过其他途径赚钱,毕竟,粉丝的钱比用户的钱好赚。”

因此，让用户成为粉丝，是新媒体关系经营的重要目标。粉丝可以为新媒体产品和品牌提供源源不断的流量支持，提供强大的口碑支持，并为新媒体产品的商业转化提供坚实的经济基础。

经营粉丝关系的基本点是把粉丝当成朋友，和粉丝做朋友。在生产者与消费者的传统关系中，生产者高高在上，居于“庙堂”之上，是作为上帝的存在，是传播活动、营销活动的中心所在，生产者和消费者之间的关系是不对等的。而在新型的粉丝关系中，生产者和消费者是平等的，生产者真诚对待消费者，把他们当作朋友。也就是说，生产者必须放下身段，呈现一种与消费者平等对话的姿态。新媒体必须跳出媒体看媒体，不要把自己作为内容提供者，而是把自己当成和用户一样的人，努力从用户的角度去思考问题，通过尽职尽责的服务和持续的交流赢得用户对自己的价值认同和情感认同，让用户真正觉得新媒体是自己值得信赖的朋友。

如何做好粉丝关系的经营呢？小米公司被认为是粉丝经济做得最成功的公司之一。从小米公司的经验来看，做好粉丝关系经营，必须抓住以下几个环节。

（一）以参与为中心构建粉丝关系

新媒体产品与品牌“黏”住用户的核心是构建参与感。小米公司联合创始人黎万强在《参与感：小米口碑营销内部手册》一书中透露了小米成功的秘诀：第一是参与感，第二是参与感，第三还是参与感，从产品开发到营销、到服务，用户全程参与。① 小米公司将用户参与视为核心理念，通过用户参与来完成小米公司的产品研发。小米公司开创了手机操作系统的“并行模式、全产品周期参与”的模式。小米公司的做法是通过小米论坛让米粉参与调研、产品开发、测试、传播、营销、公关等多个环节。② 在小米论坛上，众多米粉参与讨论产品功能，并在下一个版本中做出改进，用户可以决定产品的创新方向或者功能的增减。可以说，高频度互动、高度参与是小米 MIUI 操作系统不断完善、手机功能不断优化最大的利器。

制造参与感的两大利器是“话题＋活动”。小米公司不断通过话题和活动来增加用户的参与感。小米公司在微博上的第一个活动是“我是手机控”，让大家都来秀一个自己玩过的手机。雷军率先晒出自己的手机，引来

① 参见黎万强：《参与感：小米口碑营销内部手册》，中信出版社 2018 年版，第 12 页。

② 参见《小米营销“上头条”：卖的非手机　而是参与感》，《21 世纪经济报道》2013 年 11 月 18 日。

众多粉丝跟进，参与者高达100多万。红米手机发布时，小米公司携手QQ空间联合发布活动，让大家猜测发布的产品是什么，有650万人参与此活动，有750万用户预约，首批10万台红米手机90秒内卖完。通过源源不断的话题和活动，小米公司维持了用户的新鲜感，成功地增强了用户黏性，保持了虚拟社区的热度。

（二）以互动为重点强化粉丝的认同感

营销学有种观点：开发一个新客户的成本是留住一个老客户的5～10倍。怎样才能留住老客户呢？那就是与用户成为朋友，让用户成为自己的粉丝。而要将这种粉丝关系长期维系下去，就要经常与粉丝互动，讨论问题，只有这样，才能强化粉丝的认同感。

心理学研究表明，每个人都害怕孤独和寂寞，希望自己归属于某一个或多个群体，如组建家庭、加入工作单位、希望加入某个团体或协会等，这样可以从中获得归属感和爱，从而减少孤独感和寂寞感，消除不确定性带来的不安全感。而互动正是消除用户孤独感和寂寞感最重要的手段。与粉丝对话、互动是最基本的活动，缺乏对话、互动的朋友难以称得上真正的朋友。

要强化粉丝的认同感，就要真正尊重用户，与用户保持流畅的对话与互动，通过互动增强用户的存在感。小米公司对其微博客服有个“15分钟快速响应”的规定。在微博上，不管是用户提建议还是吐槽，很快就有小米公司的工作人员进行回复和解答。小米客服在平台中的高活跃度也加速了粉丝对小米的认同感、关注量和参与度。这种对话让用户感到自己真正获得了尊重，感到小米公司把用户作为朋友来看待。此外，小米公司还通过大量的活动来保持互动的频度。这些措施大大增强了用户黏性，强化了粉丝的认同感。

（三）以平台为中介激发粉丝的活跃度

新媒体进行粉丝关系经营，非常关键的一点是要有能够建立与用户顺畅联系和沟通的渠道或平台。具体来说，这些渠道或平台包括线上和线下两个方面。

在线上，新媒体应充分利用社会化媒体，构建互动平台，联系好新媒体和用户。小米公司坚持不在传统媒体上做广告，始终把“社会化媒体”作为口碑传播的“加速器”。小米公司以小米社区和微信、微博、贴吧等社会化媒体平台为依托，与用户真诚对话，实现与用户的深度连接。具体来说，小米社区是米粉的大本营,他们在论坛上分享使用小米手机的心得体会,参与对产品功能的测试,提出对系统和产品升级的意见和建议,此外小米社区设置了米粉杂谈、米粉达人、随手拍等,进行最佳摄影达人等评选,提升米粉的网上参与度。同时,小米在微信、微博、贴吧等社会化媒体平台建立官方账号,提供客户服务、产品展示、售后服务等。这样,小米公司通过一系列的社会化媒体平台构建了米粉的网上家园。

在线下,新媒体应通过举办一系列有吸引力的活动,让用户转化成粉丝,让粉丝成为铁粉。小米公司线下的小米之家、"爆花米"活动成为小米与用户互动的桥梁。"爆米花"线下活动实际上是用户的见面会。"爆米花"活动体系包括了小米官方每年组织的几十场见面会、用户自发组织的几百多场同城会以及每年年底的"爆米花"年度盛典。"爆米花"活动全程都让用户参与:用户在论坛里投票决定在哪个城市举办;现场有用户表演节目,表演者是提前在论坛里海选出来的;布置会场会有米粉志愿者参与。此外,小米公司还挑选在各个领域非常有代表性的资深米粉,为他们制作了专门的VCR,请他们走上红地毯,去领取"金米兔"奖杯。小米公司还办《爆米花杂志》,让米粉成为时尚封面的主角。可以说,小米公司借鉴当下流行的线下社交体验模式,着力培养自己的粉丝群,为米粉提供了一个聚会娱乐的方式,受到了米粉的热烈欢迎。

(四)以意见领袖为桥梁提升粉丝的忠诚度

粉丝经济往往需要一个支点,粉丝围绕这个支点展开互动活动。这个支点可以是人,也可以是产品。对于小米公司来说,这个支点就是小米创始人雷军。雷军被称为中国的乔布斯,在业界具有良好的声誉和影响力。由于自身的影响力,雷军赢得了一批粉丝,他们主要是创业和技术爱好者,这也是小米的第一批粉丝。雷军以其幽默的话语、亲民的形象及个人魅力,赢得了大量的粉丝,也为小米带来了关注度。截至 2021 年 4 月,雷军在新浪微博上有 2351 万粉丝,这一数据远远超过了小米公司的 1387 万粉丝。雷军高度重视与粉丝的互动,几乎每天都亲自发微博和回复粉丝评论。雷军曾经统计过,在小米 9 发布前的一个星期,一共发了 97 条微博。意见领袖可以成为新媒体企业形象的载体,可以成为企业与用户沟通的桥梁。

正如雷军所说,小米不是做产品,小米是做用户,做社交网络。小米公司的粉丝经济为新媒体的粉丝关系经营提供了很好的思路,这就是以参与为中心构建粉丝关系,以互动为重点强化粉丝的认同感,以线上线下平台为中介激发粉丝的活跃度，以意见领袖为桥梁提升粉丝的忠诚度。

四、社群关系经营

在新媒体运营中，如何将人与人的力量稳定地聚合起来并使之转化为创造价值的共同行动，这是关键。社群是基于特定的传播媒介聚合到一起，进行信息传播、情感交流、文化和价值共享的用户群体。[①] 对于新媒体来说，构建社群关系，有利于培养用户对新媒体的认同感和忠诚度，并能够开发出多元化的商业价值。

社群的特征有：第一，用户关系及其群体的归属感和群体意识。"社群"与"社区"不同，"社群"更强调社区中的人，以及群体的归属感。社群的成员互相之间要有真实的互动。第二，价值观认同。一个人会有很多爱好、身份和标识，他可能生活在很多社群里，但在同一个社群里，人们的价值观和审美一定是互为认同的。当基于价值观聚集起一群人的时候，这群人是最容易被紧密聚合的。

因此，社群关系可以说是粉丝关系的升级版，也是新媒体关系经营的高级阶段。新媒体要做好社群关系的经营，需要做到以下几点：

（一）树立社群的核心价值观

美国学者克莱·舍基(Clgy Shirky)在《人人时代：无组织的组织力量》提到，要实现协同，必须具备一致的利益与动机。罗振宇认为，共同的目标或纲领、高效率的协同工具、一致的行动构成了社群的基础。因此，社群运营的前提就是有统一的目标或价值观。社群聚拢的是有同样需求或者相同属性的用户，而要想让这批用户长期活跃于社群之中，并释放其价值，就必然要树立社群的核心价值观，筛选出认可社群价值观的用户，通过以点带面来影响后期加入的用户，形成价值共创的社群氛围。

社群关系经营的首要环节是确立社群的核心价值观。社群与粉丝不同，粉丝是基于特定产品或偶像的集聚，而社群是基于价值观的聚合。社群是一群志同道合的人为了共同的目标和使命聚集在一起，社群成员协同一致，为了共同的目标进行互动交流，协同行动。也就是说只有具有共同价值观的人群才能形成社群。对于社群来说，价值观是核心和精髓，是社群成员连接在一起的内在力量。可以说社群本身就是价值观的连接。社群的核心

---

① 参见金韶、倪宁：《"社群经济"的传播特征和商业模式》，《现代传播》2016年第4期。

价值观决定了建立社群的目的是什么，这个社群能够为用户带来怎样的价值。社群的核心价值观要传播分享给目标用户，要得到大多数人的认同，这样才能吸引人们到社群中来。确立社群的核心价值观，更容易聚集到需求一致的用户，并发掘用户群体的一致需求，这有利于增加成员之间的信任，降低社群的运营成本。确定了社群的核心价值观以后，社群还需要进一步确定主要活动、主要规则、管理制度等。总之，社群经营要将价值观贯穿始终，贯穿于社群的拉新、促活、留存、转化等各个环节。在价值观的基础上，社群还要努力构建有凝聚力的社群文化。一个拥有共同文化基础与相似文化气质的社群，可以使得成员超越利益的需求，对社群产生更多的文化依赖与归属感。①

（二）明确利益的驱动机制

要将相对松散的社区变为社群，并使社群力量转化为生产力，除了成员间兴趣、目标的趋同外，利益的驱动对于人群的集结和持续互动乃至集体行动，也是重要的。②

利益可以分为两个层面：集体利益和个体利益。集体利益指的是社群整体上带来的利益和好处。社群追求的是整体地位的提升、社会资源的获得。以创业者社群黑马会为例，黑马会以“让创业者不再孤单”为宗旨，社群的定位是精英用户，是创业者；加入黑马会，尤其是成为黑马会的会员以后，实际上就等于加入了一个创业者团体。创业者可以在这个社群中交流创业心得，同时也有可能找到更多的融资机会，这就是社群给社群整体上带来的利益。社群成员间的相互支持，资源互补，创造了“1＋1＞2”的效果。

个体利益指的是社群为成员个体的需求带来的满足。大量研究表明，成员参与社群是受到社群价值的驱动。有学者提出了网络品牌社群参与的需求层次模型，把成员参与网络品牌社群的需求分为低级需要和高级需求：低级需求包括功能性价值需求、自我表现需求和社交需求，高级需求包括尊重需求和自我实现需求。③ 像其他新媒体应用一样，社群对个体利益的满足主要包括信息、社交与情感、自我表达、娱乐、工具等方面。这也告诉我们，新媒体进行社群关系的经营，必须明确利益的驱动机制，能够让用户在这个

---

① 参见彭兰：《如何在网络社群中培育“社群经济”》，《江淮论坛》2020 年第 3 期。

② 参见彭兰：《如何在网络社群中培育“社群经济”》，《江淮论坛》2020 年第 3 期。

③ 参见严新锋、王炳旭、刘春红、陈李红：《网络品牌社群参与的需求层次模型——基于扎根理论的探索性研究》，《经济经纬》2015 年第 1 期。

社群中实现获得感，这样才能从根本上留住用户，并保持较高的用户黏性。

(三)培养核心人物，形成规范的管理制度

社群需要进行圈层化经营，也就是说把社群分为核心圈层、组织圈层、扩散圈层，利用核心圈层带动扩散圈层。[①] 这就要求社群筛选出与社群核心价值最契合并且有服务精神的核心关键用户，有意识地去培养他们成为社群的核心人物。一个活跃的社群，通常有社群成员认可的核心人物。如何找到社群的核心人物呢？这就要通过对社群用户行为数据的有效分析，完成对客户群体的分层，实现用户关系的精准化运营。用户的社群行为包括访问、签到、发言、讨论、引导讨论、分享等。通过分析这些数据，可以对用户进行精确化分组，从中发现头部用户。这些头部用户活跃度高，在社群成员中拥有较大的影响力，能够影响社群意见与行动，成为社群的核心人物即意见领袖。这些头部用户成为社群信息传播的主要来源，具有较高的威信，拥有较大的影响力和号召力，对于社群的凝聚力发挥着关键的作用。

在培养意见领袖的同时，社群还需要制定群规如隐私政策、奖惩机制，从而形成规范的制度和管理。社群的规则包括门槛规则、入群规则、交流规则、分享规则。社群规制应主要考虑三方面，即鼓励行为、违规行为、违规处理。具体来说，对分享、互动行为要建立鼓励机制，以刺激社群内部的内容生产、传播和分享；对于违规者给予警告、批评提醒等惩戒方式，让社群成员能够了解并遵守，以推动制度信任和关系信任的有机结合。网络社群通过制度约束形成的共享价值观，对信任和关系承诺有积极影响。

(四)定期举办活动，增强用户黏性

互动模式与程度不仅会影响成员间互动的频率与质量，也会影响成员群体意识的形成。活动可以是线上的，也可以是线下的。社群组织线上线下活动，通过成员的参与，可以让成员之间相互了解、分享信息、交流思想，从而产生对社群的归属感。对互动的满意不仅能增加网络社群成员之间的信任度，也会促进成员关系的黏性。线上线下活动可以让社群成员彼此熟悉，找到共同的话题，并对社群形成更强的归属感和认同感。

总之，社群关系经营的核心在于确定社群的核心价值观，将人与人的力

---

① 参见《人以群分，营销进入社群时代》，哈佛商业评论，2015 年 12 月 24 日，https://www.hbrchina.org/2015-12-24/3696.html。

量聚合起来共同创造价值。在形成核心价值的过程中，社群要明确集体层面和个体层面的利益驱动机制，培养核心人物，并建立规范的社群管理制度，通过线上线下活动不断增强用户黏性。

【本章小结】

在新媒体时代，"内容"的内涵和外延发生了深刻的变化。本章在对内容的内涵进行重新定义的基础上，讨论了新媒体的选题策划、叙事策略、形式创新的新要求。本章以事件营销、节日营销、情感营销等常见的产品营销方式作为重点，详细阐释了新媒体产品营销的运作流程，并结合实例分析了新媒体粉丝关系经营和社群关系经营的方法和技巧。

【思考与训练】

1.组织课堂调查，调查和研究新媒体用户需求和心理。

2.搜集新近事件或话题，组织学生进行新媒体选题策划的练习。

3.围绕特定事件或活动，模拟事件营销，体验营销策划的流程。

4.选择特定的事件或活动，撰写事件营销策划书。

5.分析情感营销的案例，分析运营策略的关键点。

【延伸阅读】

1.李光斗：《情感营销：社交媒体时代的营销生态》，电子工业出版社2015年版。

2.黎万强：《参与感：小米口碑营销内部手册》，中信出版社2018年版。

3.[美]史密斯：《关系营销2.0：社交网络时代的营销之道》，张猛、于宏、赵俐译，人民邮电出版社2013年版。

4.辜晓进：《内容的至上地位永难撼动——兼与〈旗帜鲜明地反对"内容为王"〉商榷》，《新闻记者》2014年第9期。

5.范以锦：《"泛内容"变现：延伸媒体产业链的新路径》，《新闻与写作》2018年第4期。

6.金韶、倪宁：《"社群经济"的传播特征和商业模式》，《现代传播》2016年第4期。

7.彭兰：《如何在网络社群中培育"社群经济"》，《江淮论坛》2020年第3期。

8.彭兰：《网站经营：从"内容为王"到"关系为王"》，《信息网络》2010年第 5 期。

9.武文珍、陈启杰:《价值共创理论形成路径探析与未来研究展望》,《外国经济与管理》2012 年第 6 期。

10.喻国明、耿晓梦:《未来传播视野下内容范式的三个价值维度——对于传播学一个元概念的探析》,《新闻大学》2020 年第 3 期。

11.喻国明、弋利佳、梁霄:《破解“渠道失灵”的传媒困局:“关系法则”详解——兼论传统媒体转型的路径与关键》,《现代传播》2015 年第 11 期。

12.喻国明、焦建、张鑫:《“平台型媒体”的缘起、理论与操作关键》,《中国人民大学学报》2015 年第 6 期。

13.岳小乔:《人民日报新媒体打造“爆款”的五点启示》,《中国广播》2019 年第 5 期。

14.孙晓燕:《解读“读图时代”》,《编辑学刊》2004 年第 3 期。

15.郑二利:《微信公众号 10 万+的叙事套路分析》,《探索与争鸣》2017 年第 7 期。

16.严新锋、王炳旭、刘春红、陈李红:《网络品牌社群参与的需求层次模型——基于扎根理论的探索性研究》,《经济经纬》2015 年第 1 期。

第四篇　文化与素养

谷歌让我们变笨了吗？我们的隐私已成为 Facebook 的商品了吗？我们的注意力变得支离破碎，Twitter 是不是罪魁祸首？

——霍华德·莱茵戈德

第七章　数字化生存:新媒体与被其改变的生活

【本章概述】

2014 年 11 月 19 日,首届世界互联网大会在浙江乌镇召开。国家主席习近平在大会贺词中提出:“当今时代,以信息技术为核心的新一轮科技革命正在孕育兴起,互联网日益成为创新驱动发展的先导力量,深刻改变着人们的生产生活,有力推动着社会发展。互联网真正让世界变成了地球村,让国际社会越来越成为你中有我、我中有你的命运共同体。同时,互联网发展对国家主权、安全、发展利益提出了新的挑战,迫切需要国际社会认真应对、谋求共治、实现共赢。”

历经多年发展,互联网已经在这些层面,从不同的维度,深刻地改变着公众生活,对世界格局的变化产生着越来越多的影响,并且这种影响将日益深刻。

【知识结构图】

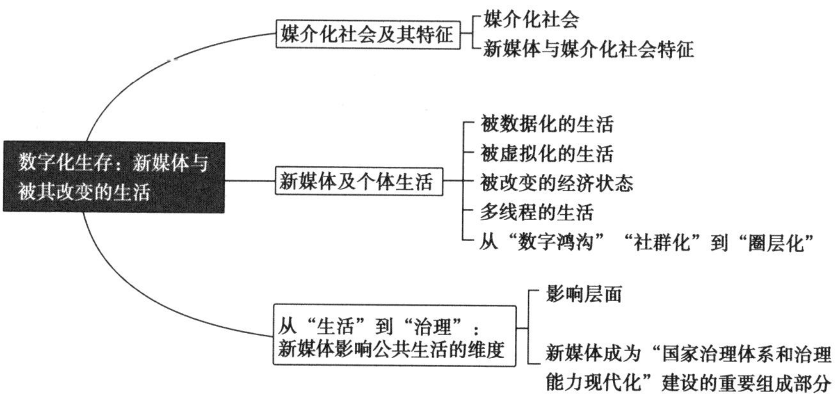

【学习目标】

- 了解媒介化社会是如何形成的，并具有什么样的特征。
- 了解新媒体在哪些方面影响个体的生活。
- 了解新媒体在哪些方面影响公共生活。

第一节　媒介化社会及其特征

一、媒介化社会[①]

“任何媒介（即人的任何延伸）对个人和社会的任何影响，都是由于新的尺度产生的；我们的任何一种延伸（或曰任何一种新的技术），都要在我们的事务中引进一种新的尺度。”[②]但是，与以往相比，当前技术对人类生命个体以及整个社会运转所产生并形成的影响日益增强。

媒介化社会是现代社会的重要特征，指的是“在媒介技术的变革下不断驱使社会信息系统的发展而形成的社会形态特征”[③]。在这种社会状态中，媒介成为社会运转的重要通道和方式。有学者认为，这种社会状态发端于19世纪30年代，电视等大众媒介的出现并逐渐占领客厅，提升了公众对媒介的依赖，增强了媒介对社会政治、经济和文化的影响力。

但事实上，任何信息传递方式的改变，都会改变既有的权力结构，并产生与之相适应的社会关系，进而形成新的社会秩序。当然，这也会对个体以及社会的公共生活产生重大的影响。比如，造纸术的发明与改进也极大地促进了当时社会生活状态的改变，并引发了新的社会关系的产生与存在。东汉时期，造纸技术改良，廉价纸张日益增多，作为一种新的媒介，整个社会中的个体表达进入了一种新的状态，不仅“无名氏”之作盛行，而且出现了今天所言的“伪书”。这其实就与作为媒介的纸的出现密切相关，这也在一定程度上促进了文化的传播和社会的转型。基于纸张及传统印刷术所构成的信息传递方式而形成的新的社会状态，就此延续了两千多年。而印刷术传入欧洲社会之后，其重要影响之一便是促进了宗教的传播，这也是既有定论

---

① 参见宋守山：《媒介化社会中女性的传播赋能：挑战与路径》，《中华女子学院学报》2021年第2期。

② [加拿大]马歇尔·麦克卢汉：《理解媒介》，何道宽译，译林出版社2011年版，第18页。

③ 张晓锋：《论媒介化社会形成的三重逻辑》，《现代传播》2010年第7期。

的。就中国而言,晚清社会的变革很大程度上也与新媒介的产生密切相关。新的报馆、出版机构在不断传播新的知识、宣传新的学说,从而使民主、共和的观念不断深入人心。以致陶湘称,“清之亡,实亡于报馆”。孙中山亦言,“盖我国此次革命,全赖报界鼓吹之功”。当然,这种新的媒介应该是一种颠覆性的,并且会有开创之功,而非单纯的信息呈现形态之改变。比如,电视的出现曾经被视为纸媒等传统媒体的“洪水猛兽”,但从本质上来说,它依旧是传统媒体,虽然这种新的媒介已经实现了以影音为叙事形式的信息呈现,并且这种信息呈现相对于文字来说,更为立体和生动,也拥有更多的受众。然而,它却并没有从根本上改变社会的赋权与赋能逻辑,公众并不能通过电视来自由的表达观点、传递信息,“把关人”依旧一如既往的存在的同时还具有强烈的技术鸿沟——相对于传统的文字表达而言,并不是所有人都可以方便的拍摄电视节目。真正让媒介化社会到来并重构社会关系的是互联网技术的出现。这种新的技术,不仅引发了对媒介融合的诉求,更在本质上推动了社会的媒介化进程,使得媒介全方位渗透于社会之中。“对于生活在媒介化社会中的人来说,不仅对于世界的想象主要由媒介来构建,其思维方式、个体意识也烙上了媒介化的烙印。”[①]在这样的社会状态中,媒介作为个体与社会产生关系的桥梁和工具,不断重构社会的运行逻辑及人类的公共生活,并改变了社会的价值引领方式和现实权力的实现方式。

新媒体的到来,让公众生活的场域越来越网络化,现实社会转场虚拟世界之后,发生了更为明显而又难以把握的变化。这表现在,新媒体虚拟社群形成的“想象的共同体”,成为不同利益群体表达主张、诉求的重要渠道,也是不同势力交锋的重要阵地。在新媒体所形成的网络化生活场域之中,社群意见使得舆论生成具有节点式爆炸倾向,围绕突发事件的舆论也易于形成张力,继而有以激烈的形式改变大众媒体舆论既定倾向的可能,造成舆论发展的不可预期性和不可控制性。而网络在给予网民表达平台、曝光社会丑恶的同时,也存在身份的虚拟化、传统道德和法律面对虚拟社群出现的问题存在滞后等诸多状况,这就让网络世界的各种言论和行为难以受到有效的管理,网络世界更容易成为个人情绪的发泄场所,一旦超出它所能够承受的阈值,很容易引起不良反应。在人人都有“麦克风”的网络世界之中,那些富有鼓动性的言论和骇人听闻的言论很容易形成网络舆论,进而在蝴蝶效应、沉默的螺旋等多种作用之下影响现实世界。

---

① 孟建、赵元珂:《媒介融合:粘聚并造就新型的媒介化社会》,《国际新闻界》2006 年第 7 期。

二、新媒体与媒介化社会特征

新媒体以互联网为核心技术，并依托其底层技术的发展而不断影响公众生活。与以往不同，当前的媒介化社会中，互联网技术给社会所带来的影响远超印刷术的发明。互联网具有信息传递中枢和社会生产技术的双重特征。

(一)互联网技术促进生产力发展

作为一项生产技术，互联网技术极大地促进了社会生产力的发展，并引发了以工业互联网为标志的技术诉求，使得人类进入分工更为多元的社会状态。当前互联网作为一项新的生产技术，已经以信息革命的形式引发了新的工业革命。与以往的工业革命一样，这场工业革命带来了社会生产模式的改变。社会价值和财富积聚的方式在改变，速度也在迅速增加。更为重要的是，与以往的工业革命类似，新技术对此前的技术而言，其所呈现出的跨界侵略性不仅更为强烈，其优势也更为明显，甚至是替代性的打击。这种替代性的优势不仅仅表现在传媒领域的信息传播方面，比如，微信语音功能的出现，就给传统的电信行业带来了极大的冲击。

与此同时，任何技术的革新，也都会引发财富分配方式的变化，不仅会产生财富新贵，也会引发社会结构的变化。比如，新技术会创造越来越多的工作机会，也使得科技在社会财富分配过程中的比重越来越大。而伴随个体的经济独立，性别议题凸显，平等观念深入人心，同时，社会也在诉求新的交往模式和价值凝聚手段。

(二)互联网技术对现实社会的赋能逻辑产生多元影响

在媒介化社会中，“全媒体不断发展，出现了全程媒体、全息媒体、全员媒体、全效媒体，信息无处不在、无所不及、无人不用，导致舆论生态、媒体格局、传播方式发生深刻变化，新闻舆论工作面临新的挑战”①。互联网技术不仅丰富了信息的呈现方式，改变了此前单向的信息传递模式，而且增强了个体的话语表达能力，激活了传统媒体时代被规制与压抑的个体话语，使得媒介化社会成为一个被互联网技术计算、表达甚至是引导的世界。个体依托新的媒介技术进行赋能，使更多地参与公共事务、掌握个体命运成为可能。

① 习近平:《加快推动媒体融合发展　构建全媒体传播格局》,《求是》2019 年第 6 期。

这种赋能方式的转变，也给社会带来了不确定性。

作为对这种不确定性的回应，媒体融合成为“因势而谋、应时而动、顺势而为”的重要举措。因此，媒体融合的目的并非仅是改变新闻内容的外在呈现形态，而是基于这种改变，重构传媒业态，提升政治权力对于媒体话语的控制力，以此来完成对整个社会组织架构的整合，最终形成新的社会秩序。从这一角度出发，媒体融合也成为提升社会治理能力的重要组成部分。由此，媒体融合渐为现实权力所重视，并被上升为国家战略。

（三）互联网的使用已经成为人们生活的一部分

移动互联网将成为今后互联网发展的主流，并且网民作为网络内容的生产者和传播者将因为移动互联网的使用，让媒体的概念出现变化，通信业和互联网行业已经作为一种新的信息传播渠道，让整个传媒生态发生变化，泛媒体化的趋势已经越来越明显，在“一切都是传媒”的时代里，不仅公众的情绪表达渠道越来越多，越来越不可控，而且社会舆情出现了越来越多的新问题，并呈现出越来越多的随机性。这种改变也不仅仅限于媒体自身，是整个社会的生态都在这种互动之中发生了变革，社会生态的引导和治理将呈现出新的课题。

（四）新媒体成为个体赋权、赋能的重要手段

传统媒体的寒冬已经呈现出多元表征。比如，读者关注度降低、发行量降低、广告额下降。但这并不意味着在互联网时代，公众已经对新闻了无兴趣，对身边发生的一切漠不关心。恰恰相反，正是由于公众对于新闻关注度的增加和对身边事务更多的介入，让以互联网为代表的新媒体迅速成长，让以报纸为代表的传统纸媒轰然倒塌。新闻一直存在，只不过换了一种传播方式。这其中，最为主要的是，媒介功能发生了变化。相对于传统媒体，网络更加适合已经习惯于互联网应用的“读者们”。此次纸媒所遭遇的不是关注度的降低，而是媒介功能特别是传统都市报媒介功能的被替代。严格来说，是互联网的出现改变了媒体格局。

新媒体发展迅猛，成为影响社会生态的重要媒体力量。就目前而言，虽然商业网站依旧没有新闻采访权，但是却因为网络本身的特征，在事实上实现了网络新闻的突破。网民通过个人博客、微博、微信等自媒体形式表达利益诉求、宣泄情感和传播新闻。在以往，新闻事件发生之后，未必能够在传统媒体上得以报道，也就难以形成舆论监督，公众之间的口耳相传也存在着

很大的限制。但是,网络时代让人人都拥有了麦克风,并且,网络让空间的概念消失,带有同一诉求的公众的聚集更加方便,很容易形成公众舆论,进而造成群体性事件。而这些行为也改变了此前的媒体舆论引导模式,对健康网络舆情生态的形成和构建都提出了新的要求。

(五)网络问政成为可能

随着网络论坛成为重要的民意表达渠道,个体表达呈现出多元化的趋势,商业平台话语权力逐渐增强。这集中表现在以网络论坛为代表的网络评论上。但是,网络评论的载体多为市场化网络平台,它在实现了网民言论"自由"的同时,也给传统媒体环境中所形成的舆论引导形式带来了挑战。

BBS 即电子公告牌,是一种基于爱好而形成的网络交流平台。中国的互联网论坛始于 1995 年,当比尔·盖茨在邮件中提到"互联网大潮"的时候,马云创办了中国黄页,马化腾搭建了中国的第一个 BBS——Ponysoft,求伯君搭建了西线,1995 年 8 月 8 日清华大学在中国教育和科研计算机网上开通了水木清华 BBS。这些网络论坛基本上都是作为专业的爱好者或者是某个领域、某个地域的群体所形成的交流平台,其用户的身份特征十分明显,也更多体现在对某些专业领域的探讨上。

但是,很快这种基于专业进行交流的平台成为网民表达观点、发表评论的平台,并形成了强大的话语能力。特别是商业互联网以网络论坛的形式,凭借其开放性表现出了巨大的能量,成为公众发表观点、宣泄情绪、表达诉求的主要渠道。网络论坛不仅打破了传统媒体对于信息发布的把关,而且传播呈现出多元化、交互化的特点,不同的人可以以不同的形式在网络上发表不同的言论。1997 年,网民老榕在四通利方网站的体育沙龙里发表了《大连金州没有眼泪》的帖子,在发表后的数个小时之内,点击量数万。而这年中国互联网络信息中心发布了中国的第一份《中国网络发展状况统计报告》,显示全国只有 29.9 万台电脑,上网用户不过 26 万人。也就是说,在两天之内,全国十分之一的网民看到了《大连金州没有眼泪》这个帖子。但是,网络论坛在当时还仅仅是发表的平台,并没有成为"媒体"。一个显著的问题就是,这个帖子"火了"之后,《南方周末》全文转载,原因是在一周的时间内,《南方周末》收到了 60 多封读者来信,要求他们转载。

主流媒体对于网络舆论重视的标志性事件是在 1999 年 5 月 9 日,《人民日报》网络版开设强烈抗议北约暴行 BBS 论坛,这是强国论坛的前身。6 月 19 日,强烈抗议北约暴行 BBS 论坛更名为"强国论坛"。在这期间,围绕这一事件形成了9万多条帖子。强国论坛的出现,不仅是国内的首个时事评论论坛,也是国内主流媒体积极进行网络舆论引导所进行的努力,并实现了技术赋权与行政赋权的统一。2001年,强国论坛每天的发帖量以及每天网民的在线人数都过万,这也反映出了中国网民强烈的表达欲望。在网民进行意见表达的过程中,最初只是在论坛上进行网络抗议、宣泄内心的愤怒及情绪。但通过积极引导,变为了深入的讨论及积极的反思。

网络论坛具有隐匿性的特点,每个用户可以注册一个甚至多个ID,在一定程度上可以实现匿名发言,一方面这些发言具备一定的真实度,成为民众表达观点以及相关部门了解社情民意、改进工作的重要渠道。比如,2002年11月16日,"我为伊狂"在人民网论坛发表万字长文《深圳,你被谁抛弃》。深圳,作为中国改革开放的前沿阵地,这篇新闻评论却点出了深圳在发展过程中人才外流、企业外迁的状况,瞬间引爆了公众情绪,成为公众议论的热门话题,全国上百万人参与了讨论。网络新闻评论借助技术的力量呈现出了其巨大的影响力。2003年初,在《南方都市报》的推动下,时任深圳市市长于幼军会见了这篇网络新闻评论的作者,并进行了长达两个多小时的对话。此后,国务院调研组也再次在调研中约见"我为伊狂"。另一方面,网络论坛的交互性与开放性也成为社会情绪的宣泄渠道。网络论坛除了"评论"发表的功能,更具有相互交流的功能,这种功能使得网络论坛兼具网络力量凝聚以及意见交流的功能,从而成为社会舆论的安全阀,减少现实的社会冲突。虽然在网上聚合了大量的民情民意,甚至是极端的观点,但通过合理的疏导,也可以疏解公众情绪,在一定程度上缓解与降低了社会的舆论"燃点",而不至于使舆论影响社会的整体稳定。

随着网络技术的进一步发展,网络问政、网络议政已经成为政府广泛听取民意、实现政民互动沟通的有效平台,网民也已经习惯在网上发表言论,表达观点。这已经成为一种常态,随着科技的进一步发展以及智能手机等网络终端的进一步发展,这种态势将会得到进一步的加强,网民也更习惯于利用网络来表达意愿。

此后,网络显示出了越来越大的能量,"我爸是李刚"事件、唐骏文凭事件等一系列事件都出现在网上,网络媒体的重要作用已引起各级党委和政府的重视,对网络媒体的重视也越来越成为一种趋势。2010年,微博在几起网络事件中的表现和作用,显现出强大的媒体功能,也引起了各方的重视。微博被视为一个政务公开以及更便捷地与市民交流的窗口,各地公安部门在微博的使用上走在了前面,纷纷以"平安××(地名)"为名进驻微博。

2011 年 1 月 9 日，《新快报》头版头条新闻是时任中共中央政治局委员、广东省委书记汪洋在中共广东省委十届八次全会闭幕会上讲话时指出，“领导干部不应该当菜鸟，要带头开微博”。汪洋称，“要畅通渠道，不断满足群众依法表达诉求的需要。建立健全网上信访、手机信访制度和全省联动机制，努力构建方便、快捷、高速的‘网络信访大厅’，让群众表达诉求的渠道更多、更及时”。汪洋在会上强调，要大力开展网络问政，各地各部门要探索设立领导电子信箱和网上“留言板”，建立和完善网络发言人工作制度，以“领导实名”或“单位实名”的方式，在网上及时主动公布本地本部门相关信息，欢迎网友拍砖灌水。汪洋还要求，各地领导干部要掌握、利用各种新技术、新手段做好群众工作，不做网络“菜鸟”，带头“上线”“触网”，通过开设在线聊天室、网络直播室、专线电话、博客、微博等途径，就群众关心的问题进行在线回答，并形成在线处理群众诉求的制度。并提出，各级领导干部对待上网切不可“叶公好龙”，只做表面文章，要下真功夫，见真成效，通过网络了解民情、汇集民智，使网络民意能够在领导决策和政策执行当中体现出来。

作为新媒体的微博，新浪 CEO 曹国伟对微博的看法有三次改变：最开始接受采访时说，微博只是产品；过了半年说，微博是我们的平台；到后来，则称“微博是我们的战略，哪怕我们不做新浪新闻，也要做微博，只有微博才能让新浪摆脱传统互联网新闻的概念”。

而对于政府来说，新媒体改变了政府的工作作风，它首先改变了政府对于媒体的观念，政府应该以全新的眼光和思路来对待新媒体。同时新媒体的出现和发展也带来了政府工作作风的改变，在互联网时代，政府的工作是透明的，公众对于官员的要求甚至有些“苛刻”——稍微言行出格可能就会被冠之以“最牛×××”的名号，这让官员感到了很大的压力，当然，有压力才会有动力，面对新媒体，回避和埋怨都不是办法，只有积极主动地了解新媒体，学习和利用新媒体，同时做好工作，让人民群众满意，让党放心，才是破解困境的良方妙药。

曾经有政府官员面对层出不穷、让自己焦头烂额的网络事件感叹说：“唉，现在真留恋没有互联网的时代！”诚然，互联网的出现和网络媒体的发展，的确让媒体监督和社会舆论出现了前所未有的复杂局面，但是，时代在发展，科技在进步，社会已经不可能再回到没有互联网的时代。只有主动适应时代发展要求，努力提高与媒体特别是网络媒体打交道的能力，切实做到善待媒体、善用媒体、善管媒体，充分发挥媒体凝聚力量，推动工作的积极作用，才能牢牢掌握网络时代的话语权，勇立时代潮头。

随着互联网的进一步发展和普及，互联网在中国民众的政治、经济和社会生活中将扮演越来越重要的角色，成为中国公民行使知情权、参与权、表达权和监督权的重要渠道。网络所构成的新媒体时代正在以更快的速度，在更为宽广和深刻的层面影响公共生活。

第二节　新媒体及个体生活

个体生活与新媒体变迁密切关联。在当前的社会中，新媒体已经不再是单纯的信息接收平台。随着传统媒体的新媒体化，世界已经呈现出泛媒体化的发展态势，也就是媒介社会已经彻底到来。比如，在当前，自建平台进行 App 客户端建设成为潮流。这一趋势在 2018 年表现得特别明显。2018 年 6 月 11 日，《人民日报》宣布上线全国移动新媒体聚合平台“人民号”，7 月，《齐鲁晚报》客户端齐鲁壹点发布 7.0 版，10 月，《北京日报》《贵州日报》《安徽日报》《甘肃日报》《新民晚报》的客户端纷纷上线。12 月 12 日，《大众日报》推出海报新闻 App……这些客户端的建设，对于公众生活产生着日益深刻而多元的影响。

当前的媒体竞争已经上升为全国乃至于世界范围的竞争，但客户端建设还意味着，进入 App 阶段竞争的传统媒体将进入全国竞争的阶段，主流媒体的影响力建设将不再局限于某一行政区域，互联网领域的头部效应将更加明显。无论是舆论的发酵还是产品的竞争，都将是在更为宽广的领域进行竞争。而且个体生活则将被高度新媒体化。这些由传统媒体主导构建的新媒体平台，并不仅仅提供信息产品，为了增强用户黏性，提供更多的生活服务，也称为其重要的方式和方法，聚合多种生活平台应用，将成为这些客户端的重要竞争方式。新媒体与个体生活之间的关系已经变得越来越紧密。

总体而言，新媒体对于个体生活的影响主要表现在以下几个方面。

一、被数据化的生活

“大数据”时代的到来，是目前的热门话题。根据 2021 年 7 月发布的《中国互联网发展报告(2021)》，2020 年我国大数据产业规模达到 718.7 亿元，同比增长 16%，增幅领跑全球大数据市场。但是，什么是大数据以及大数据将会对个体生活产生何种影响，还处于不同的变化之中。彭兰认为，“大数据”的概念产生于信息时代的大背景下，与社会化媒体、移动传播、物联网、云计算等技术应用密切相关。可以说,它是各种技术的综合产物,也会因各种技术的发展而不断演进。[①]

当前,公众的个体生活与大数据密切相关,并且媒体通过各种自身的活动以及所需求的服务,为大数据贡献着源源不断的内容。比如,在社交媒体上,公众媒体都会产生大量的信息,这些信息将成为大数据进行分析的重要资源。如果对一个人基于某种社交工具所进行的长时间交流所产生的数据进行分析,那么就有可能了解这个人的兴趣爱好以及行为习惯,甚至在某种场景下会进行怎样的回应也较为准确。因此,这意味着"机器"可以模拟一个人去进行网络对话,而对方却难以感知。同样,在某些热点事件中,公众基于社交媒体的表达会反映出舆论的走向,在这一过程中,如果基于大数据抓取,就可以有效地了解公众的兴趣所在以及舆论倾向,这也有利于强化舆论引导的效果,这也成为网络舆情应对的重要路径。甚至有媒体称,大数据的使用影响了一些西方国家的总统选举。基于竞争对手支持者的数据分析,可以进行精准的竞选策略调整,或者针对对方的缺点进行极其精准的"攻击",这是传统媒体时代所难以具备的。再比如,基于大数据而进行的算法已经成为新媒体进行"发行"的重要方式。以字节跳动为例,这是一家以算法为驱动的新媒体公司,基于算法不仅可以获得用户的关注点所在以更好的生产内容,同时也能进行精准的内容推送,以实现内容与用户兴趣的有效匹配。这也是移动互联媒体的出现,得以在极短的时间内对传统媒体形成威胁的重要原因所在。

但是,大数据对于个体的影响并不仅限于新媒体领域。比如在公共安全领域,据统计,2005 年,中国开始推动"平安城市"建设,以期提高城市的安全。这一"平安城市建设的核心是'天网工程',也就是由公安系统掌控的治安管理和打击犯罪类视频监控,并且早在 2017 年就部署了 2000 多万个此类摄像头。天网工程的核心是'动态人脸识别技术'……据统计,截至 2019 年,中国的各类监控摄像头(以交通和安防为主)超过了 2 亿个,而且还在以极快的速度增长,相当于平均每 7～8 个人就被一台监控摄像头'注视'"[②]。摄像头的大量投入以及"天网"工程的建成,无疑极大地提高了社会的安全感,并有效地降低了社会的犯罪率。因为,在网络的震慑之下,几乎没有犯罪分子可以逃脱"天网"的视线。在抗击新冠肺炎疫情的过程中,大数据也

① 参见彭兰:《新媒体概论》,中国人民大学出版社 2017 年版,第 29 页。

② 彭兰:《新媒体概论》,中国人民大学出版社 2017 年版,第 77 页。

发挥了极其重要的作用，基于对个体运行轨迹的有效监测，可以较好地实现对于疫情的提前防治，对于防止疫情的扩散起到了重要的作用。比如，据山东媒体报道，2021 年 8 月 3 日一早，许多人的朋友圈被“济南疫情”刷屏：

> 哈尔滨飞往厦门经停济南 SC8868 航班报告疑似新冠检测阳性人员。济南立即启动应急机制，迅速做好疑似阳性人员、密切接触者管控等处置措施，坚决阻断疫情传播链条。仅用一夜时间，就确定了密切接触者 1214 人并全部纳入管理。

网友们感叹“济南速度”的背后，是“大数据”发挥了极其重要的作用。

当然，大数据在商业中的应用更为广泛，现在可能越来越多的人有这样的感受，如果你在购物网站进行过某种商品的搜索，那么在很长一段时间内，你登陆某些网站的时候，就会弹出与此相关的商品信息。这是因为商业网站拥有了你的消费数据，从而能够对你进行精准的“计算”。这样的推送对于商家与消费者来说，存在积极的意义，那就是可以以用户为中心快速实现消费者和商品之间的链接，减少购物的时间成本。但是，有些时候，也会给个体的生活产生负面的影响，比如大数据在商业应用上可能会存在“杀熟”等问题。大数据“杀熟”是指有些商业服务平台会根据用户在互联网上所产生的大数据进行分析，从而给予不同的用户以不同的价格，这在打车软件以及订房软件中表现得极为明显。甚至使用不同手机的同一个体，订同一个房间，会产生不同的价格，甚至价格之间的差距很大。这就是商业领域对大数据的不当使用。

大数据“杀熟”具有极强的隐蔽性，本身消费者使用网络的目的就在于享受其便利性，很少有消费者在打车或者购物时“货比三家”。而大数据所进行的“精准推送”，也使得这种“杀熟”的过程具有了精准性和针对性，从而具有了更强的“隐蔽性”，最终产生了更为强大的破坏力。因此，这种利用大数据对消费者进行的“算计”，是对大数据这一技术的不合理使用，也无疑严重侵犯了消费者的权益。针对这些问题，国家不断出台相关法规来规范大数据的使用行为。2021 年 7 月，国家公布了《价格违法行为行政处罚规定（修订征求意见稿）》，其中第十三条“新业态中的价格违法行为”就做出了规定，“电子商务平台经营者利用大数据分析、算法等技术手段，根据消费者或者其他经营者的偏好、交易习惯等特征，基于成本或正当营销策略之外的因素，对同一商品或服务在同等交易条件下设置不同价格的”，要“给予警告，可以并处上一年度销售总额 1‰以上 5‰以下的罚款，有违法所得的，没收违法所得;情节严重的,责令停业整顿,或者吊销营业执照”。而无论这些行为会被怎样的规范,但有一点是肯定的,人类已经无可逃避地进入了大数据的时代,并与之产生极其密切的关系。

二、被虚拟化的生活

互联网生活具有隐匿性,每个人都可以使用一个ID跟别人进行交流。1993年7月5日,《纽约客》杂志刊登了彼得·施泰纳(Peter Steiner)的一幅著名的漫画,“在互联网上,没有人知道你是一条狗”(On the Internet, nobody knows you're a dog)。这成为互联网社会个体交往中的一个典型场景以及网络公共生活的一个经典隐喻。受到这种隐匿性的影响,公众彼此的交流会更加的透彻,而较少顾及现实社会中的各种限制。

虚拟化生存可以进行多角色扮演。网络社会的虚拟性也使得自我可以选择适当的个体身份进行“表演化生存”,并以此来进行自我形象的数字建构,从而可以实现扮演角色的多样性。在互联网空间既可以选取与现实生活相匹配的角色,也可以选择与现实生活完全不同的角色,甚至同一个人可以同时分饰多角,进行网络化生存。

虚拟化生存形象未必真实。网络虚拟空间中,个体的表达因为不带有现实的“羁绊”而显得更为真实。但是,也可能会陷入另外一种场景,那就是有人在刻意地去塑造自己的某种形象。比如,在虚拟的社会中,个体可以通过社交媒体上的文字、视频等表达进行刻意的形象塑造,来引导公众对个体产生既定的认知。网络上有些网红就存在这种塑造现象,有的网红为了显示自己是“白富美”而给他人营造出一种出则名车、入则豪宅、经常出入高档场所的假象,不惜去拼单租用高档酒店甚至是豪车等进行拍照,然后在朋友圈等社交场所晒单。这样的虚拟形象与其本身的生活场景没有任何关系。

但是,这也会引发另一个问题,那就是有些人会认为,既然网络生活是“虚拟”的,那么就可以不顾及现实的责任,这很可能会造成现实生活中的伤害。然而,网络不是法外之地,比如,在网络上攻击他人的事情常有发生,有些人将网络当作发泄渠道,散布不实言论甚至是谣言,这些都会被现实的法律追责。

新媒体形式下的个体交往具有两面性。所谓“地球村”,也应该有两个不同的向度。一方面,互联网极大的放大了个体的交往空间,无论是在速度还是广度上都给予了人类极大的便利,个体不仅可以很方便地在线上与遥远距离的人使用文字、音频及视频进行对话、交流,使得人与人之间的距离迅速缩短，从而形成了地球村。但另一个方面，正是因为交往的便利性，也使得个体在交往过程中更加倾向于寻求彼此的“志同道合”，随着与自己志趣相近的人相互靠近，在互联网上会形成不同的“圈子”，与传统社会的社群相比，这种“圈子”消除了地理空间的限制，从而变得更为庞大。然而，受到信息茧房的影响，也使得人们陷入自身营造的“地球村”里，从而更加难以自拔，这也会限制个体的进一步成长。

三、被改变的经济状态

虚拟生活并不意味着与现实不产生交集，恰恰相反，新媒体所拥有的社交功能，不仅促进公众的交流，也影响现实生活，并成为互联网经济的重要组成部分。新媒体对经济的影响主要包括以下几种形式。

（一）以BBS为代表的购物网站的兴起

网络论坛是最早出现的在线交流形态之一。最初只是用于网民的信息交流、发表观点等，也产生了很多具有极高影响力的帖文，以及诸如天涯论坛等影响力巨大的网络社区。最开始，这种网络社区除了直接的展示广告之外，并未产生太多的经济形态。但是，商品的交流也是网络交流的重要组成部分，这种交流既包括对价格的比较也包括“晒单”。于是，在2004年前后，出现了55bbs（我爱购物网）等购物网站。以这家网站为例，这家成立于2004年的女性购物网站，在传统互联网时代赢得了飞速的发展，仅成立4年就被全球最大的广播集团——哥伦比亚广播集团CBS以800万美元全资收购，到2013年前后，注册用户达到了300万人。在当时，这家网站的注册会员们以分享自己真实的购物体验而在服饰、化妆品、婚嫁、亲子、旅游、汽车等消费领域产生了广泛的影响力。这种网站的出现其实也是传统媒体在广告争夺方面所遇到的最为直接的对手，并且这类网站所具有的互动性更加具有用户黏性，从而更加富有竞争力。

这类网站依旧是线上、线下相结合的形式，在前移动互联网时代可能会具有自己的优势，而到了移动互联网时代，特别是直播等新的电商形式的出现，则对其带来了多方面的影响。但是，网络社区购物网站却并未消失，针对居民小区以及城市论坛依旧有其独特的市场空间。

（二）以淘宝网为代表的网上购物平台

如果说以网络论坛为代表的购物还大多局限于购物信息的交流层面，

仍需要线下实体店面的支持，实际的盈利模式还是“广告”；那么，淘宝的出现则不仅代表了一种新的盈利模式，更意味着一种新的商业生态开始出现，并最终改变了中国的经济形式。淘宝网成立于 2003 年，母公司为阿里巴巴，其运营模式基本与美国的 ebay 等网站相类似。淘宝网采用了个体开店免费等政策吸引了线下实体店的进入，因为去掉了“中间商”，淘宝网采用的策略是“便宜”而且商品的种类极其众多，只要是合法的产品，在淘宝上都是可以买到的。2006 年，甚至有媒体爆出有人在淘宝上卖苏联制造的坦克。当然，这种行为很快被制止。但是，淘宝上卖飞机、汽车以及房子等大件物品已经成为现实。淘宝网作为一种新平台，所产生的消费模式并不仅仅是因为低价，更在于解决了网络购物中的一个重要的问题，那就是通过支付宝来免费提供第三方的担保工具。这在很大程度上解决了网上经济行为中因为买卖双方的虚拟存在，而可能产生的不诚信问题。而支付宝的存在也给淘宝提供了巨大的现金流和资金池。因此，淘宝网成立不到三年，无论是从会员注册还是从盈利来说，都已经成为整个亚洲最大的 C2C 网站，淘宝网也成为互联网的三巨头之一。随着淘宝的崛起，苏宁、京东等电商也快速发展，并在各自的领域占据了庞大的市场份额，也对实体经济带来了巨大的冲击。

而随着电商的崛起，“双十一”也成为中国消费者的重要“节日”。“双十一”开始于 2009 年，当时淘宝商城为了促进购物，进行了网上购物嘉年华的活动。在黄金周和圣诞节之间恰好是人们添置冬装的时候，但此期间并没有节日。为了起到更好的轰动效果，淘宝商城就选择了被称为“光棍节”的 11 月 11 日。第一次参加的商家不多，只有李宁、联想等 27 个商家参与。但其销售效果却出乎意料，当天的平台交易额达到了 5200 万元，是平时的十倍。此后，11 月 11 日就成为中国电商运营中极其重要的日子。“双十一”已经成为全行业的线上交流盛会。2010 年，“双十一”产生的交易额是 9.36 亿，参加的商家也由 27 个增长到 711 家，实现了爆破式的增长。而后，2011 年，交易额达到 33.6 亿元。2012 年，天猫和淘宝总销售额达到 191 亿元。到了 2020 年，天猫成交额达到 4892 亿元，物流订单总量达到 23.21 亿单。

电商的发展与物流的崛起有着极大的关系，在 2009 年“双十一”诞生的这一年，新修订的《中华人民共和国邮政法》也颁布实施了。根据这部新的法律，民营快递业迎来了合法身份，他们的介入，促进了电商的快速发展。民营快递也成为当前与公众生活密不可分的重要生活方式。

（三）网络直播带货的新模式

网络直播是伴随着信息技术的发展而出现的，是在商务领域伴随技术发展快速迭代创新的重要表现形式。短视频已经经历了快速的发展，视频化初见端倪，网络直播也已经出现，比如，2016 年也被称为网络直播元年，这年新浪 3.2 亿美金投资秒拍，2017 年腾讯 3.5 亿美金入股快手。但是，最初的时候网络直播与经济形态并没有太大的关系，只是一种信息接收方式的改变。并且，这种方式也未能盛行，其中的重要原因就是技术的发展滞后于行业的需求。移动互联网特别是 5G 的出现改变了这种状态。2019 年 6 月，5G 牌照初次发放，被认为是“5G 商用元年”，随即引发了学界的足够想象，其带宽、传输速度等传播技术指数的提升，在视频化成为趋势的当下，被认为将重构目前的媒体模式。

伴随着这种新传播形态的到来，网络直播成为可能。在技术、资本的合力之下，短视频快速发展。根据中国互联网络信息中心发布的第 43 次《中国互联网络发展状况统计报告》，截至 2018 年 12 月，我国网民规模达 8.29 亿，全年新增网民 5653 万；全国手机网民达到了 8.17 亿，手机网民的增长数为 6433 万。[①] 手机网民的增长数要多于网民的增长数。

网络直播对经济生活的介入是直播带货的兴起。这种方式最初也是由淘宝直播最先兴起，到了 2019 年，因为网络直播带货的大量发展，被称为是网络直播带货的元年。2020 年，受新冠肺炎疫情的影响，与网络短视频相伴随的网络直播带货成为电子商务的重要形式。网络直播带货相对于传统的商业形式而言，有着互动性强、黏性强等显而易见的特点。直播带货实现了对于消费者的陪伴，而且电商主播也因为即时的互动性而具有了极强的亲和力，同时也实现了商品与消费者更为优化的链接。这些因素都使得某些主播成为网络直播带货的大 V、头部主播，从而使得网络直播带货具有了 IP 的属性，一部分原来的名人进入了带货的行列，比如很多明星就进行了网络直播带货的尝试。IP 属性也意味着一部分此前的普通人能够在直播带货的过程中成为流量明星。当前，参加网络直播的还有罗永浩等网络名人。网络直播带货已经变成了新的经济形态，同时也涌现出了淘宝平台、腾讯平台、快手平台、抖音平台等新的网络直播平台。

虽然并非任何名人参加直播都可以获得像罗永浩一样的效应，甚至有

① 参见《CNNIC 发布第 43 次〈中国互联网络发展状况统计报告〉》，中国互联网络信息中心，2019 年 2 月 28 日，http://cnnic.cn/gywm/xwzx/rdxw/20172017_7056/201902/t20190228_70643.htm。

名人在直播的过程中遭遇滑铁卢，但这未能阻挡当前互联网经济的快速发展。根据2021年中国互联网络信息中心发布的《第47次中国互联网发展状况统计报告》：自2013年起，我国已连续八年成为全球最大的网络零售市场。2020年，我国网上零售额达11.76万亿元，较2019年增长10.9%。其中，实物商品网上零售额9.76万亿元，占社会消费品零售总额的24.9%。截至2020年12月，我国网络购物用户规模达7.82亿，较2020年3月增长7215万，占网民整体的79.1%。随着以国内大循环为主体、国内国际双循环的发展格局加快形成，网络零售不断培育消费市场新动能，通过助力消费"质""量"双升级，推动消费"双循环"。在国内消费循环方面，网络零售激活城乡消费循环；在国际国内双循环方面，跨境电商发挥稳外贸作用。此外，网络直播成为"线上引流＋实体消费"的数字经济新模式，实现蓬勃发展。直播电商成为广受用户喜爱的购物方式，66.2%的直播电商用户购买过直播商品。

四、多线程的生活

多线程是一个技术术语，是指在软件或者硬件上实现多个线程并发执行的技术。在传统社会中，人们经常会说"一心不能二用"，要求在做事的时候能够专心致志。但是，在互联网时代，这种要求渐渐地发生变化。很多人往往开始同时做多件事情，比如很多同学在做作业的时候，会开着电影、听着音乐，甚至同时在跟其他同学在微信群或者QQ群里聊天。又比如在家里，一家人坐在沙发上，一边看着电视，一边浏览着微信公众号，而另一边在跟他人在聊天。这些看起来会影响彼此注意力的事情，在网络时代已经变得彼此融合。当然，这种生活会降低一个人做事情的效率，比如在网络上查找资料的时候，因为网络具有多链接的特征，所以会不自觉地跳到不相干的网页上去，经过一通浏览之后，甚至忘了此前所要查找的资料是什么。

五、碎片化的生活

互联网的碎片化生活既包括碎片化的表达、碎片化的阅读，也包括公众意见的碎片化等多种状态。这种状态是网络世界中社会价值多元的重要表现形式。

互联网碎片化的生活与智能手机的出现并彻底走进人类的生活密切相关，这也使得人类从"大屏"时代进入了"小屏"时代。当然，智能手机的出现，可以使人随时随地的与他人保持联系，也可以随时随地的表达自己的观点。但是，受到手机屏幕等客观条件的限制，这些表达，都处于“碎片化”的状态。同时，人们也没有耐心在手机屏幕上阅读长达几千字的内容。这也导致了微博等公众社交平台最初的时候规定一次最多只能发布 140 个字符的内容，以方便交流和表达。但是，这样的规定除了要求个体进行更为精准的表达之外，其负面效应就是难以完成深度的写作，从而陷入表达的浅表化以及意见的零散化。这不仅会导致对于一个事实的描述和表达会多样化，也使得意义的传达更为艰难。多种表达的社会环境中，是难以对同一个事件进行完整的还原的。而在这一过程中，如果哪个意见领袖的表达被凸显，则会引导公众对某一事件的认知产生巨大的变化。

碎片化的生活不仅包括表达以及阅读的碎片化，也包括公共生活以及意见的碎片化与零散性。在互联网空间的表达中，每个人都可以发表自己的观点，这些观点无论对错，都会彼此交流、碰撞，但有一些观点会被不断地放大，从而占领舆论空间。虽然这样的意见绝非一定正确。

在一些热点事件发生的过程中，除了别有用心的网友想借这一事件来进行炒作，以提升流量之外，很重要的一个原因就是网友在发表意见的过程中，所依据的是碎片化的片段信息，这些信息可能在某种场景下是真实的，但是如果将这些信息进行拼接之后，对整个事件的判断则未必真实。但是，却在网络的传播环境中迎合了公众的情绪，并获得了大量的传播，从而成了轰动性事件。

因此，在网络空间中，如何对碎片化信息进行判断，也成为公民的重要媒介素养之一。

六、从“数字鸿沟”“社群化”到“圈层化”

众所周知，互联网技术具有分众化的特征。数字鸿沟、社群化、圈层化就是互联网社会中经由“分众化”的过程，使得个体生活所呈现出的不同状态，也是互联网为代表的新技术对人类生活不断影响的结果，并且这种结果是渐进的、梯队形的一种呈现状态。

数字鸿沟是指不同的个体因为对互联网技术的掌握程度在影响不同群体的互联网使用能力。比如，有的人在网络上只能浏览基本的网页、进行聊天等最为基本的操作，但是有的人却不仅能在网上进行编程，更能挖掘数据，甚至能创造出富有创造性地互联网产品。

一般而言，数字鸿沟会受到年龄、地域、收入程度等多种综合因素的影响。当然，在人类社会的不同发展阶段，影响数字鸿沟的不同因素的比重也在发生变化。在此前，年龄、地域及收入程度的影响更为明显，比如PC端时代，农村地区的互联网普及率很低，这极大地影响了农村群体对于互联网的使用程度。其中的重要原因就是收入的问题，农村家庭是很少购买电脑来使用的。但是，伴随着农民收入的提高、智能手机的普及以及网络资费的降低，互联网在农村已经开始逐渐普及，但是往往普及的是移动互联网，而非传统的台式电脑。在今天，伴随千禧一代被称之为互联网的原住民，讨论数字鸿沟往往关注更多的是老年群体对于互联网的使用问题。

如果说数字鸿沟把公众分为上网人群和不上网人群，那么网络社群则基于网络把不同类型的人划分为不同的群体，让"物以类聚，人以群分"变得更为现实。网络社群一般指的是基于不同的爱好、兴趣和目的而建立的圈子。这种圈子一般分为有现实接触以及单纯网络交往等多种类型。在互联网社会中，我们每天都处于不同的网络社群之中，比如基于兴趣爱好或者同学等关系建立的各种QQ群、微信群，都是网络社群的表现形式。而从个体交往的频繁程度来说，网络社群也可以分为松散型、紧密型等多种类型。当然，网络社群也具有时效性等特点，特别是微信群，基于不同的目的都可以临时组群，但过后往往也没有人退出，也往往会导致每个人的手机上有几十个甚至上百个微信群。

圈层化则是互联网生活所带来的另一种表现。圈层化的形成原因有多种，会受到多种因素的影响，甚至不同群体使用工具的不同，都可能会引发圈层化。比如，在网络社交的即时聊天工具的选择过程中，就曾经有观点认为QQ和MSN代表着两种不同的生活状态和群体。前者更为年轻化也更加的时尚、多元，这显得较为娱乐化，而后者则被认为更加商务，是白领们的日常交流工具。那么，这种使用工具的不同事实上也引发了圈层化。而这种圈层也成为广告商进行广告投放的重要依据，虽然这种依据未必准确。比如，腾讯曾经与法国化妆品公司迪奥进行广告投放的洽谈，但是迪奥中国区的总裁李达康却反问时任腾讯执行副总裁刘胜义，"QQ用户中有多少人买得起Dior的产品"①。这是广告商对于不同互联网产品用户圈层的最为直接的反应，虽然这种反应未必正确。

对圈层化的形成产生更大影响的是社会的分化和分层。伴随着我国的对外开放和对内改革，以及收入分配制度的改革，伴随职业环境的变化以及收入的变化，基于价值观的变化，出现了不同人群的分化和分层。社会的分

① 吴晓波：《腾讯传：1998～2016：中国互联网公司进化论》，浙江大学出版社2017年版，第204页。

层也最终表现在互联网上，形成了网络环境中不同的圈层化。圈层化的出现有利于圈层之内的个体的彼此交往，同时相近的人生观和价值观也使得他们的交往、交流更为顺畅，甚至会由线上转移到线下的现实空间。但是，圈层化也会受到多重因素的影响，呈现出负面效应，比如这种圈层受到互联网环境中信息茧房的影响，从而使得圈层更加的固化，不同的圈层之间少有交往。如何突破圈层的负面影响，也成为网络世界中面临的一个重要话题。

当然，人类最终在互联网的时代会迎来高度的智能化。随着网络技术对人类生活影响的加深以及这种技术的不断进步，在万物皆媒的互联网时代，新媒体将越来越多的在更为辽阔的领域影响公众生活。

特别是在新冠肺炎疫情笼罩下的2020年，互联网进一步重构公众线上生活，不仅钉钉、腾讯会议对这一年的教育助力良多，基于线上交流、购物的“直播”“短视频”也使得“在线”成为生活常态。这也衍生了新的经济形态，比如2020年李彦宏在其新书中提出了“智能经济”的概念，并将其视为此后10年中国经济的新标签。

第三节　从“生活”到“治理”：新媒体影响公共生活的维度

一、影响层面

虽然新媒体在当前对个体的生活已经产生了广泛的影响，但是，这些影响也存在于不同的层面。具体而言，主要基于以下三个层面。

(一)应用层面

应用层面一般是指网民使用的各种互联网应用，这一般包括即时通信、搜索引擎等基础应用以及网络直播、网络音乐、网络游戏等网络娱乐应用，同时还包括网约车、远程办公、在线教育、互联网理财等各种公共服务类应用形式。

目前，我国新媒体在网络应用的层面发展极为迅速，在整个世界范围内涌现出了阿里、腾讯、百度等竞争力极大的互联网公司。这些互联网公司无不具有用户量极其庞大、与个人生活密切相关等重要的特点，在不同的领域形成了富有竞争力的市场地位，比如即时通信领域，公众第一时间想到的是腾讯；在搜索领域，百度则毫无疑问地占据了头部位置；滴滴、美团等也分别在出行、餐饮等方面拥有了自己的市场份额，并且在互联网经济方面取得了极为骄人的业绩。

根据第47次《中国互联网络发展状况统计报告》:“截至2020年12月，我国网络购物用户规模达7.82亿，较2020年3月增长7215万，占网民整体的79.1%；手机网络购物用户规模达7.81亿，较2020年3月增长7309万，占手机网民的79.2%。”“截至2020年12月，我国网约车用户规模达3.65亿，较2020年3月增长298万，占网民整体的36.9%。”“截至2020年12月，我国网络支付用户规模达8.54亿，较2020年3月增长8636万，占网民整体的86.4%。”[①]但是，这种快速的增长，得益于中国基数庞大，且不断增长的网民数量，同样是这份报告显示，“截至2020年12月，我国网民规模达9.89亿，较2020年3月增长8540万，互联网普及率达70.4%，较2020年3月提升5.9个百分点”，不断增长的网民意味着对于互联网应用的不断需求，网民基数的庞大使得中国互联网企业基于“流量变现”的方式在“应用层”可以较为容易地获得巨大的红利。

同样，这些成绩的取得，大多是在网络的应用层面，也就是在影响公众的衣食住行，以及如何给公众提供更好的便利和服务层面。这种竞争甚至带来了一些负面的效应，比如大的互联网巨头对社区团购的“涉足”，就一度被解读为“与民争利”。2020年12月11日，《人民日报》评论的官方公众号发表了一篇名为《“社区团购”争议背后，是对互联网巨头科技创新的更多期待》的评论，就引发了广泛的热议。作者常盛写道：

> 这段时间，互联网巨头企业相继投入大量资源入局生鲜社区团购，“社区团购”成为互联网行业及资本市场热议的话题。各大互联网巨头企业利用海量数据、先进算法和雄厚资本，研究如何拿下社区的生鲜团购。在购物、打车、外卖这些热点之后，卖菜几乎成了互联网的又一个风口。
>
> 下沉社区终端，将线上流量与线下供应链整合，加大优惠补贴力度，用价格优势换流量，用户下单就能等菜上门……在“鹭鸶腿上劈精肉”的生意上发力，或许又是一个互联网通过商业模式创新改变生活的精彩故事。但舆论场上也有许多不同声音，除了对于菜贩群体利益深刻改变的讨论外，也有不少思考指向对大型互联网企业的创新期待。前不久，一些互联网技术公司运用前沿技术破解科技难题，这深刻启示

① 《第47次中国互联网络发展状况统计报告》，中国互联网络信息中心，2021年2月，http://www.cnnic.net.cn/hlwfzyj/hlwxzbg/hlwtjbg/202102/P020210203334633480104.pdf。

我们:互联网累积的数据和算法,除了流量变现,还有另一种打开方式,即促进科技创新。

今年以来,美国接连在芯片上制裁中国科技企业,攻克关键技术领域的"卡脖子"难题,成为举国上下的关切。互联网巨头拥有雄厚的财力、大量的数据资源、领先的数字技术,人们期待巨头们不仅能在商业模式上进行创新,更能承担起推进科技创新的责任。这不仅是为企业发展储蓄技术,也是企业的社会责任之所在。事实上,从阿里巴巴的达摩院,到百度的无人驾驶汽车,中国的企业日益注重向科技创新进军。在当今时代以及更长远的未来,科技创新能力,掌握关键领域核心科技的能力,成为国家竞争和长远发展的关键要素。如果只顾着低头捡六便士,而不能抬头看月亮、展开赢得长远未来的科技创新,那么再大的流量、再多的数据也难以转变成硬核的科技成果,难以改变我们在核心技术上受制于人的被动局面。

当然,互联网企业也有生存的压力,也需要获得投资回报,但科技创新并非要求企业不赚钱,而是把投资的存续期延长,不痴迷于急功近利、不热衷于短期变现,而能够在长周期视野下赢得技术变革带来的更大收益。中国 14 亿人口、4 亿中等收入群体构成了超大规模消费市场,这不仅为商业模式创新提供了沃土,更为科技创新提供了得天独厚的条件。超大规模市场,可以为科技创新产品提供广阔销路,从而摊薄科技创新的成本,如果我们的互联网巨头具有更多超越性追求,能够运用数字化技术探索未知、拓展人类知识疆土,再与超大规模市场结合,将会产生巨大的科技创新势能。依靠硬核科技,让企业站上价值链顶端,让国家竞争力、自主性更强,让人类的知识边界更大,不是更"香"吗?

习近平总书记反复强调,要把原始创新能力提升摆在更加突出的位置,努力实现更多"从 0 到 1"的突破。掌握着海量数据、先进算法的互联网巨头,理应在科技创新上有更多担当、有更多追求、有更多作为。别只惦记着几捆白菜、几斤水果的流量,科技创新的星辰大海、未来的无限可能性,其实更令人心潮澎湃。

(二)网络层面

由于我国人口数量众多,所以在网络使用上也拥有极其庞大的数字,网络已经成为人们生活的一个重要的组成部分。仅"在 2020 年 1 月到 12 月,移动互联网介入流量消费就达到了 165 亿 GB","截至 2020 年 12 月,我国网民的人均每周上网时长为26.2个小时”，这些数字都促进了我国数字社会的形成。在第47次《中国互联网络发展状况统计报告》中特别指出，我国已经成为全球最大的数字社会，占到了全球的五分之一：“截至2020年12月，我国的网民总体规模已占全球网民的五分之一左右。‘十三五’期间，我国网民规模从6.88亿增长至9.89亿，五年增长了43.7%。截至2020年12月，网民增长的主体由青年群体向未成年和老年群体转化的趋势日趋明显。网龄在一年以下的网民中，20岁以下网民占该群体在网民总体中的占比高17.1个百分点；60岁以上网民占比较该群体在网民总体中的占比高11.0个百分点。未成年人、‘银发’老人群体陆续‘触网’，构成了多元庞大的数字社会。”①

目前，中国的网络普及率已经排在世界前列。

（三）最核心的层面是设备层面以及核心技术层面

科技是第一生产力，在互联网领域，核心技术更是互联网发展的第一生产力。互联网被视为一次新的工业革命，与以往的工业革命不同，此次工业革命我国第一次站在与西方国家同等的起跑线上，并且已经在互联网的应用层面以及互联网基建等很多领域超越西方。这也引起了西方发达国家的警觉，在互联网的核心技术层面与我国开展着竞争。

互联网的核心技术包括芯片、操作系统等多个层面的内容。而这些不仅决定着包括网络安全在内的互联网运行的安全性，也决定着电脑、手机等网络硬件产品的生产质量情况，比如电脑芯片的生产一直对我国电脑硬件的生产起重要的影响。同时，互联网的核心技术也包括5G等通信技术，这说明互联网的核心技术不仅与经济有关，在信息化的社会中，更与国家信息安全密切相连。

习近平总书记指出：“互联网核心技术是我们最大的‘命门’，核心技术受制于人是我们最大的隐患。”②在当前，不可否认，中国互联网企业已经在核心技术层面进行着不断地努力，并且取得了一系列成果，但是值得注意的是，互联网对社会生活的改变依托生产技术与传播技术两条路径进行，两者之间相互影响、彼此促进。前者推动生产力发展，后者导致传播变局。然而，伴随技术的不断深入，网络世界竞争将逐渐从“社交”“视频”等“应用”层

---

① 《第47次中国互联网络发展状况统计报告》，中国互联网络信息中心，2021年2月，http://www.cnnic.net.cn/hlwfzyj/hlwxzbg/hlwtjbg/202102/P020210203334633480104.pdf。

② 习近平：《在网络安全和信息化工作座谈会上的讲话》，人民出版社2016年版，第10页。

面，朝着“大数据”等“技术”层面不断深入。核心技术也将成为此后互联网国际竞争的重要所在。比如，李彦宏就曾经提出，AI芯片是突破“卡脖子”技术的重要领域，同时又是一个高技术门槛和高风险投入的领域。能否在芯片等核心技术方面取得自主可控的技术突破，不仅将会对我国的信息产业产生影响，也将会对我国的信息安全产生重大的影响。

目前，中国新媒体发展所带来的利润增长迅速，对利润的追逐，也使得新媒体公司疏于核心技术的研发，最终导致在国际竞争中处于劣势。2020年，在中美贸易争端中，“芯片”所发出的警醒不断促使互联网企业加大对核心技术的关注。这也导致了一种情况的出现：“我国互联网企业已经由小变大、由弱变强，在世界舞台上开始占领一席之地。但事实上，与西方国家，尤其是美、日等发达国家相比，我国科技创新的基础还很弱，科技创新的水平还很低，科技创新的距离还很明显。”①

2018年5月28日，习近平总书记在中国科学院第十九次院士大会、中国工程院第十四次院士大会上讲话中就曾经指出，“实践反复告诉我们，关键核心技术是要不来、买不来、讨不来的。只有把关键核心技术掌握在自己手中，才能从根本上保障国家经济安全、国防安全和其他安全。要增强‘四个自信’，以关键共性技术、前沿引领技术、现代工程技术、颠覆性技术创新为突破口，敢于走前人没走过的路，努力实现关键核心技术自主可控，把创新主动权、发展主动权牢牢掌握在自己手中”。

这就要求我们，要做技术的创新，也要做核心技术的保护，比如说在新媒体的发展中，信息核心技术也包括“算法”等大数据技术，并且我国基于算法的实践也培育出了字节跳动等大的互联网企业。话语即为权力。在数字时代，话语权力的实现主要由互联网技术来完成。

二、新媒体成为“国家治理体系和治理能力现代化”建设的重要组成部分

新闻舆论工作关乎“治国理政”，关涉“定国安邦”。我们党历来重视新闻媒体的工作，究其原因，是因为新闻媒体本身是社会价值的传递者、凝聚者，基于媒体的话语表达不仅可以传递上层所需要和诉求的主流价值观，凝聚人心，实现对于主流价值的认同，而且可以通过积极的话语表达或者是舆论监督来激浊扬清，实现引导作用。

2019年1月25日上午，中共中央政治局就全媒体时代和媒体融合发展

---

① 岳爱武、张尹：《习近平网络强国战略的四重维度论析》，《马克思主义研究》2018年第1期。

举行第十二次集体学习，在习近平总书记带领下，中共中央政治局同志来到《人民日报》社新媒体大厦调研，并在人民网全媒体播控中心听取人民网总裁叶蓁蓁的讲解，还就媒体融合发展进行讨论。中共中央总书记习近平发表了重要讲话。在讲话中，习近平总书记提出，“全媒体不断发展，出现了全程媒体、全息媒体、全员媒体、全效媒体，信息无处不在、无所不及、无人不用，导致舆论生态、媒体格局、传播方式发生深刻变化，新闻舆论工作面临新的挑战”。面对新的技术，习近平总书记在此次讲话中还明确提出，“要探索将人工智能运用在新闻采集、生产、分发、接收、反馈中，全面提高舆论引导能力”。

技术影响话语。如同“印刷术推动了世界基督教的传播从而改变了世界”一样，人类每一个传播技术的改变，都会导致话语权力的转移，并进而引发现实权力的变化。伴随媒介技术对现代传媒业格局影响的逐渐深入，“技术赋权”也成为当下传媒界与理论界的热门话题。信息技术对于话语权力的影响主要表现在信息的采集、生产、分发及传播等多个环节，并在信息传播的效率、表达能力、公众的接受程度以及参与程度等多个纬度，实现了话语权力的重构以及再分配，从而不断影响和左右着现实话语权力的产生与实现。

传统媒体时代，媒体舆论引导作用的发挥多依赖于新闻记者自身的道德自律以及上层建筑的诉求。比如，邵飘萍等知名记者提出“铁肩担道义”的诉求。对于“道义”的追求往往取决于个体的自觉。而媒体运行的过程中，无论是新闻媒体的设立，还是新闻作品的发表，甚至是这些新闻作品能否产生影响力以及产生影响力的大小，都受到现实权力的多元影响。但是，在当前以互联网技术为主导的媒体环境中，“行政权力”开始受到“技术权力”的更大影响。网络技术赋予了网民发表意见、表达观点的更多可能，这些都突破了传统媒体的“把关人”效应，网络意见领袖具有了更大的影响力。因此，一时之间，“上访不如上网”成为很多人主张自己诉求时的第一选择。其根本原因在于新媒体实际上改变了社会的权力运行方式。这种改变首先是基于公众的话语表达而进行的，并使“上访不如上网”成为可能。这意味着在目前的社会环境中，媒体在权力运行中的作用，已经开始呈现出“权力的媒介”走向“媒介的权力”的特征。对现实社会的影响也兼具“行政问责”和“舆论监督”的双重力量。加之前面我们讲到的，社会的分层、分化已经使得社会的价值观更为多元，在网络赋予他们表达权的同时，也使得社会的价值观念变得更为复杂多元，如何凝聚全社会的价值，起到求同存异、共同发展的作用，这就要求我们要熟悉并学会运用新媒体的特点。从本质上来说，由于新媒体在社会权力的运行中已经开始起到越来越大的作用，因此，应该让新媒体不再作为单纯的信息传递工具，而应该让新媒体参与到社会治理中来。这是时代赋予新媒体的新的使命。

党的十九大报告明确指出，到2035年基本实现国家治理体系和治理能力现代化，到本世纪中叶实现国家治理体系和治理能力现代化。那么，如何实现这一目标，在2019年10月31日中国共产党第十九届中央委员会第四次全体会议通过的《中共中央关于坚持和完善中国特色社会主义制度 推进国家治理体系和治理能力现代化若干重大问题的决定》中，也做了明确的规划，其中要求坚持和完善繁荣发展社会主义先进文化的制度，巩固全体人民团结奋斗的共同思想基础，实现这一目标的重要措施便是："完善坚持正确导向的舆论引导工作机制。坚持党管媒体原则，坚持团结稳定鼓劲、正面宣传为主，唱响主旋律、弘扬正能量。构建网上网下一体、内宣外宣联动的主流舆论格局，建立以内容建设为根本、先进技术为支撑、创新管理为保障的全媒体传播体系。改进和创新正面宣传，完善舆论监督制度，健全重大舆情和突发事件舆论引导机制。建立健全网络综合治理体系，加强和创新互联网内容建设，落实互联网企业信息管理主体责任，全面提高网络治理能力，营造清朗的网络空间。"

这也表明，以舆论引导为主体、以全媒体传播体系为核心的网络工作，已经成为"国家治理体系和治理能力现代化"建设的重要组成部分。已经不能仅仅将新媒体看作是信息传递的工具，而是将新媒介环境中的舆论工作上升为国家治理的高度。对于新闻媒体的建设来说，基于媒体融合所进行的新型主流媒体建设是其中的核心路径。

【本章小结】

在互联网急速发展的时代下，媒介化社会的特征日益凸显，这无疑与个体、社会公共生活之间产生密切联系，相互影响，相互改变。甚至这种影响会改变社会、世界的格局和治理体系。每一种新兴力量的崛起都不容小觑，善于利用媒体、善于管理媒体，使媒体技术赋能于经济社会的文明、高速发展，将是新闻建设的艰巨使命。

【思考与训练】

1.新媒体与媒介化社会特征有哪些？

2.“网络问政”将给社会治理带来哪些影响？

3.新媒体对个体生活的影响有哪些？

4.新媒体在哪些层面影响公共生活？

【延伸阅读】

1.彭兰:《新媒体用户研究》,中国人民大学出版社 2020 年版。

2.方伟:《新媒体与社会发展》,文化发展出版社 2019 年版。

3.周翔、李镓:《网络社会中的“媒介化”问题:理论、实践与展望》,《国际新闻界》2017 年第 4 期。

4.刘帆:《媒介化社会下舆论治理的四种思维》,《青年记者》2021 年第 14 期。

5.张才刚:《5G 时代传播媒介形态演进的双重动力:技术变革与社会需求》,《中国编辑》2021 年第 7 期。

第八章　网络舆情与媒介素养

【本章概述】

新媒体对于舆论的影响，网络舆情以及所引发的媒介素养提升问题是其重要的表现形式。但是，这并非近年来的新生事物，而是与网络一起出现。可是，什么样的网络信息叫“舆情”？如何看待及应对这些舆情，将负面舆情引发的损失降到最低，将正面舆情的效应最大化，这都是应该关注的话题。当然，这也包括在自己的权益受到侵害的时候，如何在网上主张权利，同时不去侵害他人的利益。这都是网络舆情中应该关注的话题。因此，无论对于个人还是对于单位而言，网络素养都是媒介化社会中应该具有的新技能。

【知识结构图】

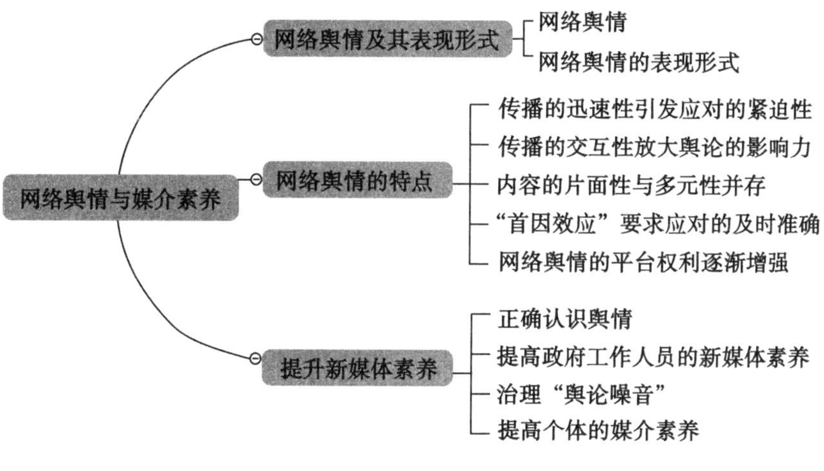

【学习目标】

- 学习什么是网络舆情。
- 了解网络舆情的表现特征。
- 掌握如何在当前的传播环境中提高媒介素养。

第一节　网络舆情及其表现形式

一、网络舆情

“网络舆情”实际上跟其他的“舆情”具有相似的特征，也是其中的一个表现形式。因此，要了解“网络舆情”，首先得了解什么叫作“舆情”。

“舆情”顾名思义，是“舆论情况”的意思，具体而言，是社会公众对于某一事件或者某一话题的评价以及反应，是关于这些“评价”“反应”的汇总。因此，有观点认为，“舆情是指在一定的社会空间内，围绕中介性社会事项的发生、发展和变化，作为主体的民众对作为客体的国家管理者产生和持有的社会政治态度”①。

那么，按照这种观点，对于舆情的理解可以围绕以下几个维度进行。首先，舆情是一定“社会空间”内的产物，也就是说舆情的发生、发展与一定的社会生产条件和社会生产关系密切相关。其次，舆情是公众对于事件发展过程的反应，也就是说舆情反映的是大众对于某一事件的“态度”。再次，舆情与“社会政治态度”密切相关，也因此任何国家、政府以及组织都十分重视“舆情”，这是其中的重要原因。例如，据说在商周的时候，中国就开始了“采诗”的传统，是为“国风”，而“兴观群怨”也关乎舆论。那么，用简单的话说，舆情就是群众的意见。群众的意见能够成为行动，因此，唐太宗李世民将民心比作“舟”和“水”的关系，并清晰地认识到，“水能载舟，亦能覆舟”。

舆论在不同的媒介环境中有不同的表现形式和传播渠道。《汉书·艺文志》载：“《书》曰：‘诗言志，歌咏言。’故哀乐之心感，而歌咏之声发。诵其言谓之诗，咏其声谓之歌。故古有采诗之官，王者所以观风俗，知得失，自考正也。”在古代，通过“采风”“采诗”，可以将民间的舆论搜集，经由采诗官上

① 吴义敏：《正确引导网络舆情，促进社会和谐发展》，《中共乌鲁木齐市委党校学报》2011 年第 1 期。

达国家，成为施政的参考。在中国近现代，可以通过报纸等传统媒体，经由记者的采访成为舆论，并受到国家的重视，能够改变社会的重要政策。例如，1980 年 7 月 22 日，《人民日报》《工人日报》等媒体报道了“渤海 2 号”钻井船翻沉的消息，并就此事发表了评论。这些新闻报道发出之后，在社会上形成了巨大的舆论，引发广泛反响。这也引起了国家领导的极大重视，随后在 8 月 25 日，新华社报道了国家对这一事件的处理决定，时任石油部部长被解除职务，主管石油工业的副总理也被记大过。

但是，无论是舆论的口耳相传还是传统媒体的报道，都有一定的优缺点。比如，这些舆论的传播速度慢，即使是经由“采诗”“采风”以及“采访”，等传播到国家之后，事情的发展可能到了另一种情形。同时，这样的报道也未必反映真实的“状况”，因为无论是“诗”还是“新闻报道”，都经历了采风人或者是记者的“转译”，而在“转译”的过程中，传播者们自身的价值观等主观因素会影响到传播的效果，这种效果可能会使信息更加权威、准确，也可能遭遇“扭曲”。当然，任何信息的传递都会经历被“转译”的过程，如果这一过程速度不快，就有可能在此过程中逐渐地对信息进行修正，而如果传播的速度快速，那么就可能会引发“后真相”的现象，从而引发一些负面因素。这也是互联网时代所面临的一些问题。

在互联网时代，传统舆情已经被网络舆情赶超，并有取代的趋势。由于网络自身的特点，也导致网络舆情出现了新的情况，这就要求无论是个人、企业组织还是政府部门，都要正视网络舆情带来的新情况、新问题，了解网络舆情的新特点。

那么，什么是网络舆情呢？网络舆情是新闻事件借助互联网的传播产生社会影响力的重要表现形式。网络舆情是传统舆情的一种表现形式，只是传播的渠道有所变化。比如，可以将网络舆情视为“由于各种事件的刺激而产生的通过互联网传播的人们对于该事件的所有认知、态度、情感和行为倾向的集合”①。随着网络技术的不断进步和发展，网络舆情的表现形式日益多样化，但大致表现为互联网新闻发布、新闻评论跟帖、网络论坛、个人博客、即时通信工具、电子邮件以及微博等诸多形式。时下，网络论坛、微博成为网络舆情的主要表现形式。

虽然“网络舆情”是经由互联网而传播的倾向集合，但是，网络舆情因为互联网的参与，也会具有自身的新特点。《人民日报》在 2011 年 6 月曾经发

① 曾润喜：《网络舆情管控工作机制研究》，《图书情报工作》2009 年第 18 期。

表标题为《“媒介素养”体现执政水平》的文章，文中提到领导干部要学会“新闻执政”，指出那些被各种信息和媒介包围的领导干部，亟须养成对突发事件的新闻敏感和价值判断，要学会新闻执政。否则，在网络舆情出现之后，介入迟缓或干预不当，不仅可能会“小事闹大，大事闹炸”，而且会消解改革发展共识，损耗政府“无形资产”，影响政府的公信力。《人民日报》的这篇文章已经将“媒介素养”当作领导干部的一项重要的能力和指标。执政能力，也包括对新闻的判断和网络舆情事件的处理能力。

二、网络舆情的表现形式

网络舆情以互联网为传播途径的同时，也因为互联网而呈现出新的特征。并且，伴随着技术的进步，网络舆情还会有更多的呈现形态及特点出现。这是媒介发展的必然。

具体而言，网络舆情主要有以下表现形式。

（一）互联网新闻

按照中国目前对于互联网的管理规定，大部分网络“媒体”没有自己的新闻记者，也没有采访权，更多的是传播平台，其新闻的主要来源依旧是传统媒体。但是，并不意味着这些互联网平台就没有互联网新闻的存在，就形不成网络舆情。

恰恰相反，目前很多互联网舆情来自传统的商业平台。一方面，在实际的网站运营过程中，这些商业互联网平台会“打擦边球”，虽然较少涉足时政新闻，但这并不妨碍这些互联网平台在财经、娱乐、体育以及其他相关版块中做出努力。不仅很多商业网站不顾国家的规定在各地设立地方“频道”，而且还经常以“××网记者”的名义进行“新闻采访”。另一方面，很多互联网平台在转载新闻的时候，为了提高点击率，通过修改标题等形式对原本没有问题的新闻进行“加工”，这也很容易误导读者。与此同时，虽然国家除了规定的主流媒体网站之外，并没有给商业平台以采访权，但是很多地方政府为了扩大自身活动的影响，在很多时候会对互联网媒体给予足够的重视，利用网络发布即时新闻，甚至是视频直播，与网民进行互动。

由于大多数网络新闻工作者并未受过严格的新闻训练，虽然这些新闻是经过“审核”而上传的，但依旧存在很多问题。有的问题是有意为之，而有的问题则是无心之过。但无论如何，都给舆论工作带来了被动。比如，2013年4月，有网友发帖称，四川某地政府网站发布的一则新闻配图经过PS之后，领导站在自己影子中间。该图片被网友发现后，在微博上广泛流传，引起了无数网友的调侃。不仅如此，同年2013年10月29日，网上一则“××市重阳节慰问百岁老人照片疑似PS”的舆论被炒得沸沸扬扬。这些问题的出现，极大地损害了官方新闻发布的权威性，也降低了党和政府的公信力。后来调查发现，很多是因为宣传人员觉得这样的照片“不好看”，为了美化当事人的形象故意做了图像处理，而自己的技术不过关，于是引发了舆情事件。但是，如何应对这些事件，则考验当事人及有关单位的智慧。

（二）新闻评论跟帖

对新闻的评论以及跟帖是网络舆情的重要表现形式之一。对于传统媒体来说，读者的互动指的是读者对于报道内容的街谈巷议和“编读往来”，即编辑和读者的互动，如果产生更大的效果和作用，则是权威机构和重要领导的评阅。而网络媒体的读者互动则有一部分体现在跟帖评论上，在微博等“产品”没有出现之前，这甚至成为某些新闻网站与同行竞争的“杀手锏”。

网络跟帖，已经有很长的历史。比如，早在2008年的年末，网易就曾经发起过一个叫作“无跟帖，不新闻”的活动。在网站制作的5分钟短片中，字幕上显示的是“这是一个关于互助和创造的新闻故事”“我们坚信无跟帖不新闻”“2009年，让我们继续一起做新闻！”结果自然是如网易所愿，在不到两个小时的时间里，网易的网民评论竟然盖起了一座4000层的“网易大楼”。网民所写的是，“愿意看两千条新闻回复的网民，根本不在乎再多回复两千条”“网易还知道啊，没有我们这些人才，就没有你们网易新闻出彩的地方”“靠，网易终于开始拍我们的马屁了”……

与网站的新闻引发的舆情不同，这些“跟帖”在一定程度上反映了网民的态度，而并不仅仅是一种特色的新闻互动以及将其作为增加用户黏性的手段和方式。有关部门应该去关注这些网民的留言，从中看出民意的趋向和社会舆论的走势。

（三）网络论坛

网络论坛最早反映舆情应该是在1997年。1997年11月2日凌晨，有个叫王峻涛的人化名“老榕”，一口气将自己与儿子看球的经历写成2000多字的文章，发到了四通利方的体育沙龙上。这篇《大连金州没有眼泪》的帖子贴出短短48小时后，点击量就达到数万，无数网民留言说：老榕让他们“热泪盈眶”。两周后，《大连金州没有眼泪》被《南方周末》全文刊登。编辑李戎在“编者按”中说，一周时间，他们的邮箱里收到了60多封读者来信，要求他们转载，不争气的中国足球就这样成就了后来“8848”的王峻涛。这代表了当时网民对于中国足球的民意。但是，论坛作为中国互联网第一种网民之间互动的媒介，反映的绝不仅仅是对于中国足球的不满。在微博这种新的媒体形式出现之前，论坛是中国网络舆情最为集中的地方。

天涯社区论坛一度成为中国影响力最大的社区。天涯社区成立于1999年，目前注册用户已经超过2亿。无论是“周老虎事件”还是“芙蓉姐姐”，都产生于天涯社区。在CCTV“2004感动中国”年度人物评选中，天涯社区《两所乡村小学和一个支教者》的主人公徐本禹脱颖而出，“从感动天涯到感动中国”，成为2004年度十大感动中国人物之一。2007年，天涯论坛更因“周老虎”事件而广为人知。此后，众多的舆论事件发端于此。

公众在互联网特别是论坛中发帖，一是为了顺利解决问题，特别是地方论坛，因为网民基本上都是当地民众，所以一些能够形成突发重大事件的苗头性信息，往往会最早出现。这样的网络舆情出现之后，如果不及时加以疏导和解决，仅仅采取“删帖”等自我欺骗的方式处理，往往会造成更大的损失，甚至会形成局部或者全国性的热点事件，有的甚至产生国际影响，问题的严重性超出事件本身。二是为了发泄情绪，这也可能会引发一些意想不到的舆情。比如，曾经在2016年春节期间成为热门话题的“上海女孩因一顿饭逃离江西”的帖文，最后也证明是虚假的。

网络部门：“上海女孩因一顿饭逃离江西”从头至尾都是假的[①]

中国江西网消息，春节前后，一条“上海女孩逃离江西农村”帖文成为网络口水的热点，江西无辜“躺着中枪”。2月20日，记者从网络部门获悉，“上海女孩逃离江西农村”事件从头至尾均为虚假内容。自称“上海女孩”的发帖者不是上海人，是某省一位已为人妇的母亲，她春节前压根没来过江西；而其后发帖回应的“江西男友”，只是话题的碰瓷者，与发帖者素不相识。

春节前夕，有网名为“想说又说不出口”的网友在上海某网站发帖《有点想分手了……》，称自己是上海女孩，春节前去“男朋友”家乡江西过年，被第一顿饭“吓一跳”而逃离江西。网帖春节期间在网上网下成为热点，转发不断、话题不断。但同时，许多清醒的媒体，如界面、澎湃

---

① 《网络部门：“上海女孩因一顿饭逃离江西”从头至尾都是假的》，澎湃新闻，2016年2月24日，https://www.thepaper.cn/newsDetail_forward_1434112/。

等已从照片、订火车票、返程时间等一系列细节推断出帖文存在虚假和欺骗性。

根据网络部门的信息梳理，发帖者“想说又说不出口”并非上海人，而是上海周边某省的一位有夫之妇徐某某，春节前夕与丈夫吵架，不愿去丈夫老家过年而独自留守家中，于是发帖宣泄情绪。而之后在网上自称“江西男友”回应的网友“风的世界伊不懂”，和徐某某素不相识。

南昌大学新闻与传播学院教授王卫明认为，网络从来不是法外之地，虚假内容的发布，基于虚假内容不加甄别而渲染社会情绪，损害的是社会的公信力，突破的是法律和道德的底线。

而当前，虽然因为媒体形式的发展，网络社区已经呈现出式微的态势，但是，以贴吧等形式存在的网络社区依旧是重要的舆情集散地。

（四）微博

虽然微博出现的时间比较早，但是微博在信息技术快速发展的迭代中，依旧是网络舆情的重要集散地。

微博可以看作是博客的互动版和移动版。博客最初的名称是“Weblog”，由“web”和“log”两个单词组成，按字面意思就是网络日记，后来喜欢新名词的人把这个词的发音故意改了一下，读成“we blog”。由此，“blog”这个词被创造出来。在国内，博客曾经有过“部落格”“个人网志”等各种翻译名称。但最后统一为“博客”。在我国，最早引入博客这一概念的是方兴东，他也因此被称为中国的“博客之父”。博客还有一个称呼叫作“自媒体”。它让个人系统发布信息成为可能，找到了某人的博客就可以系统地找到他所希望展示给公众的一切。这也让很多企业看到了建设自媒体的可能。

但是，微博的出现改变了传统媒体的传播形态，它甚至带来一场全新的媒体变革。在世界上，最早也是最著名的微博是美国的 Twitter。在国内，“微博”曾经并非新浪微博专有名词。从 2006 年 3 月 21 日 Odeo 内部项目 Twitter 上线，一直到 2009 年 8 月 16 日的 139 说客上线，国内的媒体其实一直在对微博进行探索。微博真正开始进入人们的视野是在 2009 年 8 月，中国最大的门户网站新浪网推出“新浪微博”内测版，新浪成为门户网站中第一家提供微博服务的网站。紧接着搜狐、网易、腾讯等门户网站也都推出了微博服务。从新浪推出微博之后，微博在国内一下拥有了巨大的访问量，并成为舆情的高发地带。当前，微博已经成为互联网上重要的舆情源。2011

年3月24日，中国传媒大学网络舆情研究所发布的《2010中国网络舆情指数年度报告》指出，2010年是微博年，微博一跃成为继新闻、论坛之后的中国互联网的另一个舆情源，并且后来居上，发展迅猛。学者张志安指出："微博在短短时间内已经成为公众获取社会资源的一个很重要的动员平台。"不仅如此，微博不断改变着传统的媒体传播机制，打破了传统的传播路径，正在改变着传统的媒介格局，给执政者带来了越来越多的难题。

除了以上几种网络舆情的传播渠道之外，即时通信的QQ、MSN以及电子邮件也因为其本身的便捷性和私密性成为重要的网络舆情传播渠道，也成为相关学者以及相关机构的重要研究和关注对象。

随着互联网技术的进一步发展，互联网舆情还将以更多的表现形式在更多的领域出现。同时，也还将在现实的生活之中产生更多的影响。

第二节　网络舆情的特点

随着新媒体的博兴以及由此引发的新的舆论生态，与传统的舆情相比，网络舆情呈现出新的特点。了解这些新特点、新趋势，成为应对网络舆情、构建和谐社会的良好基础。

一、传播的迅速性引发应对的紧迫性

由于网络打破了时间和空间的限制，即时性成为网络媒体的特点之一，这也是网络媒体之于传统媒体具有的绝对优势。网络媒体对新闻事件的报道相比传统媒介新闻报道，速度更快，范围更广，能够在短时间内引起受众人群的共鸣。事件一旦被报道，就会有相关网络舆情出现，这些新闻借助于互联网的传播速度，很快就会变得众人皆知，所以对待网络舆情要认识到其迅速性和紧迫性的特点。因为这种优势，对信息的封锁已经变得越来越不可能。

但是，在有些情况下，快速未必会带来最好的效果，"抢新闻"甚至会产生严重的负面效应。如果第一时间发布的并非正确的信息，舆情发生后，应该对其进行迅速地处理与应对，以免造成更大的损害。舆情事件发生之后，积极利用新闻媒体表达态度，与公众进行积极的沟通，是有关部门最基本的舆论应对原则。如果回避事件，不仅会失去在媒体上为自己解释的机会，也会进一步刺激事态的发展。

二、传播的交互性放大舆论的影响力

一直以来，传统媒体，如电视、广播、报纸，通常被认为是一种单向交流的渠道，即从发送者到接受者的单向流动。而随着互联网的出现、网络技术的发展，人们可以通过网络论坛、聊天室、MSN、QQ 等即时通信工具参与信息传播、新闻评论、讨论专题等网络活动。在这种情况下，网络"交互性"这一传播学概念也出现在公众视野，由传统媒介垄断的单向交流方式受到严重冲击。网络媒体新闻传播是媒体与受众、受众与受众之间的多向性、互动性传播。它形成的舆情也必然具有此种特点。

在互联网上，人们对于同一事件会基于不同的立场得出不同的结论，网民之间的相互交流以及观点的碰撞，会反映出世界的多元化和公众的真实想法，讨论得越广泛和深入，网络舆情就能够得到更加充分的体现。网络舆情的交互性还体现在政府与网民的互动之中，时下很多政府部门负责人越来越重视与网民的互动，因为在互联网上更能接触到网民的真实想法，能够在更大的限度内接近事实的真相。

传播的交互性所形成的病毒式的方式，也导致意见领袖在舆论传播过程中的作用越来越大。互联网的隐匿性导致现实生活中的"权威"所形成的影响力被削减，反而一些在传统的"主流媒体"中没有机会表达观点的人，可能在互联网上获得很多粉丝，他们的观点甚至能够左右互联网舆论的走向。这类人被称作"网上意见领袖"，也叫作"网络大 V"。根据人民网舆情检测室发布的《2013 年中国互联网舆情分析报告》，粉丝大于 10 万的微博用户被称为"大 V"，新浪微博、腾讯微博中，10 万以上粉丝的用户超过 1.9 万个，100 万以上的超过 3300 个，1000 万以上的超过 200 个。

"网络大 V"群体，一般由以下几类人员构成。首先是一批具有知名度和责任感，经常在网上发帖议论时事的作家、学者以及各方面的专家。这些人看待问题的观点犀利，本身就拥有一大批粉丝，在网络之中他们的能量被进一步放大。第二类是媒体从业人员。这一群体本身就具有极强的舆论表达技巧，也知道社会的热点和痛点所在，再加之这一群体往往能够获得最为前沿的消息，能够在互联网平台上及时发布信息，所以，他们往往能够拥有大量的粉丝，并形成强大的舆论影响力。第三类是一些律师以及公益机构的代表。律师有着对于某些事件的专业的观点、看法和认识，他们的观点在嘈杂的网络世界中可能会显得更加理性，更加能够让人们透过现象直达本质。同时，他们会在网络上公开表达对一些案件的看法，公开支援某些行为，为弱者提供公益性质的帮助。律师们的专业性和正义感让他们拥有了很多的粉丝，成为意见领袖。第四类是一些明星企业家。这些人在国内不仅仅是以企业家的身份出现，还带有青年导师的味道，他们在网络上发表的一些观点能够给青年人以激励和知识。此外，一些草根人物也因为某些事件在网络上成为意见领袖，拥有巨大的粉丝数量。他们也热衷于在网络上对事件发表观点、引领风潮，这些人也是值得关注的一个群体。

与此同时，每座城市都有自己城市的意见领袖，特别是在地方性的网站上，他们也起到了很大的作用。比如在青岛市，青岛新闻网和半岛网的博客、论坛、微博等领域中都存在着一些这样的群体，这群人不仅向网友传达各种信息，还对于当地事件发表观点和意见。虽然较之全国性的网站，他们的粉丝数量不是那么多，但是他们在地方论坛或者地方微博上的影响力是不容忽视的。

三、内容的片面性与多元性并存

首先，隐匿性是互联网的特点之一，这也造成了出于各种目的以及主客观的原因，让互联网的信息不会如传统媒体那样准确。每个人有不同的好恶，有不同的观点和看法，甚至有些网上发言是带有情绪化和煽动性的，这就造成了对同一个事件的不同描述和看法。言论的片面性会误导网民，使事情朝着有害的方向发展。

其次，互联网的信息是海量的，这也造成了不可能像传统媒体那样进行严格的审核，所以互联网上发布的信息必定有所偏差。互联网媒体上的大量新闻，是不可能做到对这些完全审核的，有些论坛、微博更是难以检测和控制，这也给错误的言论以存在的空间。同时，互联网新闻作为一种新型的媒体形式，经过短暂的时间迅速地成长起来，在这么短的时间内不可能如传统媒体那样形成规范有效的采、编、审发稿机制。传统媒体的舆情片面性会少一些，就在于有行之有效的管理机制和多年的经验。“围观”与经济相联系的“直播”，现在已经成了一种新的经济形态。热点新闻事件人物直播带货，草根网红打卡四方，主播们的流量生意风生水起，热热闹闹。直播本身没错，但是，任何行为都会有其正负两方面的效应。如果“围观”仅仅追求“流量”特别是“现金流”，那么这种直播就朝着负面的方向发展。例如，山东“大衣哥”村里一直无比的热闹，有“主播”为了跟他合影，各种闹剧频频出现，致使“大衣哥”的正常生活也受到了巨大的影响。再如奥运冠军全红婵。

全红婵的故事，对于很多“直播人”来说，又成了一个新的题材和热点，什么“年龄最小”“水花消失术”一系列的标签贴到了她的身上。于是，她家里又成了新的打卡地。巨大的流量似乎意味着巨大的利益，“主播”“网红”一边直播一边带货，严重影响了全红婵家人的正常生活，据媒体报道，一天至少有2000多人去她家打卡，有人甚至在下雨的夜晚还冒雨直播，大声吆喝……

面对这种状况，流量平台要监管，对此类视频不推荐不展示，直接下架。但是，只靠平台的监管是远远不够的，面对海量的视频数据，直播平台能管得过来吗？因此，要多管齐下，从源头抓起，从个人自身做起。只有每个人都对网络环境进行维护，才会使得正常的“围观”“直播”朝着健康的方向发展。否则，只可能会毁掉“直播”这个行业。

再次，网络舆情具有多元性。在世界上，因为记者价值取向、个人认知等的不同，所以会导致新闻媒体难以完整、真实地反映客观世界，实现完全的中立。在新媒体的环境中更是如此，由于网络是自由的，网民有权力发布个人观点以及对社会的意见、建议，这就造成了网民发帖的随意性。网络舆情涉及的主题范围极为广泛，话题也极其随意，没有人能预测到下一轮的网络热点。从目前的网络舆情主体来看，不同的人发帖有着不同的需求，因为网民上网的目的各不相同，关注的热点也各不相同。所发布的内容也会涉及各个方面，现在网上舆情已经涉及国家的政治、经济、生活、文化等各个方面，无一遗漏。同时，因为每个人价值观的不同，也造成了舆论的多元性。

比如，“躺平”作为网络热词走红于互联网空间。“躺平”来源于一篇《躺平即正义》的文章，被认为是对生活充满无意义和无价值的失落感，从而放弃奋斗的一种人生选择。虽然“躺平”论调称要主动“走向边缘”，依靠“低欲望”来“对抗内卷”“996”。但究其本质，这一论调的根本是不想承担社会责任的消极人生态度。网络虽然是虚拟社会，但是也会引发现实反应，百度指数显示，“躺平”在互联网平台的走势在5月份特别是自2021年5月23日开始，呈现出明显高速增长的态势。在微博平台，与“躺平”有关的帖子达10115958条，而这些帖子的内容大多呈现出消极的人生状态。

四、“首因效应”要求应对的及时准确

网络舆情的这一特征是由“首因效应”也就是我们常说的“第一印象”所形成的。日常生活中，我们会对第一次接触的事物有深刻的认识，并形成思维定式，以后尽管有了各种说法，但都会很自然地想到第一印象。

突发事件在产生之初更是如此。如果突发事件发生后没有及时发布权威消息，就会流言四起，那么，结果是很自然的，网民第一次看到什么就会相信什么，并且事件的传播也会按照最初的观点迅速地传播出去。

西方国家的公关专家通过研究定下了危机传播的反应时间。他们指出，现代媒体传播的速度迫使公关负责人必须在60分钟之内掌握整体情况，因为电子媒介的播音员往往能在几分钟之内播出消息，而这个最初的报道往往会定下稍后报道与评论的基调，造成公众的定式思维。作为事件起因的第一篇报道或者第一时间的陈述对于公众的影响是决定性的，最初印象对于后面获得的信息的解释有着明显的定向作用。① 有了这个第一印象和第一观点，即使是一个人后来又得到了新的资讯，推翻了此前的观点，但是他/她也可能不再对此发表反驳性的意见，因为这个时候大家都在按照此前的既定观点发表各种见解。一个人如果在人群里发现自己的观点与众不同，可能就会选择沉默，那么，错误的观点就会得到越来越多的传播。

互联网上更是如此，一个正确的观点很可能会被淹没在网友口水形成的汪洋大海里，越是辩解可能越会受到更多的责难，特别是当网络上“意见领袖”们的观点受到网民一片追捧的时候，想发表不同观点的人可能就会更沉默。因此，很多人就会觉得反正事不关己，还是不要争论的好。于是，在这种情况下，谎言和谣言就会得到进一步的传播。

五、网络舆情的平台权力逐渐增强

在新的媒体环境中，在网络舆情的各种作用力中，新媒体平台的“权力”逐渐增大，这是当前舆论工作面临的一个显著特征。当然，从本质而言，这是舆论工作从“行政赋权”到“技术驱动”引发的必然结果。以“舆论”工作中的新闻评论为例，传统意义上，新闻评论话语权的行使，带有浓厚的行政赋权色彩。“新闻评论”也因此在一定意义上被视为是上级意志的表达与传递，相对于其他新闻体裁具有更高的权威性。特别是“社论”这种高规格的新闻评论，不仅被解读为媒体态度的表达，更被视为其主管、主办单位的态度。但是，在新的传播环境中，技术权力不断上升，新闻评论面临着从“权力的媒介”向“媒介的权力”转型，与之相对应，新闻舆论引导力开始从“行政赋

---

① 参见叶皓：《突发事件的舆论引导》，江苏人民出版社2009年版，第34页。

权”“话语驱动”向“技术驱动”转变。

特别值得关注的是，近年来商业媒体平台借助经济与技术的双重优势不断强化自身平台建设，话语能力持续增强。在经济上，商业平台通过补贴等多种方式刺激用户内容生产，让内容创业在商业资本的驱使下一度成为资本的新风口。在技术上，商业平台依托技术力量，满足了“用户”对评论表达的需求。这不仅带来信息传播形式的变化，也形成了新的话语能力聚集方式，成为公众获取新闻、表达观点的新兴渠道。这些活动都使得传统媒体在公众日常新闻获取中占比大幅降低，这最终导致传统媒体通过获取“公众信任”形成话语权力的能力日渐削弱。

话语权力主体多元导致社会舆论场日益复杂。伴随媒介技术对传统编辑终审权的突破，社会公众基于评论表达形成舆论热点。在社会权力的运行过程中，由行政权力导致的“政治问责”与媒体舆论导致的“公众问责”交织并行，致使在中国社会治理体系的构建过程中，舆论环境变得更为复杂。因此，对于主流媒体而言，发挥好舆论引导功能，不只是一种“应然”，而是应成为一种“必须”。

第三节　提升新媒体素养

一、正确认识舆情

（一）网络舆情没有好坏只有真假

“舆情”只不过是公众舆论情况的意思，而公众舆论就其本身而论，难以说是好还是坏，是正面还是负面。有些“负面新闻”，在公众看来可能是一件大快人心的事情，比如，玩弄公权、贪赃枉法的人被报道以及被处罚，这是对人民的负责，也是对政府形象的维护，对于增强党的凝聚力有着很好的作用。再比如，对于产品质量的报道，在一些假冒伪劣的生产商那里，新闻媒体的曝光简直是坏透了的新闻，但是对于消费者来说，这是很好的新闻，让他们增强了辨别意识，以后可以少买假冒伪劣产品。而对于整个行业来说，这也能促进行业自律，提高行业的整体质量。

比如，有网友曝光某房地产开发商对公开摇奖进行造假。某房地产开发商宣称公开摇奖，最后的结果是，获奖者都姓魏，并且连着5个中奖者手机号码都一样，这种赤裸裸的造假已经对消费者构成欺骗。这种欺骗的结果被网友揭穿放在网上后，对房地产开发企业来说无疑是一种负面舆情。这种舆情对于房地产开发商来说是一种被动，也让他们非常难堪，但是对于消费者而言，这却是对造假行为的揭穿。如果这家房地产开发商以这次网络曝光为戒，加强内部管理，增加企业运营透明度，就会使这次危机舆情成为提升公司形象的良好契机。

（二）正面舆情也是舆情

依照公众的日常习惯，被称作舆情的一般是“负面新闻”，而那些正面新闻就不被称作是舆情，其实这是一种错误的认识。舆论本身不仅有对假恶丑的揭露鞭挞，更有对真善美的表扬和称赞，有对不法行为的舆论监督，更有对正能量的大力弘扬。所以，对于舆情也要重视其正面的一面。如果对于正面的舆情处理不当同样会失去其应有的作用。比如由网友发起的爱心行动，出现在网络上也是一种舆情。同样要学会适当的鼓励和引导。山东青岛的市民肯定会对“微尘”和“红飘带”这两个词语十分熟悉。无论是“微尘”还是“红飘带”，最初都是市民自发的爱心行动，但有了政府部门的支持、配合与倡导后，就成了青岛的公益符号，并且正在影响着越来越多的人加入爱心的队伍中来。这就是重视正面舆情所产生的正面效应。

二、提高政府工作人员的新媒体素养

（一）学会使用新媒体，做到有针对性的传播

在媒介发达的今天，特别是在互联网所代表的新媒体发展的态势下，受众的参与度也得到了提高，传播也呈现出海量传播和多层传播的诸多特点，在这种形势下，更要注重传播的效能和效果。英国学者伯特兰·罗素(Bertrand Russel)在其《权力论》中讨论“支配舆论的权力”时认为，“宣传只有与被宣传者所关心的某件事和谐一致，才能成功”[①]。在当前的社会深度转型中，利益的深度调整引发舆论空间中的热点多、大事多、分歧也多，与此相随的是价值离散所产生的认同撕裂也就越大。但同时，技术赋权所导致的舆论杂音甚至是噪音经由不同的传播途径被不断放大，则会形成不同的话语导向。

---

① [英]伯特兰·罗素：《权力论》，吴友三译，东方出版社1988年版，第113页。

应该注意的是，在公众媒介发达的今天，公众的媒介选择权在自己手里，“遥控器”在自己手里，如果得不到有效的信息，或者被传达的方式过分生硬、僵化甚至是千篇一律的说教，就引起公众的反感，很快就会被“换频道”。所以，无论是领导干部还是党的新闻宣传工作者，要创新传播的形式、业态，针对不同人群，分别传播。要知道不同媒介的受众是谁，传播的内容是什么，从而改变传播方式、调整传播策略。即使同一事件，也要分清楚是接受党报的记者采访，还是都市报、晚报等生活媒体的采访，抑或是新闻网站甚至是公众号的访谈，这些都要根据不同的受众有所区别。通过多层次、多角度、多媒体的传播，能够形成舆论矩阵，产生良好的传播效果。一方面，要创新表达方式，增强叙事能力。根据第 45 次中国互联网发展报告，短视频用户增长极为迅速，与 2019 年 6 月发布的第 44 次互联网发展报告相比，短视频用户增长了 1.25 亿人，上升了 10.7%。这表明，移动化、视频化已经成为网民接收信息的主要形式。舆论产品的载体和呈现形态比以前更为多元，伴随网络传输速度的快速增长和网络技术的进步，特别是 5G 时代的到来，“社会主要交流手段将从书写文字转为视频语言，短视频与中长视频将成为 5G 时代人机传播内容最主要的表达方式”①。这也是主流媒体重夺麦克风，抢占舆论场的必由路径。另一方面，在语态上，采取情理共融的表达策略。从“宣传”到“舆论”的思维转变意味着在评论的话语表达上要改变单向的话语表达方式，趋向情感模式的话语表达。特别是伴随着“移动优先”的媒体融合，新闻评论语言的年轻化、口语化成为趋势，大量的网络词汇涌入日常的话语交流。如《新闻联播》在其新媒体衍生栏目《主播说联播》中也使用“老铁们”等网络词汇。但是，这并不意味着在把关人缺位的新闻评论表达环境中，事实为情绪淹没、理性为焦虑替代，以致新闻评论演变为语言暴力的浅层次表达，而不断降低主流媒体新闻评论的话语权威。

（二）增强风险意识，利用新媒体抢占舆论阵地

新媒体舆情具有“首因效应”的特点，在敏感问题或突发事件发生后，相关单位或部门就要第一时间予以回应，及时发布权威消息，及时澄清公众疑虑，否则就可能会流言四起。这要求做到以下三点：首先，信息必须第一时间发布并且准确、公开、透明，给谣言没有生存的空间；其次，对待错误要主

① 喻国明、杨雅：《5G 时代：未来传播中“人—机”关系的模式重构》，《新闻与传播评论》2020 年第 1 期。

动更正，对待质疑要即时回应；再次，对网络舆论要及时、主动引导，但不要过度“管制”。

受到传统观念的影响，很多人在突发事件的处理过程中，也想通过媒体来发布自己的声音，引导舆论，主张权利。但是，在具体的操作过程中，对记者采取限制的措施，在突发事件中对媒体的“管制”，特别是对处于事件现场的媒体进行“管制”会取得相反的效果。还要注意的一点是，在事件的发生过程中，要注意发挥主流媒体的作用。在事件发生后，可以第一时间通知主流媒体发布信息，这样有利于增强信息的可信度。在事件的采访中，如果不能满足所有记者的采访，也要首先允许主流媒体和影响力大的媒体的记者参与采访。

在领导干部处理突发舆情的过程中，还要注意的一点是，对待媒体失误，要怀“宽容之态”，特别是在涉及官员个人行为的新闻舆论的过程中，要慎用公权力，否则，会引起更大的舆论反弹，适得其反。此时，应该学会坦然面对，认真回应，做到有理有节有据，用事实说话，才会起到意想不到的效果。2015 年，青岛市民政局的有关领导就遭受了一场舆情风波，网友在军魂网发帖，称青岛市民政局有关领导在陪同烈士家属到云南扫墓的过程中，一路游山玩水，甚至在烈士陵园下，“某局长竟然下车在路边等着，不上山吊唁革命烈士”。舆情发生后，青岛市民政局有理有据地对此进行了回应，将所去的地点、原因以及行程开诚布公地进行了公开，并指出了网帖中的错误信息。回应的语言风格平易近人而不是咄咄逼人。回应发出之后，取得了良好的效果，不仅没有因为网友的质疑而引起舆论风波，反而赢得了公众的好感。

（三）正确应对负面舆情，化危为机

负面舆情处理好了也能极大地提高自身形象，网络舆情不等于网络危机。“人非圣贤，孰能无过”，人都是会犯错的，即使是圣贤也会如此，更何况是普通人呢？但关键问题在于犯了错误之后的态度，是推诿扯皮，将错就错，还是坦诚面对，知错就改？其实，即使有了负面新闻，公开透明地坦然承认错误，并且积极去补救，一样可以赢得公众的称赞和信任，一样可以树立良好的公众形象，而不能将错就错，为自己的错误百般狡辩。“知错能改善莫大焉”，如何维护公众形象，就看如何处理，所有的主动权都掌握在自己的手里。实际上，任何危机都是人的危机，任何舆论危机都是人的舆论危机。

舆论危机一般都是个人的错误所造成的，和做人要坦诚一样，这个时候要勇于承认错误，要敢于担当，那么公众才有可能会原谅。2011 年最为知名的舆论危机事件是四川省会理县政府网站的领导照片 PS 事件。后来，这一事件被《中国青年报》称之为“政府危机公关的一个非典型样本”。

事件的大体经过是这样的：2011 年 6 月 26 日晚 8 时 56 分，有网友在天涯发帖，内容为四川省会理县政府网站领导照片造假，照片显示三位当地官员好像是悬浮在一条新修马路的上方。这是一张很明显的 PS 照片，并且照片的 PS 技术显得很业余，领导好像是悬浮在上空。事后大家才知道，这是当时几名当地领导去视察一条新开通的公路，当地的宣传人员觉得背景不好看，就直接合成了一张照片。没想到技术不过关，被网友揭穿，并被上传到了网上。这给当地造成了极大的负面效应和“网络舆论危机”，网友们开始竭尽全力地恶搞这张照片，一夜之间，县长李宁一、副县长唐晓兵等三位领导的头像被 PS 成各种式样，有站在同时期的网络红人郭美美的豪车上的，有与奥巴马一起抓捕本·拉登的，有站在南方洪水中深入抗洪第一线的，还有到太空空间站视察的……一时之间，这三位会理县领导周游了列国，实现了时空穿越。作为领导干部肯定是很注意自己的形象的，如此一来，这些领导们可谓是“一帖成名天下知”，对他们形象的负面影响，是可想而知的。

所以，按照惯常的理解，事件往往会是下面这样的发展方向。首先想到的是删帖，想尽一切办法“占领天涯”，找公关公司，花钱消除影响。同时，很可能会宣布这事是“临时工”干的，不是工作人员干的，并且很可能会开除相关人员，以示对这种事件的重视。更甚一点，可能会恶狠狠地对媒体表示“威胁”，来个诉诸法律什么的。

但是，会理县没有这么做。第二天他们就在官方网站发出了《向网络媒体、各位网友致歉信》。

道歉信称：

我是会理县政府办的一名工作人员，根据安排，我于 6 月 15 日下午跟随县长李宁一到黎溪工业园检查通乡公路建设和烤烟生产等工作，在黎溪工业园黎洪乡与先到的副县长唐晓兵一行会合，当晚 9 点来钟才返回县上。按照政府网站信息宣传需要，工作中我拍摄了一些领导工作照片用于图文信息宣传。2011 年 6 月 16 日，在政府网站刊载信息时使用了3张照片，由于1张照片有光照、角度、背景杂乱等效果不佳的问题，故在使用时对该张照片做了拼接、修改，造成照片失真，带来了不良反应和影响。

在此我谨向各有关网络媒体和广大网友表示深深的歉意，恳请谅解，并保证在今后的工作中绝不再发生类似情况。

同时，这封信也发到了天涯上，并且开通了当地的实名认证新浪微博。第一条微博就说："由于我县工作人员的失误，在政府网站上发表了一张PS过的照片，他对于新闻真实性的理解有误，使得我县在网络上受到了更多的关注。在此，会理县政府对于广大网友的关注表示理解，并希望对此事道歉，并澄清。"

这封道歉信和道歉的微博得到了广大网友的理解，既没有推诿，也没有抵赖，更没有声称"这不是我们干的，这是临时工干的"，而是积极承认错误，并且道歉的语气也很诚恳，这是网友们从极度的讽刺、挖苦这一事件到表示理解、原谅甚至称赞当地政府的态度的一个重要原因。有网友甚至称，"知错就改，会理县政府好样的"。

不仅如此，还有一个ID为"会理县孙正东"的微博在新浪出现。这个至今没有认证的微博称，"感谢全国热心网友，让会理县领导有机会在短短的时间内免费'周游世界'，'旅行'归来后，领导已回到正常的工作轨道，也希望网友把关注的焦点，转移到会理这座古城上来。会理是座有着两千多年历史文化的古城，也是古南方丝绸之路的重镇，看看@阿卓志鸿 镜头下的美丽的会理吧，绝对没有PS哦～"。

这两个新浪微博账号不仅对事件进行了道歉，还发布了一些当地的风光。有网友称，"会理很漂亮，不要为难那个工作人员了，如果不是因为他，我还不知道中国还有这么美的一个地方呢，休年假的时候我要考虑去会理旅行了，哈哈"。坏事因为当地的坦荡成了好事。

在风波发生的第二天，会理县委宣传部外宣办副主任张永志就对媒体表示："这个事，很容易让人联想到政府形象、工作作风，县长比较看重这个，所以一再要求我们绝不能藏着掖着，一定要正面回答人家，真相是什么就回答人家什么。"这是一种很坦诚也很真实的态度，否则，隐瞒真相，信口雌黄，说得再好听也没有用。

时间远去，尘埃落定，公众的注意力也会逐渐转移。会理县已经淡出了网民关注的视野，但这一政府危机公关的事件应该不会被忘却。就此事，全国政协委员、《人民日报》高级记者詹国枢在其新浪微博对此事发表了两点见解：

《会理启示录之一：正视》：6 月 16 日，会理县政府网发出一张 PS 过的县领导考察图。被网友识破，在新浪微博引起围观，酿成风波。6 月 27 日，会理县政府立即在新浪开通微博，公开回应："由于我县工作人员的失误，出现这一错误，对于广大网友的关注表示理解，并希望对此事道歉。"正视而不回避，上策也。

《会理启示录之二：致歉》：就在开通政府微博同一日，微博刊出了 PS 照片制作者——县政府工作人员孙正东的一封致歉信，详细说明了 PS 照片的原因和经过。孙"谨向各有关网络媒体和广大网友表示深深的歉意。恳请谅解，并保证在今后的工作中绝不发生类似情况"。真诚致歉，化解矛盾，引起同情。

这两条启示录中，事不避难，义不逃责，值得很多人深思。同时，会理县对这次网络舆情的正确应对，也给其他地方类似事件的处理，提供了有益的借鉴。

三、治理舆论"噪音"

在对网络"噪音"的治理中，除了要做好对舆情的研判，对违法信息进行及时处理，并且在这一过程中，既要维护个人权利也要保持适度的容忍，以构建良好的网络舆情生态。除了这些要求之外，还需要在实际的工作中注意以下两点：

（一）从敏感到敏锐，寻求路径创新

当前，基于大数据等技术，对负面信息的处理速度较之以往有了巨大的进步。但是，在处理这些问题的时候，有些时候方式方法未必正确，甚至有的管理者一删了之。这种行为不仅没有"消灭"负面舆情，反而使得舆情愈演愈烈。这就是没有处理好"敏锐"和"敏感"的关系。这两个词语虽然只有一字之别，但在效果上却相差千里。"敏锐"是理性的，指的是对新闻事件引发舆情的洞察和果断而恰当的处理，目的是寻求"认同"、实现"共赢"。而"敏感"则是感性的，并有着"过度"的意味。比如对热点事件、突发事件中言论尺度的把握上，与传统媒体的"敏锐"不同，"敏感"所导致的"锯箭思维"在处理公众言论表达中，具有不同的口径与尺度，如果没有对公众情绪的准确

判断与适当的引导,而是简单粗暴地采用删帖、屏蔽关键词等技术手段与现实手段进行言论的规制,则不仅不会减弱"不和谐"观点的声调,反而会因为对言论的过分干预而进一步引发与刺激公众产生更大的逆反情绪,并导致进一步地价值撕裂,影响"认同"的实现。这种过分"敏感"的言论应对行为,导致原本存在的沟通可能性彻底减小为零。

(二)从显性到隐形,实现权力掌控的范式转换

虽然技术无意识,但对技术的使用却是有意识的行为。互联网空间中公众意见表达所形成的对抗性新闻评论很大程度上是对现实社会的应激反应,这些网络新闻评论会在虚拟空间中被无限放大,并对现实权力产生影响。但这也意味着不同利益群体或个人可以出于经济、政治等不同目的,利用自身的技术优势,以网络评论等形式,制造公众恐慌。近年来,此类事件时有发生。通过法律、法规、政策等多种手段,对新闻评论所引发的舆论偏向进行矫正,减少舆论噪音对新闻媒体话语效力的消解,这既是传媒治理的职责,更是增强主流媒体引导力的应有之意。但这一过程也日益隐性,面对经由技术权力所导致主流媒体引导力的异化,一方面对技术的规范要与对人的规范同步,而另一方面对技术平台的话语引导,则要减少采用"关停"等易于引发对抗性话语和行为的方式,而是通过更为多元的管理方式,推动这些新兴平台的新闻评论保持正向度的话语指向。

四、提升个体的媒介素养

(一)做好自己的"把关人"

在传播学上,有一个概念叫"把关人"。意思是传统媒体时代,公众看到的信息是经过一些人"把关"了的。但是,新媒体技术的出现改变了这种状况,每个人都有了在社交媒体上表达的机会与"自由"。"键盘侠"们真的代表正义吗?有的时候还真未必。消费公众情绪,换取的不仅是自己内心的快感,可能还有对"利益"的渴求。挟"正义"以令网民的键盘侠们自然是没有什么损伤的。只是,网络世界可能会更加混乱。

在人人都有麦克风的社交媒体时代里,虽然技术赋予了个体更多权力,但个体也需要为自己的言行"把关",这不仅是网络时代的媒介素养,也是最为基本的个人修养。

(二)提高自己的鉴别能力

社会的存在变得更加多元,那么价值观多元的背后,也因为资本的介入,使得网上的舆论并非完全如所见以及表面所理解的那样。有些时候,有些个体会假借网络舆论来左右视听,以谋求自身的不当利益。以追星为例,偶像的存在,自古皆然。只是,前些年这种行为被称之为"追星",但最近被称为"饭圈"。这并非称呼的简单改变,在行为上也有不同。"追星"往往只是一种个体的行为,可"饭圈",作为一个群体,不仅受到资本的裹挟、平台的推波助澜,也在不断刷新公众的认知。

"饭圈"就是"粉丝圈"的意思。如果粉丝效仿那些正能量的偶像,倒是一种可取的行为,亦可成为社会或个体源源不断的精神力量。但是,如果被效仿的"偶像们"是一些浑身劣迹、私德堪忧的个体,他们不断刷新公众认知底线的行为不仅没有受到网络平台的限制,反而成为炒作的热点,甚至因此而迅速成为"顶流",那么,这种现象就不仅让人匪夷所思,更让人感到惊悚和警惕。虽然我也会把粉丝们"劫狱"等截图当成一个玩笑,但是,这背后的一些行为却着实让人倒吸一口凉气。比如,高度组织性、极端化的"饭圈",已经不再是个体对于偶像的"热爱"那么简单。高度资本化、娱乐产业化的"饭圈",其组织之严密、行为之一致的背后,所隐藏的不是单纯"热爱",而是对资本利用互联网平台的过度追逐。

虽然,现在的公众生活已经越来越多地受到互联网的深度影响,但是,任何技术的进步都会有两面性。网络社会中,流量明星们的出现,可以被看作是公众在互联网平台上在"用鼠标投票"。然而,技术是可以被"利用"的,资本对"明星"们不加选择的加持,其目的是为了"流量",网络平台的推送甚至是炒作,也是为了"流量",而"流量"的最终且根本目的则是为了利益。否则,一个满身污点的人怎么可能成为所谓"顶流"呢?那么,又是谁在信息的推送过程中选择性地突出这些"顶流"呢?只能说是对利益的追求,导致许多人不顾公序良俗和社会公德。而在这种行为中,粉丝们却不自觉地成为别人敛财的一种工具。

如果不理性地"追星",不对网络上的信息加以辨别,那么,很可能成为被资本收割的"韭菜"。当然,对于平台来说,科技向善,从来都不能仅是一句口号。

【本章小结】

网络舆情是新闻事件借助互联网的传播产生社会影响力的重要表现形式，是传统舆情的一种表现形式，只是传播的渠道有所变化。具体而言，网络舆情主要有互联网新闻、新闻评论跟帖、网络论坛、微博等表现形式。与传统舆情相比，网络舆情呈现出了新的特点，促使我们正确认识舆情，在当前的传播环境中提高新媒体素养。

【思考与训练】

1.网络舆情主要有哪些表现形式？

2.与传统舆情相比，网络舆情呈现出什么新的特点？

3.如何在当前传播环境中提高新媒体素养？

4.政府工作人员如何提高媒介素养？

【延伸阅读】

1.喻国明、李彪：《中国社会舆情年度报告(2020)》，《现代传播》2017 第 6 期。

2.南长森：《社会舆情传播的运行机制及其演进规律》，《现代传播》2017 年第 6 期。

第五篇　创新与创业

媒体世界改头换面。

——尼古拉·尼葛洛庞蒂

第九章　新媒体产业

【本章概述】

随着技术的革新与发展，通过手机、移动设备等数字终端来接收和传播信息已经成为人们的时尚选择，新媒体也从“有线”向“无线”进行延伸和拓展，新媒体产业作为文化、科技和经济深度融合的产物，以其独特的产业价值取向、广泛的覆盖领域和快速的成长方式，现已成为衡量一个国家或城市综合竞争力高低的重要标志。新媒体产业是以信息和数字技术为主导，以大众传播理论为依据，将信息传播技术应用到文化、艺术、商业、教育和管理领域的技术与艺术高度融合的产业形式，是在以“体验和共享”为标志的新经济形式下，由文化创意产业、信息产业、传媒产业相融合产生的一种新型的产业形态。当前，数字动画、游戏、数字影视、数字出版、网络广告等数字媒体技术得到了飞速发展，并促进了以新媒体技术与艺术为主要支撑的新媒体产业的发展。

厘清新媒体产业的基本定义、产业特征、运营模式，以及研究新媒体产业的发展现状与未来发展趋势，既需要科学合理进行多学科整合，又要紧扣时代脉搏，从中外新媒体产业发展的实际出发，理论联系实际展开论述。

【知识结构图】

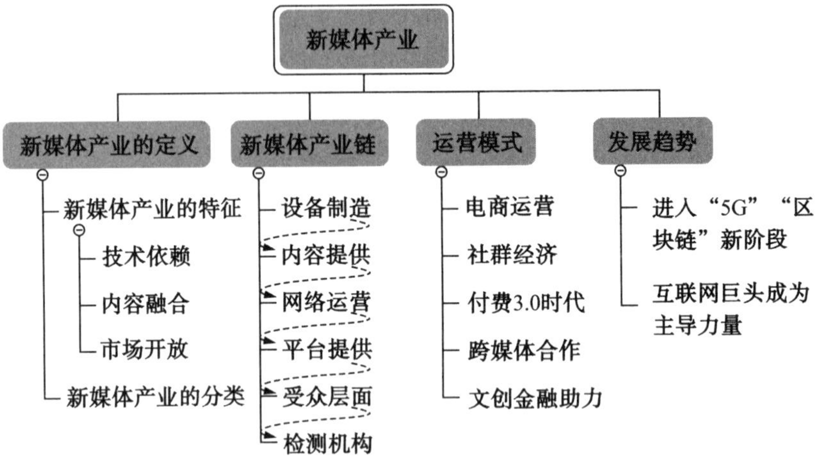

【学习目标】

- 掌握新媒体产业的基本定义与特征。
- 对我国新媒体产业的运营模式以及发展现状有一定的认知。
- 结合本章内容,对我国新媒体产业的未来发展趋势进行思考。
- 思考新媒体产业在我国发展中遇到的问题以及解决办法。

第一节　新媒体产业的定义与特征

新媒体产业是融入全球信息产业浪潮,以计算机技术、电子通信技术、数字广播技术和云技术等高精技术为主导,融合报纸杂志广播电视内容,开启的电脑、手机、车船、楼宇广场和航空航天等各种各样新媒体终端的新兴产业形态。新媒体产业既包括新媒体内容产业、新媒体载体产业、新媒体广告产业、新媒体营销产业、新媒体服务产业和新媒体融合产业,还涵盖了新媒体制造产业以及新媒体延伸产业。

一、新媒体产业的定义

目前，研究新媒体的角度多种多样，新媒体产业也成为一个热门词，针对新媒体产业的定义与外延一直没有一个公认的权威概念。综合各路专家学者的研究，根据新媒体的基本业态和我国文化产业发展的实际情况，我们可以从两个方面定义新媒体产业。

一是新媒体产业是信息产业。在我国，新媒体产业是新一代信息技术产业，划归到新兴文化业态，属于文化产业范畴。2009 年，国务院颁发的《文化产业振兴规划》第七条"发展新兴文化业态"已经明确了新媒体产业在我国文化产业中的特殊地位，这就需要按照我国文化产业发展的整体布局来规划和发展新媒体产业，需要国家网络与信息化办公室、国家发展改革委员会、工业和信息化部、文化和旅游部以及国家广播电视总局等部门的通力协作。业界和学界必须通晓新媒体产业的基本属性，按照文化产业的理论来建构、创造和发展新媒体产业理论。

二是新媒体产业是高精技术主导的融合产业，集中体现在传统媒体与电信通信技术的融合。全世界各个国家和地区早在 21 世纪之初，就开始了媒介融合的尝试和新媒体产业探索。2000 年 1 月 10 日，世界上最大的互联网服务公司美国在线和世界上最大的传媒公司时代华纳宣布合并，合并后的美国在线-时代华纳公司成为集融媒体、娱乐和通信为一体的世界新媒体产业巨头，公司市值高达 3500 亿美元。2006 年 6 月 8 日，中国移动和凤凰卫视结成战略联盟，共同开发、推广和分销移动内容、产品、服务和新媒体应用。我国推广的"三网融合"以及媒介融合产业发展大计，都是当下和未来新媒体融合产业的重要组成部分。

每一代通信技术的发展进步以及跨平台融合，都在助力新媒体产业急剧增长。2G 时代，新媒体内容产业局限于图文传播，产业链相对短小单一。2008 年，中国电信运营商重组之后，中国移动、中国电信、中国联通都成为全业务运营商，基于固网的互联网业务与基于移动通信网络以及目前的 3G 网络移动互联网业务之间的相互融合步伐进一步加快。在 3G 以至 4G、5G 时代，各种智能终端不断被设计制造出来并得以广泛应用，移动互联网业务已经成为全球移动运营商发展的重点，是新媒体产业的新生力量。[①]

---

① 参见杜振华、曾静平：《3G 发展的动力源及其与文化创意产业的融合》，《移动通信》2008 年第 1 期。

根据国民经济的一般分类，新媒体产业包括新媒体出版、广告业，如知识产权、电子出版物等服务类产业，属于第三产业。在工业发达国家，继第一、二、三产业后，把信息产业作为所在产业核心的新兴产业群，称为第四产业。我国对信息产业分类没有统一的模式，一般认为包括七个方面：一是微电子产品的生产与销售；二是电子计算机、终端设备及其配套的各种软件、硬件的开发、研究和销售；三是各种信息材料产业；四是信息服务业，包括信息数据、检索、查询、商务咨询；五是通讯业，包括电脑、卫星通信、电报、电话、邮政等；六是与各种制造业有关的信息技术；七是大众传播媒介的娱乐节目及图书情报等。可见，新媒体产业纵贯第四产业中除了第一项外的其他六个方面，是第四产业中的支撑与骨干。因此可以说，新媒体产业同时跨越了第三产业和第四产业。

2012 年，我国战略性新兴产业分类出炉，共包括节能环保产业、新一代信息技术产业、生物产业、高端装备制造产业、新能源产业、新材料产业、新能源汽车产业七大产业。其中，新一代信息技术产业涵盖了下一代信息网络创业、电子核心基础产业和高端软件以及新型信息技术服务等三个大类，基本上廓出了新媒体产业的全貌特征。

新媒体产业指的是依附于数字技术、计算机技术和网络技术等高精科技发展起来的新型产业，这种基于数字技术、网络技术的新媒体，具有先天的技术优势与作为媒体的信息服务功能，是数字经济与传媒产业实现对接的最佳选择。这种具有社会公益和经济利益双重属性的新媒体，既负有传播先进文化的责任，又有商业盈利的需要。当前，世界上尚未出现专门的对新媒体产业条分缕析的著作。从我国对新媒体产业的研究成果来看，新媒体叫法很多，新媒体产业分类角度各异。本书中所论及的新媒体产业，主要从新内容产业、新营销产业、新广告产业、新载体产业、新形式产业、新融合产业和新制造(包括虚拟装备制造)产业等几个方面展开，构筑出一幅新媒体产业的宏图画卷。

二、新媒体产业特征

新媒体产业的发展要以技术发展为前提，没有新技术的出现，新媒体的发展将步履蹒跚。同时，新媒体最终是以内容来打动受众，在技术发展的基础之上，新媒体的内容产业链条发展是关键。与传统媒体相比，新媒体是一种富有想象力的现代媒体，市场空间具有开放性。在现代市场经济中，新媒体可以“无孔不人”，其产业规模随着技术进步而扩张，随着内容的不断渗透与融合而增长，并且市场将变得越来越开放，兼容各种新的元素。总的来说，新媒体产业具有三大特征，主要包括技术依赖性、内容融合性和市场开放性。中国新媒体产业的发展壮大，与国家政策法规的引导与管理制度密切相关，因此新媒体产业还有着政府主导性特征。

（一）技术依赖

互联网、无线通信、卫星发射、宽带、数字电视等高科技的迅速发展，4G、5G技术和数字流媒体的广泛应用，数字文化、信息、娱乐产品的不断涌现，以及三网融合等技术的发展，为新媒体产业的发展提供了技术支撑与外在动力。数字技术与网络技术的发展，使计算机变成了新媒体信息共存的平台，可以实现全球资源最大限度地共享。同时，数字技术的发展使信息的利用更加便捷，信息产品的开发更加深化。数字媒体的存储功能使文本的存储、加工、修复、上传与下载更加便捷；强大的数据库功能可以实现个性化点播、专题分播、重播、编排创新；将模拟转化为数字化的应用可以永久保存一些珍贵的模拟信息资源；数据查询与搜索功能方便受众的学习、交流与挑选；未来音频与视频搜索技术的成功研发，将使人们更加方便地找到广播电视节目。

作为应用技术的新媒体技术，其快速发展与应用需要企业研发机构的参与，需要研创人员的辛劳智慧、想象力和创造力。新媒体技术的发展与运用，既是新媒体产业发展的前提，又需要新媒体产业的繁荣发展作支撑。

在人类历史长河中，每一次技术变革与创新，必将带来一场翻天覆地的产业震荡与重构。从蒸汽机的发明带动全球运输业的发展进步，到造纸印刷技术的出现衍生出报纸杂志等早期传媒产业的新生，及至广播电视技术的横空出世，延续了近百年的电子传播产业兴盛。在以互联网为主体的新媒体产业体系中，每一个技术环节技术链条都关乎着整个系统工程，每一项技术发展进步，都拉动着和引领着产业延伸与产业扩张。

在群雄并起的 Web 1.0 时代，信息技术的变革和使用对于网站的新生与发展起到了关键性的作用，第一代互联网表现在技术创新主导模式、基于点击流量的盈利共通点、门户合流、明晰的主营兼营产业结构、动态网站。网景通信公司研发出第一个大规模商用的浏览器，雅虎的杨致远提出了互联网黄页，谷歌后来居上，推出了广受欢迎的搜索服务。中国的新浪、搜狐最初也是以技术平台起家，腾讯以即时通信技术发迹，盛大以网络游戏大展宏图，在这些网站的创始阶段，技术性的痕迹相当之重。

在 Web 1.0 技术背景下，无论是早期融资还是后期获利，网站依托的都是为数众多的用户和点击率，以点击率为基础上市或开展增值服务，决定了盈利的水平和速度，充分地体现了互联网的眼球经济色彩。随着 Web 1.0 技术的发展，互联网站出现了向综合门户合流的现象，早期的新浪、搜狐与网易等，继续坚持门户网站的道路，而腾讯、MSN、谷歌等后起之秀，也都纷纷走向了门户网络，尤其是对于新闻信息，有着极大的、共同的兴趣。这一情况的出现，在于门户网站本身的盈利空间更加广阔、盈利方式更加多元化、占据网站平台可以更加有效地实现增值意图，并可延伸主营业务之外的各类服务。

在 Web 1.0 合流的同时，还形成了主营与兼营结合的明晰产业结构。新浪以“新闻＋广告”为主，网易拓展游戏，搜狐延伸门户矩阵，各家网站以主营业务作为突破口，以非营项目作为补充点，形成“拳头＋肉掌”的发展方式。

在 Web 1.0 时代，网民们美其名曰的“网上冲浪”其实就是围绕这些网络“恒星”所做的圆周运动，网民仅仅充当互联网的读者而不是作者，这时的互联网是“只读”的。Web 2.0 的出现，结束了网民周期性到处“瞎逛”的“赶集运动”，带给广大网民一个可以读写、可以互动、可以联动的互联网，可以“当家作主”无限畅游的互联网。Web 2.0 的出现，带给网民的是平等、交互和去中心化的互联网世界。网民不应该只是互联网的读者，也是互联网的作者，不只是在互联网上冲浪，本身就是波浪制造者。在 Web 2.0 技术背景下，Blog、Wiki、TrackBack、P2P、RSS、Ajax、XML 和 SNS 等互联网新技术新产品应运而生，互联网产业链呈现裂变式扩大。

在 Web 2.0 时代，每个用户都拥有自己的博客、自己维护的维基、社会化书签或者音视频播客。互联网用户通过 Tag、RSS 或者 IM、邮件等方式连接到一起。按照六度分隔理论，每个个体的社交圈都不断放大，最后成为一个大型网络，这就是社会化网络（SNS）。

作为 Web 2.0 时代的互联网新应用，博客在 2005 年获得了产业突破。在相继成为网络、报纸、杂志和电视等众多媒体的热门词汇之后，博客从一一种很少涉及的专家应用发展成了基础的互联网应用，成为新媒体产业的新成员。

XML 是 Extensible Markup Language 的英文缩写，中文译为“可扩展标记语言”。在 XML 出现之前，几乎所有的 Web 页面都是使用 HTML 编写。XML 将 SGML 的丰富功能与 HTML 的易用性结合到了 Web 应用中，它允许定义数量不限的标记来描述文档中的资料，同时允许嵌套的信息结构。XML 的广泛应用直接促成了 Web 2.0 时代的到来，开辟了 Web 应用的新天地。

假如说 Web 1.0 的本职是联合，那么 Web 2.0 的本质就是互动，它让网民更多地参与信息产品的创造、传播和分享，而 Web 3.0 是在 Web 2.0 的基础上发展起来的能够更好地体现网民的劳动价值，并且能够实现价值均衡分配的一种互联网方式。Web 3.0 不仅仅是技术上的革新，而是以统一的通信协议，通过更加简洁的方式为用户提供更为个性化的互联网信息资讯定制的一种技术整合，是互联网由技术创新走向用户理念创新的关键一步，即“要求互联网价值重新分配”。

即将到来的 Web 3.0，将催生新的新媒体产业王国，这个王国不再以地域和疆界进行划分，而是一个以兴趣、语言、主题、职业、专业进行聚集和管理的王国，每一个网民都有机会打造出一个新的互联网王国而成为一个“国王”，也有可能会在互联网王国的民主竞选中成为“总统”。新生的媒体产业在人类智能、人类超智能和人工智能等多重驱动下，具有无与伦比的想象空间。

（二）内容融合

最近几年，传统媒体与传统媒体之间、传统媒体与新媒体之间、新媒体与新媒体之间的融合越发引人关注。媒介融合是以新技术为基础、以内容整合为主导、以行业融合为特色、以政策法规为支撑的各种媒介之间的战略联盟。如今，随着基于网络信息和数字技术而发展起来的新媒体形态层出不穷，媒介融合更多地深入到了信息技术的角度。应该明确指出，很多人将“媒介融合”局限在技术融合这个单一层面，陷入了“技术融合”的误区。媒介融合的前提首先是理念融合，继而是技术融合，但又不仅仅是理念融合和技术融合，更需要将内容融合到新媒体发展的保障体系之中，这是新媒体产业形成的重要元素。

“内容为王”是多年来传统媒体一直重视的主题，在新媒体市场份额越来越大的今天，内容融合愈显重要。新媒体的产业发展，明确了新媒体的市场占领不仅需要技术的支持，同时也需要新的内容加入。这里所指的内容的融合性，既强调新媒体自身的内容创造，也重视在新媒体中植入更多的传统媒体中的文字、图片、音视频等内容。

1.互联网与传统媒体融合

传统媒体作为一个有很强专业性的媒体，有着很高水平的新闻获取能力和制作经验，相对于新媒体来说，其在新闻的采编方面能够驾轻就熟，能轻松自如地把握政策上的问题，这无疑是得天独厚的优势。同时，传统媒体的内容品牌起点就会相对较高，网民对其信息的认知度和可信度也会大大提升。

在传统媒体与互联网内容融合的初级阶段，网站内容基本上是传统媒体部分内容的文字翻版，所提供的信息类别和数量都很有限，检索功能、娱乐服务、受众互动等方面的建构工作较为落后，呈现出一般信息多、实用信息少，静态信息多、动态信息少，转载信息多、原创信息少的现象。同时，传统媒体没有看到网络的未来发展空间，对网站寄予的希望很小，认为网站只是传统媒体的附属品，所以对旗下网站投入的精力和人力都很小，部分网站的内容更新速度较慢，不能做到实时更新，对一些突发事件的报道情况较为滞后。

目前，报纸、杂志、广播、电视等媒体网站的内容一改原先多为静态、刻板的风格，转变为内容抓人眼球、语言活泼、较有娱乐性的风格，容易被网民接受。传统媒体有很强的信息采集经验，可以沿用至互联网，有着专门负责采集信息和编辑的工作人员对各个版块的内容进行实时更新，在整合报道电视媒体内容的同时加入新的内容元素。网站的信息内容也在这基础上更具有多元性，各方面的信息应有尽有，从一般性知识的普及，到新闻内容实时网络化报道，再到信息内容的具体分类，开辟出很多版块内容。由于传统媒体受到严格的时间限制和内容监控，节目内容的制作也根据时段来进行选择，而网络空间的无限与时间的无限，很多无法在传统媒体上播出的内容可以放置在互联网，同时根据互联网的受众口味，发掘并且编辑更多的趣味性较强的信息供网民选择。

2.手机终端与传统媒体融合

在手机领域，上海文广在新媒体与传统媒体内容融合方面堪称典范。2002 年开始，上海文广便着力在新媒体业务方面布局，先后成立上海东方宽频传播有限公司（SMGBB，宽频门户网站）、上海百视通公司（主营 IPTV）、上海文广互动电视有限公司（SITV，主营数字电视）、东方龙（主营移动多媒体业务）和文广新媒体（主营 WAP、彩铃等 SP 业务），成为国内最早拓展新媒体业务的广电企业之一。

奥运会、足球世界杯、亚运会等重大国际体育赛事向来是各大媒体关注的焦点，以手机电视、IPTV 等为代表的新媒体为体育赛事提供了难得的报道平台。调查表明，手机电视最大的潜在消费群体是城市白领和时尚一族，他们对体育赛事由衷热爱。因此，重视对体育赛事的报道，是手机电视短时间内有效吸引受众、迅速扩大收视群体的重要契机。2006 年德国世界杯前夕，国际足联首次发布了该赛事的手机数字版权，上海文广新闻传媒集团（SMG）斥资一亿多元人民币购得中国地区的手机独家播映权，并在中国移动的梦网平台上开设“掌上世界杯”独家视频栏目。SMG 此次转播报道充分考虑了手机电视快捷、灵活、个性、互动的传播特点，向慕尼黑派出了 30 多人组成的网络和手机转播报道组，为用户提供全部 64 场比赛期间任何触发事件的即时快报、每场比赛的四分钟官方视频集锦内容、赛场内外的精彩花絮、德国演播室的实时评球等节目。与传统电视媒体报道不同的是，考虑到手机屏幕小的特点，转播选择了专用机位，通过智能画面跟踪技术和优化设计为用户提供高清晰和近距离的影像，使球员生动的表情和球场上快速更换的细节完整地展现出来。

2005 年 9 月 28 日，上海文广与中国移动共同宣布，正式开通手机电视“梦视界”，提供下载点播和直播等形式的手机电视节目。这次双方联手正式推出的手机电视业务，是全国唯一具备移动手机电视运营牌照的业务。上海东方龙移动信息有限公司是上海文广旗下全面负责该业务的公司。“梦视界”的开通意味着一个面向全国用户的手机电视平台诞生，中国手机电视业务也由此从“测试级”升级到“运营级”。此次试用过程中，“梦视界”可向上海、广东、福建地区手机用户提供视听节目的直播、VOD 点播服务，全国其他地区的移动用户则可通过下载播放的方式收看。内容上，此次提供直播的电视频道六套，每天更新的点播节目数量可达百余条。

上海文广将传统的电现媒体的优势巧妙地融合到手机媒体中来，不仅获得巨大的经济效益，也将新媒体的产业链开发提高了一个台阶。

3.车载终端与传统媒体融合

车载电视节目有着不可忽视的特点，与传统电视媒体相比，尽管传统电视能够实现直播，但受众却不一定拥有足够的时间能够即时收看，因为大多数人都有一个相对固定的上学上班的时间安排，而车载电视“边走边看”的特点，让受众实现了“赶路”和“直播节目即时收看”的两全其美。车载电视与传统电视节目的不同之处在于，流动人群在赶路，尤其对乘坐地铁和公交的人来说，乘车时间决定了他们不可能完全观看一个长达40分钟以上的电视节目。这就要求车载电视节目必须是短小精悍的。节目短小的好处在于保证节目内容的完整性，可以让绝大多数受众在乘车的过程中，获得完整的而不是碎片式的信息，有利于培养受众的收视期待和媒介使用习惯。

车载电视应该加大资讯和娱乐类节目的信息量，并发挥电视直播优势，将最新的新闻、天气、交通状况等受众最关心的内容播报出来，服务乘客的出行需要，达到资讯供应的最大化。近几年，车载电视的信息化服务水平已经提高很多。公交车载电视在信息资讯服务提供方面已经大大改善，尤其在北京公交车载电视上，定时有关于天气预报、饮食常识、交通状况的一些报道。目前的车载电视节目制作与传统电视节目相比还显得很粗糙，还需要通过不断调整节目内容与编排形式，提高节目的质量，满足受众需求。车载电视还可以针对各条线路乘客的主要构成，有选择性地投放与传递节目内容和广告信息，通过丰富和调整节目内容，提高公交车载移动电视节目的针对性。

（三）市场开放

传统媒体由于资金、政策等各方面的问题，常常形成行业垄断或者是区域垄断。与传统媒体相比，新媒体空间具有全球性、广泛性和无限性，这就使得新媒体产业市场更具开放性。新媒体产业市场的开放性一方面指的是新媒体市场是面向全世界、面临全球化竞争的市场，地缘管束相对弱化；另一方面指的是各种类型的企业、各种类型的人群都可以参与到这个市场当中，并共同将这个市场的蛋糕做大。新媒体产业市场的开放性特征，是新媒体产业快速成长的重要因素。

截至2020年12月底，中国网民规模达9.89亿人，较2020年3月底增加了0.85亿人，截至2021年6月底，中国网民规模破10亿，达10.11亿人，较截至2020年12月底增加了0.22亿人，庞大的网民规模推动了我国新媒体产业的发展。如今短视频月活用户超过9亿，成为国民应用，而电商是短视频流量变现的理想场景。值得注意的是，中国移动网民每日超过四分之一的时间在使用短视频应用，短视频已成为图文和语音之外的移动互联网

"第三语言"。数据显示,2020～2022 年短视频行业市场规模将以较快的速度增长,年复合增长率在 44%左右;2023～2025 年市场规模增速会有所放缓,但仍较保持 16%的年复合增长率增长,2025 年中国短视频行业市场规模将有望接近 6000 亿元。[①] 其中,新媒体和 5G 的结合、应用,还将带动整个 5G 产业链的发展,将大幅度地增加媒体的传播范围和影响力,充分利用好 5G 时代的网络能力,可以更好地汇聚新媒体产业发展的合力,创新媒体内容制作和传播方式,从而促进更大范围、更深层次的产业发展。

随着 Web 2.0 技术的发展及应用范围的扩大,网络营销的盈利模式越来越成熟。新媒体作为互联网媒体的重要组成部分,其营销传播的能力与价值正在逐步得到认同,受到越来越多企业和营销机构的关注,近年来其市场规模也保持着高速增长的态势。随着无线通信网络的发展,新媒体呈现移动化趋势,其分流传统媒体广告资源和用户资源的现象更加明显,盈利模式日趋多样化。因此,新媒体市场的无限性为新媒体的发展提供了强大驱动力。

新媒体经济就是想象力经济。发挥人类最大想象力,在技术先行的基础上,新媒体的幻想很可能会变成现实。其中,5G 网络和技术将对新媒体类业务产生变革,大带宽和边缘云可以支持海量超高清的视频传输以及 AR/VR 等新媒介的应用,利用新媒介搭载的业务也将成为未来的基础业务。5G 主要有三大应用场景:eMBB(增强移动宽带)、uRLLC(低时延高可靠)、mMTC(海量大连接)。eMBB 将随时随地(包括小区边缘、高速移动等恶劣环境和局部热点地区)为移动互联网业务提供无缝的高速业务,uRLLC 为用户提供毫秒级的端到端时延和接近 100%的业务可靠性保证,mMTC 具有小数据包、低功耗、海量连接等特点。我国于 2018 年 6 月完成 R15(eMBB)独立组网标准,于 2020 年 6 月完成完整 5G 标准,即 R16 版本。目前我国运营商正处于 5G 起步阶段,国外运营商 5G 商用时间表与中国相同,产业链各方也在同步推进。

随着媒体视频行业,向高清、多视角、强互动性的体验不断演进,媒体业对大带宽传输、云、AI 的需求不断增强,部分需求明确,5G 使能空间大,运营商实现媒体行业需求的难度不高,种种条件均指向了,媒体业将是第一个享受 5G 红利的垂直行业。而运营商为媒体行业提供的包括但不限于 5G 的连

① 参见《新媒体市场调研报告 2022 年新媒体行业发展前景分析》,中研网,2022 年 2 月 25 日,https://www.chinairn.com/news/20220225/165556948.shtml。

接，还有5G与云、AI、大数据融合产生的新ICT业务体系。5G技术的全球布局推进，移动互联网技术的发展，使移动新媒体产业在多种新媒体产业发展中居统领地位。

5G时代，我国移动厂商需紧抓核心技术自主创新，与产业链伙伴共同在重点区域、重点行业、重点领域推进新媒体业务的广泛应用。5G与媒体技术的结合，将推进网络能力、业务能力、用户体验的全面升级，为新时代的智慧生活带来无限可能。5G与4K/8K、AR/VR、全息、裸眼3D等全新媒体业务的结合将孵化出更多的媒体创新业务，而5G灵活、高效、融合、开放的特性使得媒体业务与各个行业快速融合，使得垂直行业的应用更加多样化，孕育新兴信息产品和服务，创新5G行业应用，重塑产业发展模式。

三、新媒体产业链分析

新媒体产业链与传统媒体不同，产业链更长更丰富。整个新媒体产业链由多个个体组成，包括设备制造商（传统媒体产业并不涉及）、内容提供商、网络运营商、平台提供商、广告运营商、软件及技术提供商（传统媒体产业并不涉及）、终端提供商、受众和检测机构等等。

由于纵贯新媒体产业链的核心是免费使用的全球化互联网，具有竞争基础的高度一致，用户群体又高度分散，这就创造了一个从零到无限，自由而宽阔的产业价值域，而且是一个有着高度弹性的价值区域，既可以实现整个媒介产业的价值范畴，也可以实现单个媒介企业的价值范畴。新媒体产业价值链的起点，始于货币成本趋近于零的那一刻，也就是互联网让用户得以免费传播和使用信息的时刻。大凡需要用户直接为技术的应用付出货币成本的，不论技术本身如何先进，其血缘都可以追溯并归属到传统媒体的范畴。

在整个新媒体产业链中，设备制造商、内容提供商、网络运营商、平台提供商、广告运营商、软件及技术提供商、终端提供商、受众和检测机构等每个个体都有各自的作用且环环相扣，相互影响、相互呼应形成了一个有机的整体，形成完整的新媒体产业链。

（一）设备制造商

设备制造商是新媒体产业链的重要一环。试想，如果没有平板电视的制造生产，古老陈旧的“大尾巴”笨重电视机很难真正走入高端写字楼与豪华商场，更不可能发展成为“广场电视”，让“天幕电视”演变为一道亮丽的城市风情，呼朋引伴吸引俊男靓女先睹为快。没有新型平板电视，楼宇电视将在萌芽时期“死于非命”，车载电视和星空电视简直就成为天方夜谭。

根据国家统计局2012年提供的我国战略性新兴产业分类，新一代信息技术产业的设备制造包括高端计算机制造（内含新型计算机和高端服务器的整机制造、计算机零部件制造和计算机外围设备制造），其他计算机制造（工业控制计算机、高端路由器、宽带网络接入服务器、信令网关、IP中断媒体网关、云存储设备、云终端设备、海量数据智能处理平台、绿色云计算平台、云应用开发支撑平台，物联网网关和无线射频RFID产品），通信系统设备制造（新一代移动通信基站设备、新一代移动通信网络控制设备、新一代移动通信基站天线、新一代移动通信电路交换机、新一代移动通信分组交换机、数字程控交换机、卫星通信传输设备、散射通信设备、载波通信设备、通信导航定向设备和交互式广播网络），广播电视设备及数字视听产品制造（广播电视节目制作及发射设备制造、广播电视接收设备及器材制造、电视机制造、音响设备制造和影视录放设备制造）。单电视机制造就有高清/超高清电视机、交互电视机、节能电视机、3D电视机、OLED电视机、激光投影电视机、网络及智能电视机和新型数字显示终端等八个品类。此外，还有高端电子装备和仪器制造、基础电子元器件以及器材制造和集成电路制造等等。

伴随人工智能、VR、AR等技术的持续进步，新媒体领域呈现出前所未有的巨大变化。面对迭代变迁，设备制造商必须清楚地认识与把握新媒体的变化趋势与发展特点，才能充分地运用新技术生产出符合时代的设备，才能真正助力新媒体实现占领信息传播制高点的目标。

（二）内容提供商

内容提供商包括内容的生产制作者和提供者，新媒体的内容提供主要来源于三大阵营：专业的内容提供商（含传统媒体）、新媒体运营商企业主和爱好新媒体内容创作的个人。

专业内容提供商主要指提供影视、新闻、音乐的专业制作公司和传媒机构等，传统媒体也在积极参与新媒体的内容制作，两种类型的内容提供商均由技术的发展和普及为实现基础。新媒体时代也称为自媒体时代，即以个人为单位，自主创造节目，自由上传。平民获得更多机会发声，智慧积累的方式由少数精英的生产扩大为全民生产，各种知识冲破二八定律，按照长尾理论或早或晚的整体疯狂膨胀、混杂无序、形成信息内爆。

（三）网络运营商

如果说，传统媒体时代的产业发展是“渠道为王”或“内容为王”，那么，新媒体产业时代完全可能是“技术为王”或“想象力为王”。掌握信息时代的前沿核心技术，兼备超乎寻常的创意想象，就将会是新媒体产业的王者。

软件技术提供商是指新媒体整个产业链的运作中业务、资费、管理等环节的软件提供者和技术提供者。

网络运营商是指拥有骨干和核心网络资源，通过建立虚拟网络来进行运营服务，为平台提供商提供网络支持。网络运营商包括无线网络运营商、固网运营商、数字广播网络运营商等。

（四）平台提供营销商

平台提供商是指内容呈现平台，指为网络分享、交易等服务提供网络空间、技术支持、服务支持的计算机网络系统的网络运营者，如国内知名 C2C 网站：淘宝网（www.taobao.com）、视频直播网 PPLive（www.pplive.com）和优酷网（www.youku.com）等。

营销机构主要指根据信息发布者的需求，提供营销活动前期调研、营销方案制定、方案的执行监督等服务，如广告公司即广告运营商、PR、SP 公司等。部分营销机构单独或协同监测机构提供营销活动监测及效果评估服务。

（五）受众层面

传统媒体时代，受众是指信息的接收者。新媒体时代，受众是具有信息接收者和信息生产者双重身份的人，受众也可以生产内容，并将其传送给他人。新媒体的发展是在互动技术、搜索技术等基础上实现的。因此，新媒体对受众技术的使用、掌握以及文化素质水平提出了更高的要求，新媒体的受众人群主要集中在上班族和学生群体，其中上班族多为企业管理者、技术人员等中高收入者。通过研究发现，传统媒体的受众呈现老龄化趋势，新媒体人群的消费能力远高于传统媒体。

（六）检测机构和企业主

检测机构指的是提供效果评估的机构，对广告的传播效果、到达效果、用户行为等指标进行综合评估、分析，为下一步企业主营销计划提供参考。相对于传统媒体的检测机构，新媒体的检测机构涉及的检测范围、传输网络多，传播行为复杂。企业主指使用新媒体进行营销活动的发起者，新媒体营销服务费用的提供者。企业主同时是新媒体信息来源的重要发源地，企业主进行信息发布时，一方面通过营销机构发布信息，另一方面企业主也可以自己发布营销信息。

随着新媒体产业内部分工不断向纵深发展，价值创造活动通常由多个企业协同完成。用产业链的学说来观察新媒体产业发展，可以看到新媒体产业链的环节相对传统产业的环节更为繁多，且产业链中上下游链条依附关系更为紧密。

当前，新媒体产业链有 6 个关键环节，即策划创意—内容制作—生产复制—交易传播—反馈复制—加工再造。产业内部的分工与合作不但能大大提高工作效率，还扩大了价值增值流量。新媒体产业链 6 个方面紧密联系，为新媒体产业循环发展提供了良好的环境。在这 6 个环环相扣的关键产业链中，首先，策划创意所占比重最大，它决定着整个产业制作生产的作品能否适合市场需求，能否大规模批量复制，能否实现版权市场价值，达到低能耗、高产出的目标。其次是交易传播环节，各占产业链价值的 50%和 35%左右，这两个环节对新媒体产业价值链的贡献率达到 85%的比重，成为新媒体产业发展和聚集的关键环节。

在 4G 和 5G 时代，以“技术为王”或“想象力为王”的趋势将更加明显，内容创意上的收入将达到整个产业链产值的近五成。在发展新媒体产业的道路上，政策法规是主导、内容是基础、技术是支撑、创意想象是根本，这是新媒体产业发展的内在规律。

第二节　新媒体产业的发展现状

中国新媒体产业正处于快速的进化和高速发展中，网络广告、网络游戏、网络直播等都处于高速增长期，百度、阿里巴巴、腾讯等互联网巨头通过投资新媒体进一步强化其生态系统，而智能驱动下的互联网媒体已经成为主导并且开始布局国际市场，特殊管理股在互联网媒体启动试点，中国传媒业的融合新景观开始逐渐呈现在世人面前。我国新媒体产业发展的基础扎实，一方面我国经济平稳增长，数字经济占比快速提升；另一方面我国互联网基础设施水平高、技术先进、用户数量多、互联网生态企业实力强，为新媒体产业发展提供了良好的基础和外部环境。

一、新媒体产业的运营模式

电商型运营。新媒体产业的竞争激烈，各个新媒体机构，不论规模大小，普遍面临较大的生存压力，如何探索创新型运营手段，实现商业价值成为焦点。在近些年的新媒体产业实践中，许多新媒体开始以垂直领域内容为抓手，打通产业上下游，转型电商型运营。以专业化内容为抓手，发掘流量变现的直接手段。

经过多年的培养，当代中国社会的消费行为大踏步向互联网转移，2020年以来更是有更多线下消费转变为线上消费，这为电商发展提供了极其重要的社会基础。各个新媒体机构基于自身的定位，做精垂直领域的内容，集聚垂直领域的品牌，形成垂直领域的口碑，就会逐渐成为相关领域的有影响力的电商。

（一）形成社群经济

新媒体正在形成清晰的、个性化的媒体品牌，以内容聚拢粉丝，通过社群运营管理，增加用户黏性，推动多样化变现手段，促进社群经济发展。从国际上看，通过社群运营来保持新媒体活力已经成为重要趋势。根据牛津大学路透研究所发布的《2020 年 9 月网络新闻报告》显示，对欧洲 8 家地方性和区域性报纸进行调查发现，这些新闻机构从追求增加受众覆盖面，转向着眼于与有付费意愿的读者建立持久关系，包括订阅、加入会员、为高级内容额外付费、捐款或小额支付等形式。同时新闻编辑部更加注重变现能力，编辑部和商务部之间合作更加频繁。在中国，社群运营的发展与创新速度很快。发端于线上的新媒体社群，正努力突破网络空间，从而将社群联结扩展到线下。

（二）付费 3.0 时代

新媒体一直在探索着适合自己的盈利策略。从传统媒体习得的广告收入是新媒体付费 1.0 时代。之后，新媒体开始培养用户为优质内容付费的习惯，通过优质内容集合吸引相应的群体，知识付费、会员付费等成为新媒体主要收入来源之一，进入新媒体付费 2.0 时代。当会员数量增长进入瓶颈期，很难通过会员费扩张实现内容的持续开发和精进，新媒体便进入在会员付费的基础上用精品内容和定制内容获取额外收入的付费3.0时代。

从2019年开始，新媒体领域发生了多次关于额外付费的争论，例如《陈情令》《庆余年》等网络电视剧的超前点映，《乘风破浪的姐姐》与《密室大逃脱》的上下两集联名节目需要单独付费观看等。争论的实质是用户刚刚培养起来的内容付费习惯和新媒体创新运营模式探索之间的“错拍”。

新媒体探索运营模式，逐渐告别“无差别”“打包式”定价，让差异化的优质内容产生差异化收益，可以说，新媒体付费模式正在大踏步进入个性化定价时代，这对于促进新媒体内容生产与传播的良性循环是有积极作用的。当会员规模增长接近饱和时，内容生态的多元化拓展便需要对应个性化的受众需求，进行节目的定制化制作。

（三）推动跨媒体合作

许多媒体机构在传统新闻传媒领域具有影响力，进入互联网商业领域却是新人。为此，在实践中，一些媒体平台通过与商业网络平台的联合，各自发挥优势，快速进入新媒体领域。例如，从2019年开始，央视新闻入驻哔哩哔哩，完成了一系列联合动作。2020年，哔哩哔哩为央视新闻提供大幅版面用以传递权威信息。在全民健身日时，哔哩哔哩联合央视新闻独家发起“五分钟轻健身”活动。在传统媒体和商业网络平台合作的过程中，传统媒体发挥内容生产和价值判断优势，商业网络平台贡献用户运营能力，各取所需，各尽所能，完成新媒体传播的整体价值膨胀。

除了传统媒体和商业网络平台的合作外，不同垂类的平台之间也在进行联合。例如许多热门内容诞生于视频平台，但是受到平台功能的限制，制约了网民一站式的内容消费体验。视频平台联合音频平台等垂类平台形式，发挥各自优势，实现内容传播影响力的最大化。很多头部音乐综艺《青春有你2》《乘风破浪的姐姐》《创造营2020》等，都在联合QQ音乐等音视频媒体，拓展价值边缘，开拓深度互动形式，刺激综艺话题的再生产，联通节目、歌手和用户，形成音乐产业链的良性闭环。

值得肯定的是，主流媒体积极学习、融入新媒体中的年轻语态。《新闻联播》在沿用了18年画面比例为4∶3版本的片头后，在2020年7月18日将画面比例改为16∶9。央视还推出了如《主播说联播》等节目，采用竖屏、个性化交流的模式，让主播与观众沟通。朱广权、康辉等新闻主持人的形象被年轻用户解构，产生流行化的传播效果。央视尊重网友们的解读，顺势推出“表情包”等,有意运营年轻语态,与新媒体观众互动,产生了积极效果。与此同时,商业网站也在践行主流价值观,对内容生态进行自我把控。在国家公祭日等特殊纪念日,哔哩哔哩暂停播放所有娱乐内容,在窗口位置放央视新闻。字节跳动公司有着严格的内容审核机制和数以万计的内容审核人员,保证内容生态的健康。字节跳动平台还与许多传统媒体开启合作,不只是为传统媒体提供既有内容的传播平台,也是希望共同打造一些垂直品类IP、行业名人和专家资源个人IP节目以及定制纪录片等。通过这些合作,商业平台吸收着主流媒体的话语体系,增加内容的深度性和价值感。

(四)引入文创金融助力

北京、上海、成都、杭州等多地建立文创金融,许多文创产业发展投资基金启动投资运作,推动政府资金“由补改投”,充分发挥政府资金的杠杆作用,支持新媒体产业发展。

在新媒体产业当中,除了头部企业外,还有大量正处于初创期的中小型企业。这些企业很多尚未形成稳定的盈利模式,抗风险能力较差,融资需求较大,但是缺乏投融资资源和运作能力,同时较多处于单兵作战的状态,与产业链上下游联系不够密切。还有一些企业可以有潜力成为文创类上市公司和独角兽型企业,需要在短期内获得大量融资以谋求发展。对于这些企业,文创金融能够发挥帮助作用助力中小企业融资,协同合作分散风险。在中国经济进入以国内大循环为主体、国内国际双循环相互促进的新发展格局后,利用金融手段,推动新媒体企业起步并发展,成为当前和今后新媒体产业中重要的着力点。①

二、网络广告高速增长

新媒体时代网络广告与传统广告产业不同,最主要的是广告渠道更为丰富,既有网站广告,也有电子邮件广告、QQ广告、短信广告、微信广告,还有伴随网络直播的弹幕广告等。新广告产业表现形式多种多样,从最早出现的简单文字广告、图片广告、旗帜广告逐渐演变为文字链接广告、浮动式广告、弹出式广告和嵌入式广告,现在升华到丰富多彩的音视频广告、融入3D技术的虚拟广告、搜索广告、文字内置广告、游戏内置广告、横批广告、按钮广告、浮动标示/流媒体广告、“画中画”广告、摩天楼广告、全屏广告、对联

① 参见胡钰、王嘉婧:《当代新媒体产业:趁势而上与守正创新》,《青年记者》2021年第4期。

广告、视窗广告、导航广告、焦点幻灯广告、背投广告、墙纸式广告、竞赛和推广式广告、直播弹幕广告等。

中关村互动营销实验室发布的《2019中国互联网广告发展报告》显示，2019年，中国互联网广告总收入约4367亿元，同比增长18.2%，增速虽然放缓，但仍保持平稳增长态势。其中，来自电商平台的广告收入为1567.8亿元，处于首位，占总额的35.9%，同比增长3%；搜索类平台广告收入为624.5亿元，居第二位，占总额的14.9%；视频类平台广告收入为545.9亿元，同比增长43%，取代新闻资讯平台成为第三大互联网广告投放平台。

(一)互联网公司广告头部效应明显

经过近几年互联网公司的不断创新，我国互联网公司广告收入排位不断迭代，阿里巴巴、字节跳动、百度、腾讯、京东、拼多多、美团、快手居于前8位，且阿里巴巴、字节跳动、百度、腾讯占据了我国互联网广告收入的绝大部分，头部效应更为显著。例如，2019年前三季度，阿里巴巴的广告收入超过1100亿元，占了互联网广告收入的三分之一多。

(二)互联网公司分化更为明显

在新技术驱动新平台的快速迭代下，一方面，字节跳动、拼多多、美团、快手、小米等新平台异军突起，尤其是字节跳动超越百度仅次于阿里巴巴位居第二位；另一方面，阿里巴巴、字节跳动、腾讯、京东、拼多多、美团、快手等都在高速增长。例如，字节跳动广告收入从2018年的500亿元增加到2019年的1400亿元，同比增长了180%；快手2019年广告收入在130亿元左右，同比增长5倍左右。[①] 但百度、新浪、小米、搜狐等出现了负增长。其背后的深层次原因有：一是整体基于大数据、人工智能等新技术的互联网公司发展迅速，尤其是字节跳动、快手等完全建立在大数据、人工智能等新技术基础上的互联网公司正呈现跨越式发展；二是短视频布局深且好的互联网公司成长性好；三是生态系统搭建好的互联网公司发展速度快，阿里巴巴、腾讯、字节跳动、美团等生态系统都相对成熟；四是电子商务公司的广告收入基数大、增长快。目前，阿里巴巴已经成为我国广告收入最高的公司而且依然保持高速增长，京东、美团等广告收入也高速增长。

① 参见郭全中:《我国新媒体产业发展趋势研究》,《新闻爱好者》2020年第8期。

（三）互联网广告出现的新特点

首先，互联网广告增速放缓且行业集中度进一步提高。一方面，2019 年我国互联网广告增速虽低于 20%，但仍然保持 18%以上的高增速，未来增速会进一步放缓但仍然会保持较高的增速；另一方面，集中度进一步提升，阿里巴巴、字节跳动、百度和腾讯 4 家广告收入占全部网络广告收入的 80%以上。其次，基于大数据、人工智能等智能新技术的互联网平台正在实现弯道超车。其中，字节跳动已经超过百度居于第二位，快手除了直播之外也正在大力开发广告，广告收入增长很快。可以预测的是，我国互联网媒体公司将继续分化，技术领先、生态系统完备、短视频布局深的互联网媒体公司发展会更好，占据的市场份额会更大。最后，新商业模式和盈利模式不断创新。一是电商直播、游戏等不断打破广告的边界，广告的边界不断外延；二是网红带货等新模式，不断壮大互联网广告市场规模。

三、网络游戏产业飞速发展

2005 年 7 月，文化部、信息产业部联合印发的《关于网络游戏发展和管理的若干意见》提出发展和管理并重，着力提高原创水平。其中的第三条特别强调了“国产原创”的重要性，“要以科学发展观来指导和检验网络游戏发展和管理工作，既清醒地认识到网络游戏存在的问题，采取措施、加强监管，努力解决现存的问题，为广大未成年人营造和谐的网络文化环境，又充分重视网络游戏的积极作用和产业价值，立足长远，支持民族原创网络游戏产业的发展，使内容健康向上、形式丰富多彩的网络游戏产品居于国内市场的主流，民族原创网络游戏产品尽快占据国内市场主导地位，适时进入国际市场，网络游戏市场经营行为得到有效规范，知识产权得到普遍尊重，法制管理体系基本完备，打造一批具有中国风格和国际影响的民族原创网络游戏品牌”。

中国的网络游戏产业从 2001 年 3 亿元的市场规模增长到 2009 年 271 亿元，过去 5 年网游行业保持了 52%的年复合增长率，2011 年中国网络游戏的销售业绩达到 428.5 亿元，比 2010 年增长 34%。2015 年，中国大陆游戏产业收入达到 1407 亿元(约 222 亿美元)，超过美国(219 亿美元)成为全球第一大市场。

2019 年 4 月 19 日，原国家新闻出版广电总局官网显示，《出版国产电脑网络游戏作品申请书》或《出版国产移动游戏作品申请表》，以及《出版境外著作权人授权互联网游戏作品申请书》已经上线，这标志着我国游戏版号申报正式重启。相关数据显示，截至2019年12月23日累计审批26批国产网络游戏版号申请，共计1448款，虽然相较于2017年的最高点9384款下降了84%，但游戏版号审批更加注重质量，在一定程度上实现了供给侧结构性改革。相比于2018年，游戏被严格监管，即游戏版号冻结、总量调控等，游戏产业也遭遇了寒冬，2018年我国游戏市场实际销售收入为2144.4亿元，同比增速仅为5.3%。在游戏版号放开之后，我国游戏行业快速回暖。[①] 中国音数协游戏工委发布的《2019年中国游戏产业报告》(以下简称《游戏报告》)显示，2019年我国游戏产业实际销售收入为2308.8亿元，同比增长7.7%，增速比2018年提高2.4个百分点；游戏用户已达6.4亿人。[②]

其中，海外市场销售增速高于国内市场。《游戏报告》显示，2019年，我国自主研发的游戏国内市场实际销售收入为1895.1亿元，同比增长15.3%；中国自主研发的游戏海外市场实际销售收入达825.2亿元，同比增长21.0%。其中，在海外重点地区收入分布方面，美国占比30.9%，日本占比22.4%，韩国占比14.3%，三个地区合计占比达到67.5%。

国内移动游戏市场占比进一步提升。《游戏报告》数据显示，2019年，国内移动游戏市场实际销售收入1581.1亿元，占比68.5%，同比增长18.0%；客户端游戏市场实际收入615.1亿元，占比26.6%，同比下降0.7%；网页游戏市场实际销售收入98.7亿元，占比4.3%。但同时，2019年我国移动游戏用户规模已高达6.2亿人，同比增长率仅为3.2%；我国网页游戏的用户规模从2015年的3亿人下降到2019年的1.9亿人，减少了1.1亿人。[③]

电子竞技产业高速增长。全球电子竞技产业在近些年迎来了快速发展时期，国内也开始对电子竞技产业出台各种扶持的新政策，并且大量资本涌入，使得电竞市场的发展越来越受到瞩目。2003年，中国国家体育总局将电子竞技列为第99个体育项目，发展势头超乎寻常。中国电子竞技选手不仅可以获得比日韩更高的薪酬待遇，而且一举“杀”向了该领域的世界最前沿，屡屡在世界电子竞技大赛上获得优异战绩。2014年，中国战队Newbee在

① 参见郭全中、郭凤娟：《我国传媒资本市场新进展研究》，《西部学刊》2020年第13期。

② 参见中国音数协游戏工委：《2019中国游戏产业年度报告》，2020年1月2日，https://www.ali213.net/news/html/2020-1/479471.html。

③ 以上数据参见中国音数协游戏工委：《2019中国游戏产业年度报告》，2020年1月2日，https://www.ali213.net/news/html/2020-1/479471.html。

TI4(DOTA2 第四届国际邀请赛)夺冠,获得约合 3119 万元人民币奖金。两年后,这项纪录再次被中国选手打破,中国战队 Wins 在 2016 年 10 月登顶 TI6,夺下创电竞史纪录的约合 6048 万元人民币奖金。当下,电子竞技已发展成为资本追逐的热点,步入发展黄金通道。2016 年,阿里巴巴投入 1 亿元人民币进军电子竞技,旗下阿里体育打造了 WESG 世界电子竞技运动会,腾讯 4 亿元参与直播平台斗鱼 TV 的新一轮融资,后者成立不到 3 年,估值已达百亿,电竞直播是它的拳头产品。世纪游轮、浙报传媒、大唐电信、掌趣科技、华谊兄弟、中青宝和游久游戏等上市公司也加速布局电竞行业。2016 年 4 月,按照国务院有关部署,发改委、教育部、工信部等部门制定了《关于促进消费带动转型升级的行动方案》,鼓励以企业为主体,举办全国性或国际性电子竞技游戏游艺赛事活动。电子竞技产业的火爆,引发中国各级政府的高度重视,中国不少地方政府将其融入地方的文化产业发展中,通过主办各种活动扩大社会影响,增加文化产业版图。2015 年,宁夏银川市举办了世界电子竞技大赛年度全球总决赛,总奖金高达 1 亿元人民币,吸引了来自全球 32 个国家和地区的电子竞技高手。总决赛会集了传统电竞、页游、手游坦克世界等 11 款游戏,个人最高奖金 70 万元人民币,电子竞技的高额奖金一方面来自全球电子竞技的高额版权,另一方面来自厂商的赞助和用户付费以及门票和周边产品。2019 年,我国电子竞技游戏营销收入 947.3 亿元,同比增长 13.5%;用户规模从 2015 年的 2.2 亿到 2019 年的 4.4 亿,增长了一倍。

我国主要游戏公司业绩良好。我国虽然游戏公司众多,游戏类上市公司就有数十家,但整体又是高度集中的行业,腾讯和网易两家的游戏收入超过 1500 亿元,占据我国整体游戏市场的 65%以上。2019 年前三季度,腾讯游戏的总收入为 844.73 亿元,全年预计将超过 1100 亿元。2019 年,网易游戏收入为 464.18 亿元,世纪华通游戏收入为 151.1 亿元,净利润为 25.5 亿元,三七互娱游戏收入为 132.26 亿元。但我国上市公司游戏板块整体亏损,分化明显。根据万得资讯(wind)的数据显示,预告业绩的 100 家上市公司中,有 24 家是游戏板块公司,其中 12 家盈利 12 家亏损,但是由于上市公司亏损额较大,板块整体亏损额高达 80.75 亿元到 119.65 亿元。①

① 以上数据参见音数协游戏工委:《2019 年中国游戏产业报》,2020 年 1 月 2 日,https://www.ali213.net/news/html/2020-1/479471.html.

四、网络直播的创新发展

我国直播产业市场规模或超千亿元。我国直播行业用户破5亿。艾媒咨询的数据显示，2019年我国在线直播行业用户规模已增长至5.04亿人，同比增长10.6%，远远超过网民数量增速。预计2020年在线直播行业用户规模将继续增长到5.26亿人。我国直播行业市场规模超700亿元。前瞻产业研究院等多个机构预测的数据显示，2019年我国直播行业市场规模超700亿元，而到2022年市场规模有望突破千亿元。①

我国直播行业主要公司业务快速增长。目前，我国直播行业主要有淘宝、快手、抖音、虎牙、陌陌、斗鱼、六间房和企鹅电竞等公司，其中淘宝、快手、抖音是直播电商的典型代表，而欢聚时代、虎牙、陌陌、斗鱼则是游戏直播中的佼佼者。得益于我国直播行业的快速增长，该行业中的主要公司也高速成长，如快手2019年的直播收入达300亿元，2019年前三季度欢聚时代的直播收入高达168.82亿元。

我国直播行业创新能力强。首先，在线直播覆盖更多场景，短视频平台大力扶持直播业务。一方面，泛娱乐直播平台覆盖了音乐、舞蹈、综艺、游戏、户外、美食等场景；另一方面，短视频平台强势进入直播业务，不仅能完善自身的视频流内容生态，又能打破自身的业务边界，进入新业务领域。其次，“直播＋电商”模式大行其道。2019年，在线直播平台陆续推出“直播＋”节目，发展最快的则是“直播＋电商”模式，尤其是淘宝、快手等平台的赋能和助力，使得直播电商的商业价值被快速变现。第三，快手等领先电商直播，花椒领先娱乐直播，斗鱼领先游戏直播。艾媒咨询的数据显示，快手、淘宝等在电商直播中遥遥领先，在娱乐类在线直播平台中，花椒直播与YY直播在用户偏好方面处于领先地位，其中22.5%的用户表示经常使用花椒直播平台。而在游戏直播平台中，斗鱼直播受欢迎程度最高，超过四成的用户表示平时经常使用斗鱼直播。

五、其他领域发展迅猛

国内云计算产业规模超1200亿元。根据国务院发展研究中心国际技术经济研究所发布的《中国云计算产业发展白皮书》的数据，2019年我国云

① 参见前瞻产业研究院：《2019年中国大数据行业研究报告》，2020年3月12日，http//www.cbdio.com/BigData/2019-11/12/content_6152726.htm。

计算产业规模预计超过 1200 亿元，达到 1290.7 亿元人民币，但中国企业上云率还很低，这说明我国云计算产业还有很大的发展潜力。

我国大数据产业规模超 5000 亿元。赛迪数据显示，2019 年，我国已经有 100 多家大数据产业园，2019 年我国大数据产业规模为 5386.2 亿元，同比增长 22.8%。其中，大数据硬件市场规模为 2541.7 亿元，同比增长 13.2%；大数据软件市场规模为 1062.7 亿元，同比增长 29.2%；大数据服务市场规模为 1781.8 亿元，同比增长 35.3%。

我国电影票房超过 640 亿元。国家新闻出版广电总局公布的数据显示，2019 年全国票房 642.66 亿元，同比增长 5.4%，其中，国产片份额达 64.07%；全国新增银幕 9708 块，银幕总数达 69787 块，银幕总数全球领先；全国观影人次达17.27 亿次，同比略有增长。尤其值得一提的是，2019 年全年，票房前 10 名的影片中有 8 部为国产影片，票房过 10 亿元的 15 部影片中有 10 部为国产影片。但需要指出的是，受各种不利因素的影响，2019 年前三季度，全国拍摄制作电视剧备案数量比上年同期减少 27%，横店影视城开机率同比锐减 45%；2018 年行业投资金额达到 537.77 亿元，而 2019 年前五个月投资金额仅为 2.62 亿元。

我国区块链产业发展迅速。2019 年 10 月 24 日，习近平总书记在主持中共中央政治局就区块链技术发展现状和趋势进行集体学习时强调，要加快推动区块链技术和产业创新发展。区块链技术去中心化、可追溯、不可篡改的特点不仅有助于文创行业确权、流通、追溯交易，对于内容生产、传播以及内容变现、收益分享、内容监管等都有极大的促进作用，极有可能成为整个社会的底层操作系统。而区块链技术在媒体行业的应用，可以帮助创作者和投资人更快更好地实现价值的生态化创造和价值转化。在 2019 年我国对区块链产业政策放松之后，我国区块链产业迎来了巨大发展机遇，而我国区块链专利数量和企业数已经处于高速增长态势。根据 Incopat 数据库的统计结果，截至 2019 年 11 月 27 日，我国在区块链行业的专利总数达到 1894 项，远超其他各国合计专利数量，在全球处于遥遥领先地位。根据链塔最新发布的《2019 中国区块链专利综合实力榜》，阿里巴巴排名第一，金融壹账通位列第二，中国联通位居第三。《区块链蓝皮书：中国区块链发展报告（2019）》数据显示，全国区块链企业近 2.8 万家，其中以北上广深为核心聚集地，广东省区块链注册企业占全国区块链注册企业的比例超 50%，共计 16353 家。根据链塔数据，截至 2019 年 9 月，国内与区块链衍生相关企业数量超过10万家，仅在2019年第三季度中，相关企业就超过7万家。[①]

第三节　新媒体产业未来发展趋势

中国社会科学院新闻与传播研究所、社会科学文献出版社在《新媒体蓝皮书：中国新媒体发展报告No.10(2019)》，预测了我国新媒体产业发展呈现的五大趋势。新媒体产业新巨头崛起，大数据、人工智能等新技术给新媒体产业带来新冲击和新机遇，新媒体产业内部也会进一步分化，长期以来形成的阿里巴巴、百度、腾讯三巨头格局极有可能被字节跳动、快手等后来者打破，并形成新的新媒体产业格局。5G、区块链新产业将逐步落地，在新媒体产业领域，5G将帮助新媒体产业公司吸引更多用户，帮助VR、AR、MR有效落地，通过物联网的落地实现万物互联。在区块链产业方面，未来随着场景的丰富和落地，区块链产业将取得实质性进展，尤其在区块链金融、政府数据上链、区块链版权、区块链广告等方面会取得快速发展。新媒体产业上市融资将更为便利，科创板将推动互联网、大数据、云计算、人工智能和制造业深度融合。可以看出，未来新媒体产业公司将成为科创板上市企业的重要来源，这为新媒体产业公司带来重大利好。产业互联网成为突破新方向，新媒体产业公司在消费互联网积累了足够的用户、数据和能力之后，亟待把现有能力向产业赋能从而帮助传统产业转型升级，以更充分地实现能力最大化。目前，腾讯、阿里巴巴、百度等纷纷向产业互联网转型，产业互联网的拓展能力和程度将在一定程度上决定新媒体产业公司的新空间。组织架构调整成为新趋势，新媒体产业公司为了更好地适应外部环境和自身发展战略，组织架构的重构和优化势在必行，此前腾讯、阿里巴巴、字节跳动纷纷调整组织架构。未来新媒体产业公司组织架构调整的方向将是分权、灵活和协同。

新一代信息技术与线上经济深度融合，网络媒体数字化、智能化趋势愈发明显，形成了VR全景视角内容展示、5G+8K超高清直播等一批新应用新模式，从汇集优质信息、合理引导舆论等方面为社会治理塑造了良好的舆论环境，提升了社会治理水平。未来，随着信息技术的更新迭代与用户需求的不断提高，新媒体产业将以创新发展推进社会治理现代化，在提升社会治

① 参见陀螺研究院：《2019中国区块链产业发展报告》，2020年3月12日，https://blog.csdn.net/tuoluocaijing/article/details/103485627。

理效能、搭建多样化社会治理平台、协同社会治理等方面的作用进一步凸显，并形成优质生产要素集聚发展、全媒体传播新模式、跨界融合不同文化圈层三个方向的发展趋势。

一、新媒体产业发展步入“5G”“区块链”新阶段

2019年以来，“5G”“区块链”技术的自身优势引起了国家战略层面的高度重视，各地纷纷推出相关扶持政策，企业积极抢滩，让“5G”“区块链”技术发展迅速步入快车道。网上有关“5G媒体”及“区块链媒体”的信息提及情况整体呈明显上升趋势。新技术对媒体行业的发展正发挥着深刻影响。5G开始商用，作为新一代移动通信技术，将与物联网、VR、4K等新技术一起决定着新媒体产业的新蓝图；区块链有可能成为未来的社会操作系统，正在对新媒体产业产生革命性影响。

（一）5G移动通信技术决定新媒体产业新蓝图

2019年6月6日工业和信息化部宣布，正式为中国移动、中国联通、中国电信和中国广电四家企业发放5G牌照，这标志着我国5G正式开始商用，更标志着2019年是“5G元年”。

一方面，5G能够打造万物互联的巨型生态系统。作为新一代移动通信技术，相比于此前的2G、3G、4G，5G不仅带宽、网速等基础技术能力得到了大幅度提升，而且互联网化、IT化、智能化、灵活性水平更高，能够给用户带来极致的用户体验。另一方面，短期内5G会带来诸多传媒业新机遇。一是现有媒介形态迭代优化与创新媒介形态。无论是现有的新闻客户端、微信、微博、视频尤其是短视频，还是直播、游戏等，都能借助5G技术得到优化；能够激活VR、车联网等潜力大的媒介；面向产业互联网的新媒介形态、基于物联网的智能家居都将会大量出现。二是连接指数级增长与极致体验。用户数量还有较大的增量空间，物联网将提供数以百亿计的新链接，虚实结合时代的用户体验会更为极致。三是市场规模急剧扩大。基于用户的传媒业市场规模还有较大的空间，VR、车联网等将构建新产业链，产业互联潜力巨大。四是5G技术彻底打破万事万物的边界，万物互联时代真正到来。

移动互联网及物联网的快速发展推动移动通信技术向下一代演进，进而催生了5G技术的快速发展。相较于4G，5G的传输速率、时延、移动性及连接密度等指标均有质的提升，属于革命性的突破，将有效推动各行业尤其

是媒体行业业态和生态的发展。2019 年两会期间,以中国移动为代表的三大运营商积极布局,首次实现了 5G 网络的全覆盖,为两会通信服务保障工作增添了强有力的网络技术支撑。

两会超高清视频直播、VR 看“两会”等都是 5G 应用的亮点。2019 年 10 月31 日,中国电信、中国移动、中国联通共同宣布启动 5G 商用服务,宣告中国正式进入 5G 时代,而早前习近平总书记对“四全”媒体的强调,正是对 5G 应用背景下媒体发展所做的方向性判断。通信技术的每一次迭代升级,都是一次革命性的突破,与其密切关联的新闻传播行业也随之进入新的发展阶段。

5G 技术以“高速率、大容量、低延时”为基本特性。5G 时代下,能实现人与人、人与物、物与物的广泛连接,使得人类社会进入真正的万物互联时代。万物互联将有效整合全社会各方面资源,并对资源有的放矢,实现社会资源的合理分配,并将引领进入万物皆媒介、一切皆平台的智媒时代。信息生产者、传播者、消费者间的隔阂将被“消融”,传播平台也日益多元化,网络媒体接收终端呈现多样化特征,汽车、冰箱、手表、墙壁、玻璃、牙刷等都可以成为信息输出终端。据爱立信预测,到 2021 年,将有 280 亿部移动设备实现互联,其中物联网设备将达 160 亿部,机器到机器终端数量将大幅激增。信息收集与分发将面对更加多样化的智能终端,媒体的信息传播会变得无处不在,呈现形式也将千变万化。

另一方面,5G 技术的应用有力地促进了人工智能行业的发展,在 5G 与 AI、云、大数据、AR 等前沿技术的深度融合和驱动下,各个行业正在不断转型升级,网络媒体与相关行业更是持续实现跨界融合。伴随着 5G 技术的应用,5G 将无线连接带到各种行业的应用中,如电商、交通、财经、娱乐、体育、政务等,促使上述行业与媒体业的融合越来越紧密。这些行业为媒体业提供丰富的数据资源,媒体则基于大数据的分析和研判提供产品,并分析数据反映的不同问题,为客户提供精准服务,同时也能服务于这些相关行业的发展,未来行业的深度融合将产生更高的经济效益。

在此背景下,媒体将进入跨“介”与跨“界”融合信息生产与传播的新征程,将实现真正意义上超越现阶段“物理融合”的“媒体融合”,进一步取代传统媒体渗透到社会、经济的方方面面,并与人们的日常生活更加息息相关,产生更大社会价值。

(二)区块链技术未来将重构新媒体产业

2019年10月24日,习近平总书记在主持中共中央政治局就区块链技术发展现状和趋势进行集体学习时强调,要加快推动区块链技术和产业创新发展。区块链技术去中心化、可追溯、不可篡改的特点不仅有助于文创行业确权、流通、追溯交易,对于内容生产、传播以及内容变现、收益分享、内容监管等都有极大的促进作用,极有可能成为整个社会的底层操作系统。而区块链技术在媒体行业的应用,可以帮助创作者和投资人更快更好地实现价值的生态化创造和价值转化。

一方面,区块链核心优势明显。区块链具有高度去中心化、无须信任的高度信任(对“人”的信任改为对机器的信任)、价值传递、信息不可篡改性、隐私高度保护五大特征。区块链的本质是能完成既定社会目标的信息分散决策机制,且区块链的核心优势在于能够更好地传递价值,能够更好地保护用户隐私和帮助用户获取更多的权利,改变互联网的生产关系。可以看出,作为底层技术的区块链将与互联网技术一样,有可能成为新一代信息基础设施和社会操作系统,而未来“区块链+”将赋能传媒业,彻底重构传媒业。另一方面,基于区块链的传媒新生态将逐步形成。理论上讲,随着区块链技术的逐步成熟,区块链将成为整个社会的底层操作系统,“区块链+传媒业”将迎来新生态,将在理念、生态系统、商业模式等方面取得重大创新。这主要表面在科技向善的理念能更好落地和更大范围的自组织传媒生态系统形成。①

(三)人工智能技术更为系统化、中台化

5G技术的应用改变了媒体的内容生产形式,进一步促进了新闻内容生产的数据化和智能化。人工智能在媒体领域的大规模场景应用得以真正落地,机器人新闻写作、语音识别、图像和视频识别、人脸识别、智能化推荐分发、趋势预测等人工智能技术将深入新闻生产和信息传播的各个环节,使媒体更加全方位地了解用户需求和兴趣,实时精准描绘用户画像。新闻内容制作将更加简单快捷,自媒体、个人媒体中心越来越成为主要信息源,智能分发将更高效、精确地把内容传递到用户手里。媒体产品的生产与分发更具场景化和精准化,并以视频化成为信息内容的主要表达形式,升级用户在

① 参见郭全中:《区块链+:重构传媒生态与未来格局》,《现代传播》2020年第2期。

场体验，促进媒体提供更为优质的内容产品及内容服务。

在优质内容变现方面，区块链技术的应用不仅有助于网络媒体文创行业的确权、流通、追溯交易，对于内容生产、传播以及内容变现、收益分享、内容监管等都有极大的促进作用。国内网络媒体积极拥抱区块链技术，将主要从三个方面进行布局：一是内容建设与舆论引领，追踪区块链发展动态，荟萃专家学者真知灼见，引领社会舆论氛围，如人民网区块链频道；二是创办区块链新媒体，如钛媒体上线“链得得”，腾讯科技推出区块链账号“区块链探长”，36氪App上线区块链栏目；三是在版权保护、信息安全等方面应用区块链技术。如百度与中国人民大学、封面传媒合作共同成立区块链媒体实验室，基于百度超级链技术，打造了覆盖千亿级互联网数据库规模的侵权检测系统。

在字节跳动、快手、阿里巴巴等整体人工智能技术更为先进的快速发展的示范下，互联网媒体公司开始通过人工智能技术进行系统化、中台化改造，打造更为智能的媒体。由此可见，在更加规范、安全、透明的行业生态背景下，未来，网络媒体特别是音视频领域会迎来新的发展机遇，更多创新平台会涌现，内容生产向更加多元化、高质量化发展。

（四）网络媒体将构建愈加有温度的国际交往

随着5G时代的来临，移动设备、社交媒体、大数据、传感器和定位系统的结合，将全面革新信息传播的形式。5G＋人工智能时代，现场互动直播、国际新闻AI同传等传播模式将逐渐普及，信息传播范围将跨越文化和语言的界限。

新媒体产业将在5G和AI技术不断进化的前提下，尤其是随着语音识别、文字转化、机器翻译等技术的发展，内容传播也将突破语言和文化的限制，实现全球互联，打造“地球村”的生态体系，促进世界各国的文化沟通与交流，促进各国树立良好的国际形象。我国网络媒体应充分抓住新技术倒逼带来的媒体变革机遇，形成一批跨地域、跨介质、跨文化的新型传播平台，将有温度、有思想、有品质、充满正能量的内容推送到世界各个角落。

二、互联网巨头或成为新媒体产业的主导力量

阿里巴巴、腾讯、百度、字节跳动等互联网巨头为了打造更为健康的生态系统，在新媒体产业积极投资，经过多年的投资布局，已经成为我国新媒

体产业的主导力量和新媒体产业投资的核心力量。

2019 年，在新媒体产业投资方面，腾讯投资数量最多，阿里巴巴投资额最多。天眼查数据显示，2019 年，腾讯、阿里巴巴、百度、京东、字节跳动等互联网巨头共投资了 185 起。其中，腾讯以 94 起居于首位，阿里以 34 起位居第二位，字节跳动以 19 起位居第三位。根据和讯财经报道，2019 年，阿里巴巴、腾讯和京东均保持了数百亿元的投资规模，其中，阿里巴巴以1146.10亿元居于第一位，百度的投资额也达到了 88.32 亿元，字节跳动的投资额为22.17 亿元。

互联网巨头在新媒体产业的具体布局方面，腾讯围绕其主营业务加大布局。腾讯在新媒体产业投资的领域极其广泛，分别覆盖游戏、短视频、动漫、直播、影视、音频等细分赛道。在游戏领域投资仅 9 起，同比下降 52.63%，其中，国内投资 3 起，国外投资 6 起。例如，以 2 亿元收购了英国上市游戏公司 SumoGroup。在动漫领域投资了 4 起，最重要的 1 起是以 1.25 亿美元投资在漫画领域深耕 4 年的快看漫画。在短视频领域，重点投资了快手。在影视领域，重点投资了曾打造了火爆全国的偶像女团竞演养成类综艺节目《创造 101》的好枫青芸公司，腾讯持有其 10% 的股份并成为其第二大股东。

阿里巴巴采取的是先投资、再并购、最后全资收购的高介入模式。2019 年，阿里巴巴在新媒体领域主要领投了网易云音乐等，入股了分众传媒、B 站、趣头条等。

字节跳动积极进行投资布局。字节跳动在快速发展的同时，积极通过投资来强化自身的生态系统，2019 年主要投资了虎扑、互动百科等。其中，字节跳动投资虎扑 12.6 亿元，持股比例为 30%，成为虎扑的第一大股东。此外，通过投资互动百科也强化了自身搜索领域的能力，并且以 5.3 亿美元投资理想汽车，对无人驾驶的期盼呼之欲出。

百度对新媒体产业投资数量少。2019 年，百度对外发起了 14 起投资，重点是企业服务、人工智能、内容等。根据 IT 桔子数据显示，威马汽车、东软控股以及知乎显示是百度投资金额最高的三家，都超过了 10 亿元；在传媒业领域投资了知乎、果壳、凯叔讲故事、七猫小说等头部优质企业，其中对知乎投资了 4.34 亿美元。

同时，在国内市场增量空间越来越小和竞争日趋激烈的情况下，这些互联网巨头纷纷开启国际化进程，积极进行海外布局。目前，互联网巨头在海外布局时，为了降低时间成本，多采取并购海外标的的方式快速抢占国际市场。这样做，一方面可以快速获取市场，另一方面能够利用其先进技术为并购标的赋能。在传媒业海外布局方面，字节跳动取得了较好的效果。字节跳动国际化主要围绕自身的核心业务开展，主要有资讯、短视频、2B 三个核心方向，2019 年主要收购了音乐领域的 Jukedeck。

三、新媒体产业发展面临的问题

让“任何人”在“任何地点”和“任何时候”获得任何想要的东西，这是新媒体产业发展的内在驱动力和终极目标。对于新媒体产业来说，信息技术对新媒体产业是必要条件，而市场对于新媒体产业的规模化和差异化提出了内在需求；媒介之间日益激烈的竞争加快了新媒体产业发展的步伐，而有关新媒体产业方面的各项政策则又成为新媒体产业发展的催化剂。数字技术的崛起，使得以互联网为基础和前锋的数字化媒介不断出现，呈几何级数增长的媒介渠道使原本作为稀缺资源的传统媒体的中心地位逐渐消解，并走下神坛。新媒体产业的迅即发展也伴生着许多瓶颈与问题，主要表现在以下几个方面。

(一)技术和内容的协调问题

经过若干年基础网络建设，数千亿资金注入，我国基础网络体系已经建成。数字技术下形成的高速宽带网络提供了统一的内容传输渠道，为新媒体产业提供了强大的传输平台。内容提供商和渠道运营商却分别形成了两个产业，这两者都具有强大实力并期待形成均衡关系。这种技术和市场的平衡，内容提供商和渠道运营商的均衡关系不仅牵扯到内容提供商和渠道运营商在市场利润上的平衡，更事关市场机制的公平性、市场竞争的规范性，乃至整个产业发展的健康性。发展新媒体产业的重点是要打造产业链，使产业链集成延伸，以创意产业为核心，使产业向高度集群化发展。因此，加强新媒体企业之间的分工协作，通过新媒体企业之间的联合，强化各自的优势，从而降低成本，改进质量，提高竞争力，获得可持续发展。

(二)政策竖井问题

数字化和数字技术导致了融合，新媒体产业摆脱了媒介附属的地位而逐步独立出来，成为与渠道产业并重的产业，传统行业相互之间、同行业不同领域间的割据局面被打破。投身新媒体产业的市场主体构成变得日益复杂:传统内容提供商正在逐步数字化,而来自其他行业的新兴内容提供商也正大张旗鼓地进入新媒体领域。大批电视、广播等传统内容行业之外的内容提供商转型为新媒体内容提供商,这里面不仅包含目前市场反应如火如荼的无线增值业务提供商等,同样也包括一些具有巨大商业价值前景的公共领域信息提供者等。正因如此,“竖井”式分行业而治的传统管理方式面临巨大挑战。如何将“竖井”打通,如何制定推动内容和渠道融合的产业政策,顺应融合大潮,成为当下中国传统内容提供商管理部门的关键突破口。

(三)版权保护问题

版权方面,新媒体产业系统内的交易规则还未建立,特别是版权交易管理和规范非常复杂,整体工业处在一个打官司的阶段。侵害版权事件屡屡发生,以因特网为例,在因特网上大量没有合法版权的数字电影、数字音乐正在非法传播。国际知识版权协会(IPA)估计,美国电影业每年由于盗版而导致的损失达到13亿美元,在唱片和音乐行业这个数字是17亿美元。就移动下载而言,在移动运营商获利的同时,服务提供商也获得了相关的商业利益,这更要求对网络内容进行保护,以避免由于版权侵害使得内容提供商不愿意提供高质量的内容,影响整个新媒体产业链的良性发展。尽管这些现象都表达了对于版权保护法制化的明确呼声,但国内旨在保护信息产品版权的法律规范仍需不断完善。

(四)新媒体人才问题

新媒体产业惊人的发展速度和产业增长规模导致了新媒体人才需求的急速增长,新媒体涉及内容繁多,产出内容需新颖独特,有需求就得有创作,因此,新媒体行业的人才需求很大,人才的短缺成为新媒体产业发展的“软肋”。文化产业的竞争日趋激烈,文化产业格局发生了根本性转变,新行业、新技术和新经营模式不断涌现,这导致新兴技术人才培养滞后,人才结构出现了严重错位,大大落后于经济发展和文化产业结构调整的步伐。一个优秀的人才不仅要具备相应的专业能力,同时也应具备良好的人为素养。新媒体,是一个高薪行业,但不是一个一成不变的行业,它紧跟时代步伐随时变化,要想不被淘汰,只有不断学习,更新技能,培养思维,才会长久走下去。

(五)长尾问题

长尾理论是网络时代兴期的一种新理论,由美国人克里斯·安德森

(Chris Anderson)提出。长尾理论是研究在线音乐下载得出的结论,通过绘制需求曲线,发现曲线向右端始终没有降到零,进一步研究发现,长尾部分积少成多,可以积累成足够大,甚至超过左侧少数下载次数很高的曲目的市场份额,这打破了传统的二八定律。长尾理论认为,由于成本和效率的因素,过去人们只能关注重要的人或重要的事,如果用正态分布曲线来描绘这些人或事,人们只能关注曲线的"头部",而将处于曲线"尾部"、需要更多的精力和成本才能关注到的大多数人或事忽略。而在新媒体时代,由于关注的成本大大降低,人们有可能以很低的成本关注正态分布曲线的"尾部",关注"尾部"产生的总体效益甚至会超过"头部"。安德森认为,新媒体时代是关注"长尾"、发挥"长尾"效益的时代。新媒体产业的未来不在于传统需求曲线上那个代表"畅销商品"(hits)的头部,而是那条代表"冷门商品"(misses)经常被人遗忘的长尾。

《中国新媒体发展报告》对国内新媒体发展及社会对策提出了八点建议:第一,进一步从国家战略高度重视新兴媒体的发展,维护国家网络空间安全。第二,加大对企业技术研发的支持力度,提高新兴媒体关键技术的自主创新。第三,加快发展宽带,着力推进互联网普及,缩小城乡区域间的数字鸿沟。第四,加快推进"三网融合",鼓励新兴媒体应用创新,促进新媒体视频行业健康发展。第五,主动发展移动互联网,积极适应新兴媒体移动化转型,确保移动互联网的信息安全。第六,党和政府要加强应用新媒体,让新型媒体的主流作用更为彰显。第七,支持主流媒体顺应新媒体发展大势,进一步做大做强。第八,规范新兴媒体市场秩序,净化网络空间,探索中国的新媒体治理之道。

四、新媒体技术下的文化产业发展

文化产业成为反映经济水平的重要指标之一,在国民经济中的地位越来越突出,加快文化产业发展,已成为必然选择和紧迫任务。文化产业要进一步转型升级,新媒体的应用必不可少。文化产业与新媒体技术有效融合,在新媒体环境下实现文化产业的转型升级、创新发展及变革,对进一步促进经济发展具有重要意义。

(一)网络新媒体技术对文化产业的影响

为文化产业的发展创新提供了新的平台。如今人工智能、大数据、云计算、区块链等新技术的出现，为文化产业的创新发展提供了更高端的平台，扩大了文化产业从业者的创新空间，增强了文化产业竞争的软实力，激发了文化产业的活力。新媒体技术为文化产业的发展提供了更多的技术支持，极大地推动了文化产业科技创新能力的提升，为文化产业的不断发展提供了崭新的平台。

催生文化新业态。新媒体技术可以说是传统媒体与新技术结合发展起来的，从新媒体的发展来看，每次技术革新或进步都创造出诸多被称为新媒体的产业形态，各国也都将新媒体相关产业列为文化产业中一个重要的新兴部类。随着网络新媒体的发展，诞生了门户网站、虚拟社区、论坛、博客等。移动新媒体的发展下，创造出手机游戏、移动视频、手机音乐、微信、微博等新媒体产品，这些产品形成了一个庞大的新型文化产业。微信、抖音、今日头条等云集“大 V”、公众号，创造了大量就业机会，形成了一个新兴产业。新媒体在推动文化产业内部融合的同时，也有效促进了文化产业间的融合，通过各产业之间的相互渗透和融合，可以实现资源共享与产业间的联动，实现互利共赢。新媒体为产业间的融合提供了动力，促进了企业文化形态、知识产权与媒体技术的有效融合，大大延长了文化产业链，提高了产品的附加值，促进了新业态的不断产生。①

优化文化产业结构。将新媒体技术应用于文化产业创意、生产、流通和消费的各个环节，推动了产业结构的进一步优化，扩大了文化产业的发展空间，为文化产业的生产、传播与发行提供了全新的平台支持。在新媒体平台上，媒体表达的方式拥有了更多的选择，并且越来越灵活和多样，解决了文化产业内容生产环节和流通环节中的技术制约问题。2020 年初，徐峥导演将未能按期在院线上映的《囧妈》卖给了字节跳动，通过网络平台播放，开创了一种全新的电影上映和盈利模式，绕过了遥遥无期的影院档期，实现快速盈利。这种模式的出现，变以往“投资—制作—发行—院线—观众”的产业模式为“投资—制作—发行—平台—观众”模式，进一步优化了产业结构。新媒体技术促使文化产业更新周期不断缩短，使其业态升级换代速度大大提高，促进了文化产业结构的进一步优化。

完善文化产业链。新媒体技术融入文化产业链的各个环节，促使文化产业经营和盈利模式不断转型升级，加快文化产业上下游产业链各环节的

① 参见彭璜：《探析新媒体科技对文化产业发展的支撑作用》，《中国报业》2014 年第 7 期。

整合重组。文化产业只有不断增加产业链条的广度和深度，才能适应新媒体技术发展的要求，形成多功能的文化产业布局。新媒体技术促进文化产业各个环节进行相应的调整变革，促进传统文化产业长期、稳定、有效发展，在完善文化产业链、人才链和构建产业生态圈方面起到了巨大的推动作用。

（二）文化产业在新媒体环境下的创新发展

学生学习的主动性、自主化对学校教育提出了更高的要求，仅靠传统的教学模式已经不能满足学生的需求。新媒体可以融合图像、文本、视听等多种形式的学习资源。利用新媒体可以构建以个人学习碎片为基础、以个人学习为中心、以服务为载体的多点对多点、可选择的在线或移动学习的新模式，使在线学习在“云端”成为现实。

各出版单位特别是上市公司要充分利用新媒体技术的优势进行数字转型，加强出版业大数据分析，积极发展数字教育、移动阅读、知识服务、电子商务、按需印刷等出版新业态。同时要坚持传统出版与数字出版优势互补，推动两者在内容、技术、平台、渠道、经营等层次的深度融合，实现共同发展，各环节互联互通，形成符合市场创新要求的商业模式。[①]

口耳相传的非物质文化遗产，通过新媒体技术，开发成动画或拍摄成视频，提高其传播力与影响力。对非物质文化遗产蕴含的文化元素进行整合、提炼，通过 IP 的二次授权、创意的再设计、产品的再开发、渠道的重新构建、新的文化消费的创造等，实现非物质文化遗产的创造性转化和创新性发展，促进对非物质文化遗产的创新与传承。

文化是旅游的灵魂，旅游是文化的载体，以新媒体为平台，依托当地旅游资源，充分利用社交网站、微博、微信等各种新媒体营销渠道，以视频、文字和图片的形式，生动地展现地方特色，利用新媒体传播不受时间和空间限制的特点，拓展旅游目的地营销途径，吸引游客眼球，树立旅游目的地的品牌形象。

文化艺术业应用新媒体技术，对文化产品进行有效规划、科学管理、高效传输，同时合理整合信息资源，准确把握受众需求，提升艺术影响力，延长文化产业价值链。文化艺术业是新媒体产业的发展动力，把传统文化艺术的精髓融入新媒体，可以为新媒体产业发展提供原动力，使其更具发展规模和潜力。传统文化艺术产业链从线下逐步延伸到新媒体空间，将进一步开

---

① 参见楚明钦：《互联网与我国文化产业融合发展研究》，《现代管理科学》2017 年第 5 期。

发传统文化艺术产业发展的新领地。

新媒体不仅拓宽了人们获取信息的渠道，而且拓展了广播电视的业务形式以及覆盖范围。新媒体下的广播电视，在创意策划、采编、传播营销各环节要主动运用先进的技术，使广播电视的传播手段、方法、渠道以及内容传播的形态更加适合新媒体的发展需求。同时，在不断巩固发展传统业务的基础上，更好地促进内容生产、产品创意与新媒体手段的融合，加快广播电视全面融入新媒体领域，不断扩大和提高传播的覆盖面、到达率，构建覆盖广泛、信息丰富、技术先进的现代传播体系。

新媒体融入文化产业的每一个环节和领域，对文化产业产生了深刻的影响。新媒体技术改变了文化产业生产、流通、营销的方式，为文化产业发展和创新提供了全新的技术平台，促进文化产业结构整合与升级，催生文化产业新业态。新媒体对文化产业的影响不仅有技术上的变革，也有对传统文化发展理念的变革。新媒体的改革与发展赋予了文化产业新的内涵，其广泛应用推动了文化产业在新媒体环境下的快速创新和发展。

【本章小结】

《论语·为政》记载："视其所以，观其所由，察其所安，人焉廋哉？人焉廋哉？"孔子认为，想达到对于人的理解，要经过三个步骤：首先要观察一个人行为的样态（其所以），其次考虑行为的动机或具体起因（其所由），最后再推断行为的发出者安于什么样的状态（其所安）。对于新媒体产业的观察，我们也应该遵循同样的思路，不仅仅局限于对新媒体产业的表象的认识，而是在新媒体产业的发展与其历史、语境的关系中构成理解的有效性。

【思考与训练】

1.分组讨论：在新技术生态下，新媒体产业会发生怎样的变化？

2.课堂分组讨论：从游戏的产生到网络游戏产业化，游戏的价值是否已经超出了原始游戏产生的时代意义？为什么？

3.课堂分组讨论、发言，结合教材内容简述新媒体产业的发展历程。

4.新媒体产业有很强的资本驱动和技术驱动因素，如何避免工具理性掩盖价值理性？

5.从社会认知、产业发展两个方面梳理我国网络游戏产业的发展和变革情况以及存在的问题。

6.资本的逐利性和自律的缺位造成网络直播乱象丛生，如何构建健康的绿色网络直播产业生态？

【延伸阅读】

1.张晓梅：《新媒体与新媒体产业》，中国电影出版社2014年版。

2.曾静平：《新媒体产业》，人民出版社2020年版。

3.[美]迈克尔·D.史密斯、[印度]拉胡尔·特朗：《流媒体时代》，鲁冬旭译，中信出版集团2019年版。

4.[美]杰克·特尔劳特、阿尔·里斯：《定位》，王恩冕、于少蔚译，机械工业出版社2011年版。

5.胡钰、王嘉婧：《当代新媒体产业：趋势而上与守正创新》，《新闻记者》2021年第4期。

6.郭全中：《区块链+：重构传媒生态与未来格局》，《现代传播》2020年第2期。

7.彭瑱：《探析新媒体科技对文化产业发展的支撑作用》，《中国报业》2014年第7期。

8.孙海悦：《我国新媒体产业发展呈现五大趋势》，《青年记者》2019年第19期。

9.姜晨薇：《基于新媒体的创意产业及其在中国的发展现状讨论——以“网红经济产业”为例》，《新媒体研究》2018年第6期。

第十章　网络与新媒体创新创业

【本章概述】

以互联网、大数据、人工智能、云计算为代表的新型信息技术为传媒行业创新与发展提供了新动能，网络与新媒体也成为重塑其他行业的重要基础设施。基于网络与新媒体的创新创业类型多样，既有传统媒体的转型，又有全新的媒体形态出现，还有“互联网＋”传统行业的升级与改造。媒体领域的网络与新媒体创新创业大致分为内容创业、平台创业等类型，基于网络与新媒体技术的其他领域创新创业则更加多元。本章重点讲述网络与新媒体创新创业的类型与特点、创业策划书的撰写等内容，并选取典型案例从需求与用户、产品与服务创新等方面进行剖析，以期通过本章学习培养学生在网络与新媒体领域的创新创业能力。

【知识结构图】

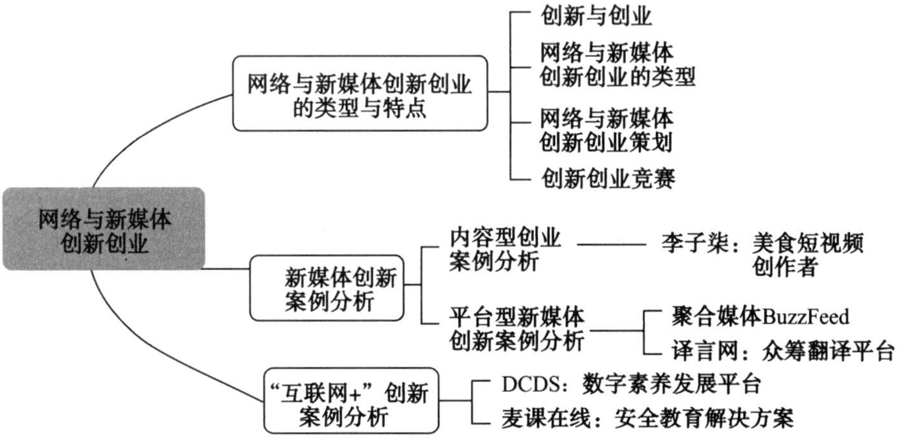

【学习目标】

- 了解互联网、大数据、云计算、人工智能等新技术为媒体行业带来的机遇与挑战。
- 掌握网络与新媒体创新创业商业策划书的撰写技巧。
- 培养网络与新媒体创新创业意识与素养。

第一节　网络与新媒体创新创业的类型与特点

创新是引领发展的第一动力，创新创业，是国家发展之根。互联网为代表的信息技术深刻的改变了人们的生产与生活方式，对传统行业带来了前所未有的冲击与机遇，引发着一系列的变革。网络与新媒体无论是作为技术，还是一种业态，都处于这场变革的中心。大众创业万众创新的时代潮流正在蓬勃涌动，在网络与新媒体人才培养中，创新创业教育应成为贯穿全过程的核心理念。①

一、创新与创业

创新与创业是一对紧密联系在一起的概念，创新是创业的手段和基础，而创业是创新的载体，这两个概念往往会在不同的语境中成对出现。

学术语境中讨论“创新”时，常与英文中的“innovation”相对应。英文中“innovation”具有两方面的含义，其一是“the introduction of new ideas, methods, or inventions”，即新理念、新方法或新发明的引入；其二是理念、方法或发明本身。可以看出英文中的“innovation”不仅指技术创新，还具有实践性、过程性等属性。中文的“创新”含义要更广泛，而且“创新”还常与“改革”放在一起使用。在本书中讨论的创新是狭义的创新，同英文“innovation”的含义。

（一）创新与创业的内涵

“问题是创新的起点，也是创新的动力源。”②创新实践跟人类社会是相伴相生的，人类从未停止探寻解决问题的新方法。创新驱动着人类社会不

---

① 参见李明德、刘婵君：《对网络与新媒体专业人才培养模式的思考》，《传媒》2017年第21期。

② 习近平：《在哲学社会科学工作座谈会上的讲话》，新华网，2016年5月18日，http://www.xinhuanet.com//politics/2016-05/18/c_1118891128.htm。

断发展进步，但关于创新的学术研究却历史不长。目前比较公认的是，“创新”一词最早由美籍奥地利经济学家熊彼特(J. Schumpeter)于1912年在其《经济发展理论》(*The Theory of Economic Development*)一书中进行定义。熊彼特认为“创新就是生产函数的变动，而这种函数是不能被分解为无限小的步骤的”，是实现原有要素和结构的重组。并将创新划分为五种不同的类型：新产品(new products)、新的生产方法/工艺(new methods of production)、新的供应源(new sources of supply)、开辟新市场(the exploitation of new markets)、新的企业组织方式(new ways to organise business)。①

创业与创新是紧密联系在一起的，可以说创新是创业的动力源泉。熊彼特对创新的定义已经包含了创业的成分，是一项新的成果走出实验室市场化的过程。

(二)创新创业的分类

1.创新的分类

创新的分类按照不同的标准差异也很大。从行业视角被分为农业创新、工业创新与知识创新等②；从创新结果导致的社会影响可以分为渐进性创新与破坏性创新；从微观视角进行分类则更为繁杂，制造业中最常用的创新分类是遵循熊彼特的分类方式。

近些年，影响较为广泛的分类方式是美国学者克里斯坦森(Clayton Christensen)在《创新者的窘境》一书中提出的渐进性创新(Sustaining innovation)和颠覆性创新(Disruptive innovation)分类方式。③ 渐进式创新是现有框架内进行改造，其目的是通过提质增效来强化现有的运行体制，它并不质疑行动背后的基本假设；颠覆性创新则是重建行动背后的逻辑，是一种更彻底的变革。颠覆性创新源于颠覆型技术(Disruptive technology)的应用，通过改变游戏规则，创造新价值、开辟新市场，从而颠覆原有的格局，实现变道超车。

2.创业与创新

在学术界，尚没有就“创业”的定义达成完全一致。普遍认为创业是一

---

① 参见[挪]詹·法格博格、[美]戴维·莫利、[美]理查德·纳尔逊：《牛津创新手册》，柳卸林等译，知识产权出版社2009年版，第7页。

② 参见沈荣兴、王文东：《从哲学视角看创新的分类》，《江西社会科学》2002年第11期。

③ 参见[美]克里斯坦森：《创新者的窘境》，胡建桥译，中信出版社2014年版。

个过程,机会追求是创业的核心要素。把握机会,创造性的整合资源,从而创办新的企业或开辟新的事业。

创业与创新密不可分。由于社会经济发展需求和国家政策导向的因素,“创新”与“创业”已成为近年来我国学术研究的热点,且很多研究者都因循“创新”学派的观点,过于强调创新和创业的内在联系,主张创业是实现创新的过程,而创新是创业的本质和手段。

网络与新媒体创新与创业属于服务业创新与创业,与传统制造业不同,不像制造业一样先有产品再有服务,生产过程与服务过程往往合二为一,因此服务创新创业分类与制造业差别较大。

(三)创新范式的转变:从线性到系统

关于创新的研究自熊彼特之后不断发展,逐渐形成了线性模式与非线性模式两大类。

1.线性模式

对于创新过程研究中最具影响力的理论首推美国学者罗杰斯(Everett M. Rogers)的创新扩散理论,从传播视角对创新研究做出了巨大贡献,是20世纪最伟大的创新研究成果之一,被广泛应用于解释各种创新成果扩散现象。罗杰斯在研究创新时,将研究重点放在了创新的扩散环节,但他认为创新的过程是包括需求/问题、研究(基础及应用)、发展、商业化、扩散和采用、结果六大主要步骤的(见图10-1)。同时,罗杰斯指出,这六大步骤的顺序在不同的案例中可能不同,而且在某些案例中六个步骤也不一定全部出现。①

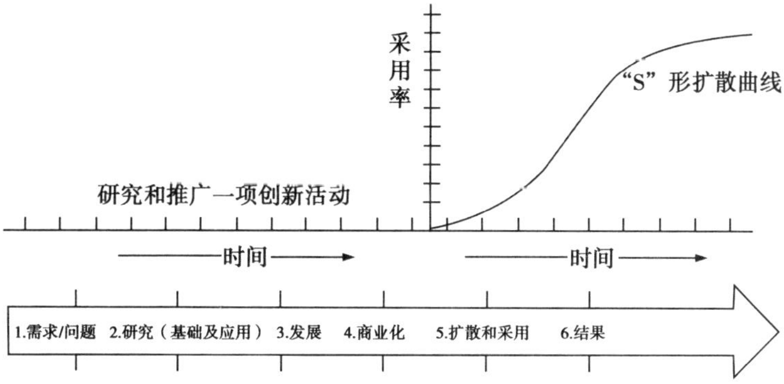

图10-1 创新决策过程中六大主要步骤(根据罗杰斯创新扩散理论整理)

① 参见[美]E. M. 罗杰斯:《创新的扩散》(第五版),唐兴通等译,电子工业出版社2016年版,第139~140页。

罗杰斯认为创新扩散涉及四个关键要素：创新、渠道、时间与社会体系，并将创新能否最终被采用及其采用率的影响因素做了深入分析。罗杰斯认为创新是过程性的，创新能否被广泛应用，取决于多种因素，除了创新本身性质外，与用户现有工作的匹配度、用户的个体特征与群体特征、传播的渠道等密切相关。

2.创新系统

非线性模式认识到了创新是持续反馈与复杂互动的过程，发展出了链动模式、系统整合和网络模式等，出现了国家创新系统理论（NSI）、三螺旋理论（Triple Helix）等。对于创新的本质研究者基本达成共识，认为创新是一个系统现象，它是在不同参与主体和组织间不断相互作用、不断博弈的结果，创新的过程需要来自公共和私营部门的众多主体共同发挥作用（见图 10-2）。

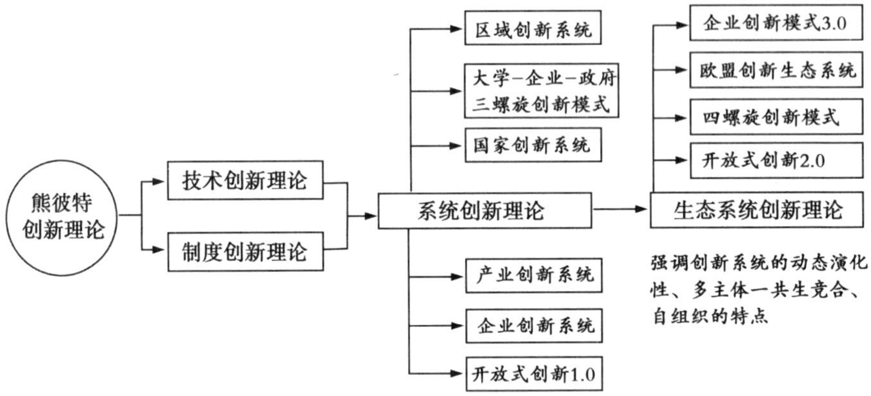

图 10-2　创新理论的发展

虽然不同的研究者都使用创新系统的概念，但被纳入系统的要素却各不相同。美国学者埃茨科威兹（Henry Etzkowitz）提出的"大学—企业—政府'三螺旋'"创新模式则将大学、企业与政府作为国家创新最重要的三个主体纳入创新系统中，将人员、信息、输出等作为关键要素，研究三个主体之间的关系以及三类要素在不同主体间的流转。[①] 也有研究者将更多的主体纳入模型中，提出了四螺旋模型、五螺旋模型等。除了国家创新系统，"区域创新系统""产业创新系统"等也被提出并倡导。也就是说，创新系统中的"系

① 参见[美]亨利·埃茨科威兹：《国家创新模式——大学、产业、政府"三螺旋创新战略"》，周春彦译，东方出版社 2014 年版，第 49～52 页。

统”如何去界定取决于要研究的问题，被限定后的“系统”决定了哪些主体与要素会被纳入进来分析。例如，产业创新系统是指由产业中企业、高校等各类主体以及围绕这些主体的产业环境构成，旨在促进产业发展与创新的有机整体，研究范围介于国家创新系统与具体机构创新系统之间，被广泛应用于研究具体产业领域的创新。

创新系统方法较线性方法有诸多优点，采用的是整体和跨学科的视角，运用了历史和演化的观点，强调非线性。创新系统方法提出后被学者、政策制定者、企业战略专家认可并广泛传播，在学术界与政策领域都有十分广泛的应用，如 OECD、欧盟、联合国工业发展组织等均采用了创新系统的方法研究创新。

3.创新生态系统

硅谷的持续创新发展，导致了创新生态系统的概念被提出并被广泛应用。2003 年与 2004 年，美国总统科技顾问委员会（President's Council of Advisor on Science and Technolgy，PCAST）为探索美国创新领导力及国家创新生态面临的挑战而发布《维护国家的创新生态体系、信息技术制造和竞争力》《维护国家的创新生态系统：保持美国科学和工程能力之实力》两个报告，报告中提出了创新生态系统（Innovation Ecosystem）的概念。2008 年，该委员会发表的报告《创新生态系统中的大学和私人部门研究伙伴关系》提出创新生态系统包括从学术界、产业界、科学界及各级政府等多个主体，要依靠整个国家和世界的创新大环境，包括研究、开发和应用三大群落。创新生态系统借用了自然界生态系统的概念，与“创新系统”相比，“创新生态系统”的提法突出强调创新系统的动态演化性、多主体的有机聚集、自组织的特点。

欧盟的开放式创新 2.0（Open Innovation 2.0）认为创新经历了从“封闭式创新”（Closed Innovation）—“开放式创新”（Open Innovation）—“创新网络”（Innovation Networks）的演化过程。创新主体从单打独斗，到开放协作，再到跨组织的共生共荣；创新要素从内部要素，到整合外部要素，再到要素在不同主体间的自由流转。创新模式从内敛式创新，到协作创新，再到跨组织创新。前两种创新模式还是以某一主体为中心的创新，第三种模式则是生态系统模式的跨组织创新（Ecosystem Centric，Cross-organizational Innovation）。认为开放式创新的流程从以往的“注重研发”（R&D focus）转变为“检索与发展”（Search and Development，S&D），以及“获取与发展”

(Acquire and Develop,A&D),从“工程师职位”(Engineering job)转变为“公众职位”(Everyone's job),从“市场推动—技术驱动”(Market push-technology driven)转变为“市场拉动—需求驱动”(Market pull-need driven)等。[①]

伴随着国家创新生态系统衍生出的区域创新生态系统、产业创新生态系统等概念,都是根据不同的边界确定的创新生态系统。创新生态系统将生态学中的物种、种群、群落等主体,以及变异、遗传、共生与演化等过程引入创新研究中,用来解释创新现象,描述创新规律。[②]

荷兰学者吉尔斯(Frank W. Geels)创立的动态多层次视角的系统创新模型(A dynamic multi-level perspective on TT,简称 MLP 模型)[③]是系统创新与可持续转型研究领域最具影响力的理论框架之一,对系统创新具有较高的解释度。作者用这个模型解释了诸多历史技术的演变,也被广泛应用于创新研究领域。

吉尔斯在 2002 年提出的动态多层次系统创新模型中,认为一项创新是社会技术现象,是利基(niche)、体制(regime)与远景(landscape)三个层次相互作用的结果。其中利基是指创新发生的保护空间,如实验室、研究中心等,是创新的孵化器;体制由各种物质与技术要素、社会行动者网络以及正式非正式的规则构成;远景则是政治、经济与文化等大背景。MLP 模型不仅将创新置于不同的层次讨论,还分析了创新转化的路径,将一种创新从萌芽到成为主导划分为创新萌芽的出现、创新进入原有体制、多种选择并存、成为主导等阶段,然后下一轮创新又开始。2006 年吉尔斯又进一步阐释了这个模型,制度的变革是在社会大环境的发展与技术创新两端的挤压下,通过渐进式调整,从而形成适应新技术与社会发展的新体制。吉尔斯用利基、体制、远景三个层面的关系解释了社会创新的过程。吉尔斯的 MLP 理论中关于利基、体制与远景的论述创新置于社会大环境中,解释了创新的完整过程。

在国内,国家创新生态系统也有不少研究者,如清华大学技术创新研究

---

① European Commission, *Open Innovation* 2.0 *Yearbook 2015*, June, 2015, https://www.researchgate.net/publication/277563770_The_Open_Innovation_20_Yearbook_2015.

② 参见董铠军、杨茂喜:《浅析创新系统与创新生态系统》,《科技管理研究》2018 年第 14 期。

③ Frank W. Geels,“Technological transitions as evolutionary reconfiguration processes: a multi-level perspective and a case-study”, *Research Policy*, Vol.31, No 8-9,2002.

中心团队。陈劲等从生态学视角研究国家创新系统，认为政府、企业、高校、科研院所作为国家创新的四大主体，构成了国家创新生态系统的“生物群落”，并论述了四者之间的互动关系；将制度、政策、文化及资本等视为系统的“无机环境”。并将创新系统的发展过程分为“生存”“适应与成长”和“进化”三个阶段。[①]

在新的发展阶段，网络与新媒体创新创业需要有系统的视角、生态的视角，充分考虑多主体、多要素在创新创业过程中的作用。创业过程中要定位好项目在所处生态系统中的位置以及所需要的关键要素。

二、网络与新媒体创新创业的类型

网络与新媒体创新创业与传统产业的创新创业区别较大。由于网络与新媒体即可以是创新创业的主体，也可以作为创新创业的重要因素来改变其他行业，所以分类标准多样。2015 年，国务院《关于积极推进“互联网＋”行动的指导意见》中指出，要将互联网作为基础设施与创新要素来重塑创新体系，激发创新活力，培育新兴业态和创新公共服务模式。在指导意见中，将网络与新媒体作为基础设施与创新要素，大力推进“互联网＋”现代农业、“互联网＋”金融、“互联网＋”物流等多个领域。因此，依据网络与新媒体改造传统行业是网络与新媒体的创新创业类型的一种划分方式，旨在改造传统行业，创造新的业态。另外一种划分方式是按照网络与新媒体提供的内容或服务形式来划分，这也是行业中常见的一种划分方式，可以分为内容创业、平台创业等类型。

（一）内容创业

1.内容创业简介

内容创业是以优质内容制作为核心的创业方式，是内容产品商业化运作的活动总称。互联网、大数据、人工智能为代表的新一代信息技术解决了海量内容与个性需求的匹配矛盾，开启了媒体行业变革与内容创业的新时代。[②]

内容创业根据内容生产、存储与传播的媒介技术手段不同可以表现为以文字为主、图片为主、图文混合、视频、AR/VR 等。传统媒体纷纷转型，进

---

① 参见陈劲、李飞：《基于生态系统理论的我国国家技术创新体系构建与评估分析》，《自然辩证法通讯》2011 年第 1 期。

② 参见淮阳婷、张倩肖：《自媒体时代内容创业的出路在哪》，《人民论坛》2020 年第 11 期。

军网络与新媒体领域，如上海报业集团出品的“界面新闻”，自 2014 年 9 月上线，到 2015 年 8 月，不到 1 年时间市场估值达 9 亿元人民币；《新京报》与腾讯新闻合作推出的视频新闻项目“我们视频”于 2016 年 9 月正式上线，拥有《世面》《局面》《紧急呼叫》等多个有影响力的栏目。

微信公众号、微博、B 站、抖音、快手等平台的兴起为内容创业提供了前所未有的生态。借助新媒体平台，传统媒体人与名人纷纷“出圈”，形成了具有广泛影响力的个人品牌，如知名篮球评论员苏群与杨毅，其个人微信公众号“苏群”“杨毅侃球”的文章阅读量常是“10 万＋”。除此之外，网络与新媒体还激发了民间创作者的活力，“papi 酱”“李子柒”是视频创作领域的典型代表。仅“B 站”平台上，作为知名美食 UP 主的“李子柒”就有近 800 万的“粉丝”，单个视频点击量都是百万级。

内容形态多元化、垂直化、IP 化、团队化已成为趋势。内容形态的多元化即除文字以外，音视频、VR/AR 等形式的内容将充分利用自身优势产生不同的应用场景；垂直化意味着专业化，将在细分市场产生优质内容创业者；IP 化是内容创业的高级阶段；团队化的内容生产方式则是高质量内容服务的保障。

2.内容创业的盈利模式

第一，广告。无论是传统媒体还是新媒体，广告都是媒体盈利的主要手段之一。基于内容带来的流量，广告的植入方式多种多样，有些是赞助商，如由许知远主持的《十三邀》作为极具内容深度的原创 IP，在各大社交平台赢得高口碑。因在用户人群画像上的高度匹配，沃尔沃汽车独家冠名《十三邀》第六季。[①]

有些“软文植入”，有些则是“硬广”。如篮球评论微信公众号“苏群”，三者都是常见方式。

第二，电商。直播带货、产品销售、自创品牌等也是内容创业盈利的重要手段，在一定程度上是 IP 形成后带来的盈利模式升级。如抖音博主在形成一定的关注度后会通过直播带货、销售产品等形式盈利。如粉丝超过 200 万的知名篮球教学博主“郭教练篮球教学”与文学博主“都靓的 100 页”通过销售篮球用品、卖书等实现盈利；而粉丝超过 5000 万的“李子柒”则创建了自己的食品品牌，如茶叶、辣酱等。

---

① 参见《沃尔沃汽车独家冠名〈十三邀〉第六季　共同探索智者之道》，搜狐网，2021 年 8 月 29 日，https://www.sohu.com/a/486398514_121051384。

第三，服务。有些内容创业项目则通过提供专业化的服务实现营收。如推出的品牌指数、影响力指数及各种分析报告等。该类项往往面向垂直细分领域，注重专业性和用户体验。如“亿欧网”通过提供专业的研究报告或分析报告为行业提供服务；科技类垂直媒体“36 氪”提供“企业服务”“政府服务”“投资人服务”“创业者服务”等服务实现营收；教育类垂直媒体“芥末堆”则通过开办“GET 教育大会”实现营收。

第四，内容付费。随着移动互联网技术与终端的发展，人们可以随时随地获取文本、音频、视频等内容。同时，在我国微信、支付宝等支付工具的应用让在线消费与支付越来越便捷。也是在这样的技术发展背景下，我国网民在态度、心理、行为习惯等方面发生了转变，内容付费也随之兴起。[①] 喜马拉雅、得到、蜻蜓、樊登读书、抖音、快手、B 站、百度、今日头条等都纷纷进入内容付费领域（见图 10-3）。

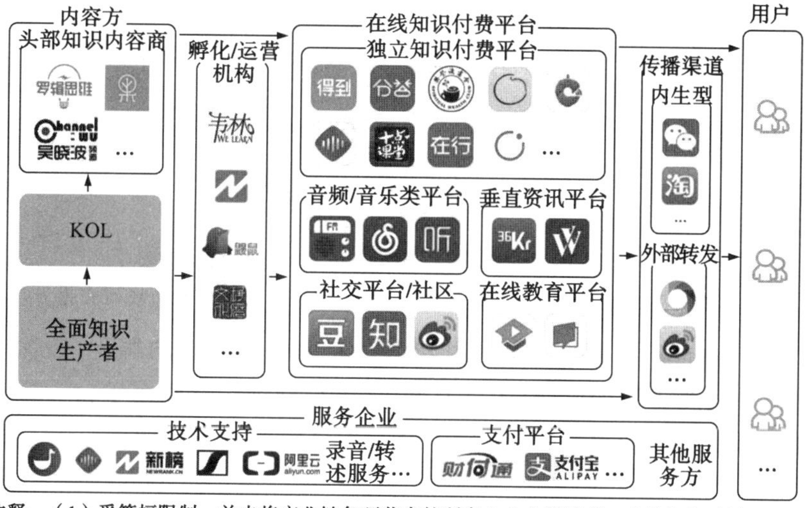

注释：（1）受篇幅限制，并未将产业链各环节中的所有企业全部展现，此处仅作示例；
（2）核心产业环节中各企业logo按企业中文全称首字母顺序排列，不涉及行业排名。
来源：艾瑞咨询研究自主研究及绘制。

图 10-3　2018 年中国在线知识付费产业图谱

（图片来源：艾瑞咨询 2018 年发布的《中国在线知识付费市场研究报告》）

据艾瑞咨询 2018 年发布的《中国在线知识付费市场研究报告》显示：2016 年底，除休闲类游戏外，在线视频、音乐、游戏等的付费率均已高于 4%。其中，以付费业务发展较为成熟的在线视频行业为例，其 2016 年全年

① 参见胡泳、崔晨枫、吴佳健：《内容付费：一种崭新的内容经济学》，《新闻与写作》2019 年第 2 期。

付费率约为 11.4%，2017 年，在线视频用户付费规模已达到 217.9 亿元。

根据内容付费的方式不同，有些费用是用户直接付给内容提供者，有些则是提交到内容服务平台，平台会根据协议分成。其中，在线打赏也是内容付费的一种类型，如微信公众号、抖音直播的打赏等。内容付费的价值链示意如图 10-4 所示。

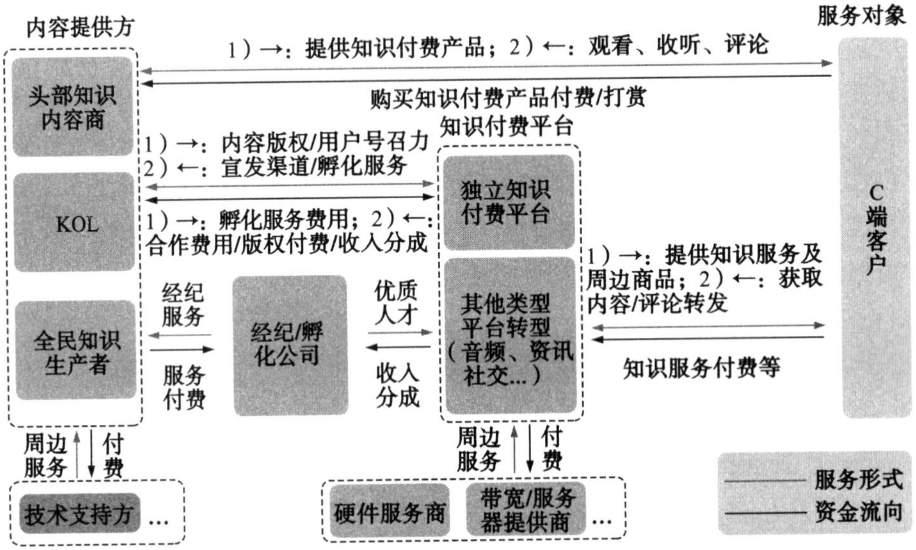

图 10-4　中国在线知识付费产业价值链示意图

（图片来源：艾瑞咨询 2018 年发布的《中国在线知识付费市场研究报告》）

互联网等新技术的发展为内容创业者提供了广阔的舞台，让优质内容的传播不再受地域的限制，传播速度快、受众精准。互联网平台为每个人都提供了内容发布的机会，理论上讲，内容创业是适合全民的创业模式。

（二）平台创业

1.平台创业简介

平台型创业的关键是创造链接。平台型创业简单来说就是不直接给用户提供内容与产品，而是搭建一个互动的平台，让用户之间互相提供服务（见图 10-5），如微信平台是一个用户之间互相交流和沟通的平台，微信公众号则是为有条件提供内容服务的用户提供内容与信息发布的平台；淘宝则是用户和商家建立买卖链接的平台，淘宝本身并不提供商品也不购买商品；滴滴打车本身并不提供出行服务，但链接了提供出行服务的车辆与乘客；大众点评、美团等不提供餐饮服务，却链接了食客与商户。

图 10-5 平台型企业的服务模式

2.平台创业盈利模式

平台型企业通过链接来创造价值。平台型企业往往是通过搭建平台，将 B 端服务提供者和 C 端需求提供者链接起来，从而实现需求和满足双方的信息需求，以及通过流量提升来实现信息匹配之后的服务价值创造。

第一，广告。广告是互联网公司最重要的盈利模式之一，并且在不同类型的互联网企业中得到创新发展。平台型企业的广告模式分为多种。精准投放：腾讯不向微信公众号的开办者收费，但可以根据公众号的推送内容精准投放广告，并与公众号内容提供者进行分成。推荐收费：平台型企业是通过链接服务提供方与需求方创造价值，服务提供方就有提高曝光量、被需求者优先发现的需求，如淘宝平台通过收取广告费在首页等位置推荐优质商户。

第二，平台佣金抽成。平台型企业不卖产品，但可以在促成交易后，向商家收取佣金。如淘宝平台会收取订单险、运费险、支付服务费、天猫商家抽成等；滴滴打车会根据不同的应用（拼车、顺风车、专车、快车等）按比例与司机分成；大众点评、美团等也是通过与商家分成的形式实现营收。

第三，增值服务。平台掌握了大量的用户行为数据后，会通过提供用户画像、行业分析报告等形式向商家收费，也会通过提供特权服务等形式向用户收费。

以上是最常见的三种盈利模式。平台型企业积累了大量用户与流量、掌握了大量的数据与信息后，会扩展出多种服务类型与盈利模式。一个成熟的项目往往是多种盈利模式形成一个生态闭环。

平台创业的价值在于链接的创造，打造供需的生态。在实际的商业案例中，平台创业与内容创业往往是结合在一起的，有些是以平台服务主，有些是以内容服务为主，内容创业到一定阶段会自建平台，平台创业也会生产自己的内容。如在本章选取的案例中，“译言网”是作为平台型新媒体案例，但其诞生的初衷是优质内容的分享，BuzzFeed 也并非单纯的内容聚合，也有内容的二次加工以及短视频的生产。

三、网络与新媒体创新创业策划

策划是创新创业的重要环节，其中商业模式的确定与商业计划书的撰写是创业策划的重要内容。

（一）商业模式

商业模式是指为实现客户价值最大化，把能使企业运行的内外各要素整合起来，形成一个完整的高效率的具有独特核心竞争力的运行系统，并通过最优实现形式满足客户需求、实现客户价值，同时使系统达成持续赢利目标的整体解决方案。商业模式是一个企业创造价值的核心逻辑，价值的内涵不仅仅是创造利润，还包括为客户、员工、合作伙伴、股东提供的价值，在此基础上形成的企业竞争力与持续发展力。

商业模式并非一成不变，会随着企业的规模、市场地位的变化、技术的发展等因素的变化而不断调整。在决定采用什么样的商业模式时，商业模式画布（The Business Model Canvas）是常用的工具之一。

亚历山大·奥斯特瓦德（Alexander Osterwalder）和伊夫·皮尼厄（Yves Pigneur）等人在《商业模式新生代》（*Business Model Generation*）[①]中提出了商业画布模型，该模型既可以用于创业公司对其业务进行合理化论证，又可以用于成熟企业的商业模式转型调整。它描述了组织如何创造、交付和获取价值的基本框架。

商业模式画布包含9大元素：客户细分（Customer Segments，CS）、价值主张（Value Propositions，VP）、渠道通路（Channels，CH）、关键业务（Key Activities，KA）、收入来源（Revenue Streams，R＄）、核心资源（Key Resoures，KR）、成本结构（Cost Structure，C＄）、重要伙伴（Key Partnership，KP）、客户关系（Customer Relationships，CR）。

1.CS 客户细分（Customer Segments）

客户细分是指目标客户，通常是企业或机构所服务的一个或多个客户分类群体。在创业策划时将项目的目标客户列出并进行评估，最终确定最重要的目标客户，也就是项目的主要服务人群或机构。

---

① 参见［瑞士］亚历山大·奥斯特瓦德：《商业模式新生代》（经典重译版），黄涛、郁婧译，机械工业出版社2016年版。

2.VP 价值主张(Value Propositions)

通过价值主张来解决客户难题和满足客户需求。价值主张就是要明确项目要向客户传递什么样的价值,帮客户解决哪一类难题,满足哪些客户需求。即,提供什么样的产品与服务。在策划时,要结合具体的市场调研做竞品分析,将项目的优劣势列出来。

3.CH 渠道通路(Channels)

通过沟通、分销和销售渠道向客户传递价值主张。通常包括通过哪些渠道可以与目标客户建立联系,并评估什么样的渠道效果最好、成本最低。在项目自身情况的基础上,选取最合适的渠道。

4.KA 关键业务(Key Activities)

通过执行关键业务活动来维持项目运转,如要实现价值主张、打通渠道通路需要什么样的业务活动?维护客户关系需要什么样的互动?

5.R＄收入来源(Revenue Streams)

收入来源产生于成功提供给客户的价值主张,稳定的收入来源也是项目可持续性的保障。在项目策划时列出最主要的收入来源,并评估其可持续性。网络与新媒体项目的收入来源通常是多元的,如流量变现(广告)、佣金分成、增值服务(会员)、购买服务等。

6.KR 核心资源(Key Resources)

核心资源是提供和交付先前描述要素所必备的重要资产,通常包括人才、技术、资金等。如要实现项目描述的产品与服务需要拥有什么样的核心资源,要打通渠道通路需要什么样的核心资源,维护客户关系拥有什么样的核心资源等。

7.C＄成本结构(Cost Structure)

商业模式上述要素所引发的成本构成。如资源花费、关键业务支出、场地租用、固定资产的购置与更新、人员工资、技术与专利支出等。

8.KP 重要伙伴(Key Partnership)

项目推进过程中有些业务要外包,而另外一些资源需要从企业外部获得,因此需要明确主要的合作伙伴。如谁是项目的供应商、谁可以帮忙打通渠道、谁可以提供技术或资金支持等。

9.CR 客户关系(Customer Relationships)

用来描述项目与客户细分市场建立和维护的关系类型。包括与目标客户的关系类型,哪些已经建立了,建立与维护这些关系的成本如何,是否为最优关系，哪些需要调整等。

当明确了上述要素、理顺要素之间的关系后，商业模式会逐渐清晰，对项目所有者或投资人来说，商业模式画布可以作为对项目评估的重要依据。

针对创业项目分析的工具有多种，“商业模式画布”是使用较为广泛且容易上手的工具之一。美国学者莫瑞亚(Ash Maurya)在“商业模式画布”的基础上进行改良，建立了包含问题(Problem)、用户细分(Customer segments)、独特卖点(Unique value proposition)、解决方案(Solution)、渠道(Channels)、关键指标(Key metrics)、竞争壁垒(Unfair advantage)、成本分析(Cost structure)、收入分析(Revenue streams)等9个模块的“精益画布”。①

（二）商业策划书

商业策划书实质上是一份向潜在投资者推荐自己公司的宣传材料，如同个人求职时投递的求职简历，一般是以投资人或相关利益载体为目标阅读者，从而说服他们进行投资或合作。除极具创意的策划书以外，应该按照一定要求规范撰写。

商业策划书的撰写要基于前期对项目科学地调研与深入的分析、搜集与整理有关资料的基础上，撰写一个全面展示公司和项目状况、未来发展潜力与执行策略的书面材料。好的项目策划书能够清晰地阐述项目针对的需求、提供的解决方案，以及与现有解决方案相应的创新与优势。当然，创始人的情况、团队的构成、市场的规模与前景等也是投资人或潜在合作伙伴特别关注的地方。通常情况下，商业策划书包括但不限于以下模块。

1.项目概述

项目概述是向潜在的投资者表明项目已经具备了一定的条件：如技术(服务)有明确的特色、市场规模较大且快速增长、产品(服务)利润率高、团队具有核心竞争力等。因此概述要包括项目成立的背景、满足的主要需求、主营业务等，如果已经注册公司，可以包括公司的基本信息。

2.项目团队

对于投资者或潜在客户来说，项目团队至关重要，甚至业界有投资就是

① 参见[美]莫瑞亚：《精益创业实战》(第2版)，张玳译，人民邮电出版社2013年版，第24页。

投创始人、投团队的说法。因此该部分要重点说明主要成员情况，如学历/学位、毕业院校、行业经历等与项目密切相关的个人与团队信息。该部分还可以向投资者或潜在客户展示项目的组织优势，如团队的稳定性、学习能力、产出能力等。

3.产品/服务描述

产品或服务是项目的主体，是满足客户需求的载体。该部分要使用通俗易懂的语言来描述自己的产品或服务，解释清楚产品或服务是什么、有什么用、客户为什么要用。重点阐述产品技术水平、新颖性、先进性，体现竞争优势。

4.研究与开发

新媒体环境下，无论是技术创新、模式创新，还是内容创新，都要求公司或项目团队有较强的研究与开发能力，以保持竞争壁垒。因此该部分要阐明项目已有的技术成果和技术水平以及在行业中所处的位置，且有能力和措施保持技术领先和进步，保证公司的技术持续领先地位。主要包括已有的技术成果及技术水平、研发队伍技术水平、竞争力及对外合作情况，已经投入的研发经费及今后投入计划，以及对研发人员的激励机制等。

5.行业及市场

市场规模足够大、具有广阔发展前景的项目才是好项目，因此该部分需提供可靠的市场分析报告。在行业分析中尽可能地引用权威数据进行定量分析。行业竞争对手及本公司竞争优势分析中，重点阐述自身优势、找到自身的劣势，并提出行之有效的解决对策。因此，该部分主要包括行业历史与前景、市场规模及增长趋势、行业竞争对手及本公司竞争优势、未来几年市场销售预测等。

6.营销策略

营销策略部分重点描述项目开拓市场的能力，需根据本公司产品或服务的特点与市场定位，有针对性地选择营销策略。具体包括在价格、促销、建立销售网络等方面拟采取的策略及其可操作性和有效性。

7.商业模式与财务预测

该部分重点阐明项目的盈利模式，以及未来 3 年或 5 年的销售收入、利润、资产回报率等。财务预测所采用的数据要与策划书的其他模块相呼应。

四、创新创业竞赛

创新创业教育是高等院校对社会需求做出调整与适应的结果，是科研与教学职能的延伸。高等教育中进行创新创业教育已经成为一种全球现象，但由于政治、经济与文化等环境不同，以及发展定位与基础不同，形成了不同的发展路径。[①] 其中，创业计划竞赛是近几年风靡全球高校的一项重要赛事。它借用风险投资的运作模式，要求参赛者组成优势互补的竞赛小组，提出一项具有市场前景的技术产品或服务，以获取风险投资为目的，完成一份完整、具体、深入的创业计划。

新时代需要创新引领性人才。中国特色社会主义进入新时代，中华民族迎来了从站起来、富起来到强起来的伟大飞跃，需要从原来的跟随者、模仿者转变为引领者，成为“无人区”的探索者与引路人。创新创业人才的培养在新时期尤为重要，我国高校创新创业教育有计划、有步骤的逐步开展。其中，“挑战杯”竞赛与“互联网＋”大学生创新创业大赛是最重要的两个赛事，竞赛均采取学校、省(自治区、直辖市)和全国三级赛制，分预赛、复赛、决赛三个赛段进行。

(一)“挑战杯”竞赛

“挑战杯” 是“挑战杯”全国大学生系列科技学术竞赛的简称，是由共青团中央、中国科协、教育部和全国学联共同主办的全国性的大学生课外学术实践竞赛。“挑战杯”竞赛在中国共有两个并列项目，一个是“挑战杯”中国大学生创业计划竞赛，另一个则是“挑战杯”全国大学生课外学术科技作品竞赛。这两个项目的全国竞赛交叉轮流开展，每个项目每两年举办一届。

加强理论与实践的联系，培养科技创新人才，服务国家科技发展是创办“挑战杯”竞赛的初心，也是“挑战杯”竞赛的使命。第一届“挑战杯”竞赛于1989 年由清华大学主办，52 所大学参加。经过多年发展，“挑战杯”竞赛从最初的学生课外作品展示逐渐发展成全国高校、教师、学生和社会多方协同的大学生科技创新人才培育载体。[②]

---

① 参见刘叶、冯国境：《创业型大学模式的现实表达与路径依赖》，《高教发展与评估》2016 年第 4 期。

② 参见秦涛、范煜：《“挑战杯”竞赛历程回顾和发展思考》，《青年发展论坛》2020 年第 4 期。

(二)“互联网＋”大学生创新创业大赛

中国“互联网＋”大学生创新创业大赛，由教育部与政府、各高校共同主办。大赛旨在贯彻落实《国务院办公厅关于深化高等学校创新创业教育改革的实施意见》(国办发〔2015〕36号)，进一步激发高校学生创新创业热情，展示高校创新创业教育成果，深化高等教育综合改革，激发大学生的创造力，培养造就“大众创业、万众创新”的主力军，促进“互联网＋”新业态形成，服务经济提质增效升级，以创新引领创业、创业带动就业，推动高校毕业生更高质量创业就业。比赛自2015年开始每年一届，第一届大赛由教育部与有关部委和吉林省人民政府共同主办，吉林大学承办。

随着赛事的不断发展，比赛范围与领域逐渐扩展，国际赛道、产业命题赛道、非“互联网＋”的项目也被纳入比赛范围。图10-6为第七届中国国际“互联网＋”大学生创新创业大赛赛道与类别。

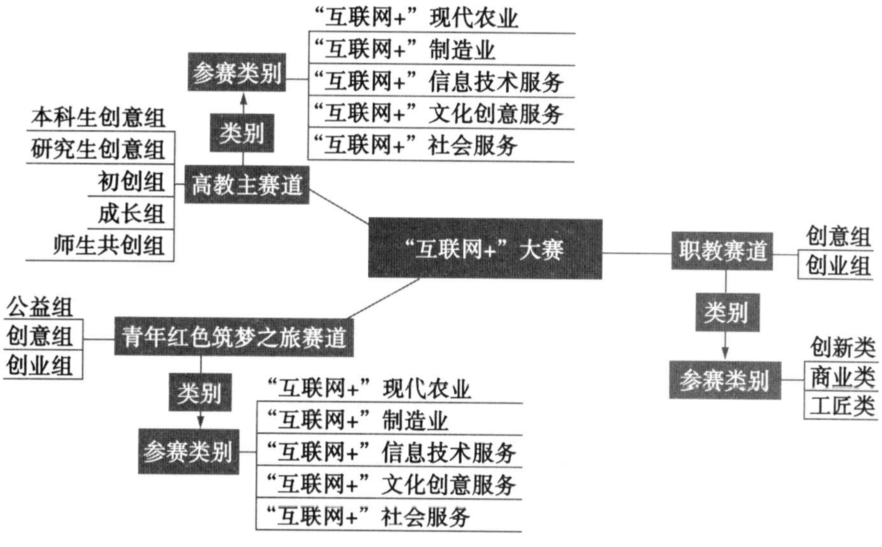

图10-6　第七届中国国际“互联网＋”大学生创新创业大赛赛道与类别

(三)大学生竞赛推荐

除了“互联网＋”大学生创新创业大赛与“挑战杯”大赛以外，全国高校竞赛评估与管理体系研究专家委员会推出的“全国普通高校大学生竞赛排行榜”中的竞赛还包括了“全国高校数字艺术设计大赛”“全国大学生广告艺术大赛”等项目，部分竞赛如表10-1所示。

表 10-1 全国普通高校大学生竞赛名单(部分)

	竞赛名称	官方网址
1	中国“互联网+”大学生创新创业大赛	http://cy.ncss.org.cn
2	“挑战杯”全国大学生课外学术科技作品竞赛	http://www.tiaozhanbei.net
3	“挑战杯”中国大学生创业计划大赛	http://www.tiaozhanbei.net
4	全国大学生广告艺术大赛	http://www.sun-ada.net
5	中国大学生计算机设计大赛	http://jsjds.ruc.edu.cn
6	全国高校数字艺术设计大赛	http://www.ncda.org.cn
7	中国好创意暨全国数字艺术设计大赛	http://www.cdec.org.cn
8	全国三维数字化创新设计大赛	http://3dds.3ddl.net

第二节 新媒体创新创业案例分析

一、内容型创业案例分析

内容创业是网络与新媒体创业的重要类型之一，以创造高质量内容作为手段的重要方式，也是很多媒体人、企业首选的创业形式。内容创业者可以通过自建平台，也可以通过将内容发布于其他平台，从而实现内容与用户的链接。广义上讲，优质的微信公众号、B站的UP主、抖音平台上的主播都属于内容创业的范畴。本节选取“李子柒：美食短视频创作者”作为案例进行分析。

(一)李子柒：美食短视频创作者

借助微信公众号、抖音、B站、喜马拉雅等平台进行内容创作与运营实现营收的自媒体创作者是内容创业的常见方式。一般此类创业者专注于特定的领域或主题，通过专业化的内容生产，提供内容服务。随着短视频平台的快速发展，短视频创作成为重要内容创业方式，其中“papi酱”“李子柒”等是典型代表。

1.“李子柒”简介

“李家有女，人称子柒”，李子柒（原名李佳佳）在微博粉丝超过2700万、YouTube频道订阅人数超过1400万、抖音号粉丝超过5500万、B站粉丝数超过780万，成为美食类短视频最有影响力的创作者之一。[①] 李子柒视频的内容独具风格，让人耳目一新，满足了外国网友对中国的好奇心，堪称网络传播时代的中国“田园诗”，主人公在视频中很少说话，这使视频突破了语言的局限性，具有跨文化的传播力。《人民日报》评论其“没有一个字夸中国好，但她讲好了中国文化，讲好了中国故事”。“李子柒”通过成功树立个人IP，将个人形象品牌化，形成了独具特色的网红商业模式。

2.需求与用户

从李子柒的潜在用户（粉丝）以青年群体为主，以抖音平台为例，18～35岁用户占比超过90%，其中女性用户占比64.48%，在观看其视频的粉丝中女性占比达到72.49%。[②] 在国际平台上，李子柒的视频关注度也是现象级，超过了许多专业媒体的粉丝量与浏览量。

打造田园牧歌似的乡村生活图景，让被工业化深深地改变了生活方式的现代人向往，也唤起了从农村出来到城市打拼的人的乡村回忆与乡愁。

3.产品服务与创新

乡村生活短视频是“李子柒”的直接产品。日出而作，日落而息；三月桃花开，采来桃花酿成酒；五月樱桃季，开始酿樱桃酒、煨樱桃酱、烘樱桃干；从手工造纸，养蚕缫丝，再到制作各种家居物件，李子柒的视频多以中国传统乡村生活及其中独特的物产为中心，充满着浓郁的烟火味道和恬静的田园气息。

（1）生产：视频内容主题明确，风格独树一帜

随着智能手机在农村的普及与短视频平台的兴起，乡村类别的视频在抖音、快手等短视频平台上发展迅猛，但以“土味”居多。反观李子柒的视频画面唯美、主线与主题明确，为了达到效果时间跨度长。慢生活与日常小事，温馨画面与美丽风景，绿色又带有人文气息的美食，在李子柒的视频中勾勒了一副田园生活图景。桑子文、陶亚亚等学者总结了李子柒视频生产的特性配方（见表10-2）。

① 以上数据来自新浪等官方网站，截止时间为2021年7月。

② 数据统计来自“飞瓜数据”（feigua.cn），统计时间截至2021年8月6日。

表 10-2　李子柒视频生产特征[①]

<table>
<tr><th colspan="3">视频市场中的“同”类问题</th><th colspan="2">李子柒的“特”性配方</th></tr>
<tr><th></th><th>现状</th><th>对应需求</th><th>表达技巧</th><th>配方案例</th></tr>
<tr><td>产品内容</td><td>1.内容猎奇，音像聒噪。
2.制造冲突，脱离生活。</td><td>1.回归传统文化。
2.展现真实生活。
3.升华日常生活。</td><td>1.“此时无声胜有声”的视频解读。
2.传统文化的服装和氛围。
3.日常生活审美设计。</td><td rowspan="2">1.讲四川方言，用与祖母品尝食物、制作食物等场景实现陪伴，创造团圆，缓解孤独。
2.每期视频主题明确；单个视频制作的时间跨度大，部分长达一年。
3.将美食制作、衣物漂染、手工艺传承等实用技能作为核心展示。</td></tr>
<tr><td>视频内容</td><td>1.内容碎片化。
2.商业化太浓。
3.缺乏知识积淀。
4.流量明星多。</td><td>1.主角 IP 清晰。
2.逻辑化故事。
3.共情化图像。</td><td>1.完整的故事叙述逻辑。
2.展示技艺传承来实现传统文化的物化和共情。</td></tr>
</table>

(2)传播：多平台传播打造 IP

李子柒的视频投放包含了抖音、快手、B 站、微博等国内社交平台与短视频平台，也包括了 Youtube 等国外平台。通过桑蚕、传统糕点、造纸、木艺等中国优秀文化符号，打造“古风”传统文化的传播者与“东方美食生活家”的鲜明 IP。李子柒在海外走红，又树立了其“文化输出者”的形象，增加了国内用户对其形象的认同与支持，评为《中国新闻周刊》主办的 2019“年度影响力人物”之“年度文化传播人物”。获奖评语是对“李子柒”视频风格的最好诠释：“她是一位现实中的造梦者，也是一位让梦想成真的普通人。在乡野山涧之间，在春风秋凉的轮替之中，她把中国人传统而本真的生活方式呈现出来，让现代都市人找到一种心灵的归属感，也让世界理解了一种生活着的中国文化。她用一餐一饭让四季流转与时节更迭重新具备美学意义，她让人看到‘劳作’所带给人的生机。”

① 参见桑子文、陶亚亚：《李子柒 IP 运营的盈利模式研究——基于“配方式媒介”视角的分析》，《山东大学学报》(哲学社会科学版)2020 年第 2 期。

(3)商业模式:品牌电商运营

尽管社交平台上的广告分成也带来了不菲收入,但李子柒的真正商业模式是品牌电商运营。通过优质内容的生产,获得平台流量支持,通过专业推广机构的加入,弥补推广营销短板,最终运营电商品牌,实现流量变现。

李子柒的视频大多与美食有关,从紫薯糕、红豆薏米粉、蛋黄酱到辣椒酱、螺蛳粉等,视频里的自制食品通过传播形成内容电商的商业模式。从李子柒旗舰店运营可以看到,店铺设计风格、产品定位、宣传方式等与其视频传播内容高度契合,完成了从视频传播到自有品牌电商运营的完美衔接。

二、平台型新媒体创新案例分析

2014 年,美国学者乔纳森 · 格里克(Jonathan Glick)在《平台型媒体的崛起》一文中将"平台(Platform)"和"媒体(Publisher)"融合,创造了合成词"Platisher"来描述这一新兴媒体形式。平台型新媒体是在向用户开放的平台基础上,把恰当的算法技术与专业的编辑运作结合起来的传媒形态。平台型新媒体的兴起对传统媒体形成了巨大的冲击,也成为传统媒体转型的重要方向之一。本节选取的两个案例,BuzzFeed 属于传统意义上的媒体范畴,而译言网则更偏向于出版。

(一)聚合媒体 BuzzFeed

聚合类媒体是随着新媒体技术的发展出现的通过特定技术与算法实现内容的采集、分发的平台型媒体。新闻聚合类媒体依靠技术手段抓取、聚合网络上的资源,通过追踪、分析用户行为,为用户提供个性化的内容推送。"聚合"与"推送"是聚合类媒体提供服务的一体两面,也是其区别于传统媒体的关键所在。聚合类媒体通常本身并不生产内容,而是通过特定技术与算法提供内容服务的平台。BuzzFeed、Reddit、Flipbord、Digg、今日头条、一点资讯、Zaker 等均属于此类媒体。本节以 Buzzfeed 为例分析聚合媒体的特征与运作模式。

1.BuzzFeed 简介

BuzzFeed 由《赫芬顿邮报》(The Huffington Post)的联合创始人乔纳 · 佩雷蒂(Jonah Peretti)于 2006 年创建于美国纽约,网址为:http://www.buzzfeed.com。采用特定算法从《赫芬顿邮报》等数百个新闻网站进行数据扫描,获取订阅源,并通过分析用户的阅读、分享等行为向其推送特定内容。

是《纽约时报》眼中的“颠覆者”(Disruptor)与“快公司”(Fast Company),全球创新公司榜单中的创新者,其出现为传统媒体行业带了革命。

2.需求与用户

分享优先的信息需求。随着Facebook、Twitter等社交媒体的崛起,BuzzFeed意识到分享变得比搜索更重要。本着分享优先的理念,BuzzFeed将重点聚合适合病毒式扩散的内容,如妙趣横生的动物图片、网友对全球大事做出的荒唐反应、种类繁多的排名榜等八卦信息等,这些内容往往能够受到极大的关注并在社交网站上大量转发与分享。随着BuzzFeed媒体影响力的增长,BuzzFeed逐渐重视政治新闻等重量级的话题,BuzzFeed也渐渐成为一个重要的新闻来源网站。

分享优先也决定了喜欢分享的青少年、大学生,尤其是年轻女性群体是BuzzFeed的主要用户。BuzzFeed定位于提供新资讯、趣分享、奇文章和特搞笑的内容。打开首页可以看到包含“测试”(Quizzes)、“影音”(TV & Movies)、“购物”(Shopping)、“视频”(Videos)、“资讯”(News)、“美食”(Tasty)等多个栏目,内容非常的多元化,满足了用户多样化的需求。

3.产品服务与创新

(1)技术抓取+清单体:创新内容生产模式

跟传统媒体以及其他聚合类媒体相比,BuzzFeed的内容来源更加广泛与多元。通过特定算法聚合网络中主流媒体、博客、社交媒体等其他信息源,并通过专业的编辑来整理与二次加工,是BuzzFeed的内容主要生产模式。

在法律允许的范围内,通过算法聚合使得全网络的信息都可以为我所用,可以不用像传统媒体一样需要大量的专业编辑人员进行信息的采编。但在运营过程中发现,单纯依靠技术聚合内容会过于生硬、不够人性化,于是“清单体”(listicle)产生了。

“清单体”是指互联网上以数字标注或者分行罗列的清单作为主要形式的文章,由英文“list”和“article”两个词组合而成的新词“listicle”,并在2014年被网络牛津词典收录。《大学新生应该知道的10事》《东京奥运会的49张照片让我感到害怕,因为这些运动员不可能是人类》等即是这类文章。

“清单体”文章简洁清晰,可以是榜单,又可以代表观点、经验、待办事项等,具有高度的可分享性,同时该类文章将作者的角色转化为了“整理者”,不需要到现场去采编。

(2)数据说话+分享优先:创新内容分发模式

一是用数据说话。BuzzFeed拥有强大的技术与数据分析研究团队,更有自己开发的大数据工具,作用是研究内容扩散的效果,并根据数据分析进行优化。Buzzfeed采用"Looker"数据管理平台(2019年被谷歌以26亿美元现金收购),它可以通过简单的方式将不同来源的数据以可视化的方式呈现,帮助编辑查看多个平台数据,直观观察内容的传播效果并发现传播趋势,从而适时调整策略。"病毒式传播指数"(viral lift)则对某篇内容的分享量与速度进行量化。

分享数据分析工具Pound则可以追踪到每篇内容在网站上的传播轨迹,充分了解用户的内容分享路径、分享速率等行为,迅速抓取内容传播关键节点的信息,根据信息传播的效果和表现,为编辑、运营团队提供修正建议,并通过反复追踪测试和大数据分析,锁定最受大众欢迎的内容类型。Hive作为内容统计工具,它记录着每一篇内容在不同平台上的编辑思路,将每篇内容在不同渠道发布的版本在Hive系统内进行ID存档,可帮助编辑分析内容与用户的相关性以及哪些内容适合在什么地区传播等,大大提高了BuzzFeed内容的传播效率。Slack机器人用来提醒海外版编辑不同区域的实时流行话题,让他们能及时进行翻译编辑。

二是分享优先。BuzzFeed秉承"分享比搜索更重要"的理念,不关心搜索引擎的收录与搜索数据,更加关注分享,专注于生产易于分享的内容。

用户在哪,内容就在哪。区别与传统媒体将流量吸引到自己平台上,BuzzFeed将社交媒体作为重要的发布渠道,在YouTube、Facebook、Instagram等多家社交媒体上设有账号,粉丝量巨大。通过数据分析工具,BuzzFeed迎合不同平台的特点,针对不同平台发布特定风格的内容,如Snapchat以青少年为主,就做青少年爱看的内容。

(3)原生广告+多元拓展:创新商业模式

Buzzfeed选择了一条创新的广告展示道路,即"原生广告"(Native Advertising)而且获得了市场的青睐。Buzzfeed的总裁乔纳·佩雷蒂说:"当你用内容的形式并冠以该平台的版本,就是一种原生广告,比如,在推特里面,它会是一则推特,在Facebook里面,它会是一则新的状态,在Buzzfeed里面,它会是一则报道。"Buzzfeed网站看不到任何一则贴片广告、横幅、硬广、弹窗,所有的广告隐藏在内容当中,都是为广告主量身定制,广告以内容的形式发布,让其利用病毒传播的作用机制获得指数型传播。原生广告投放的原则是不破坏用户体验，做到三个一致：与页面内容一致、与网页设计一致、与受众在平台上的行为一致。①

Buzzfeed 优化的盈利模式是以“原生广告”为本，整合了内容、创意、发布、反馈的全新广告生态链。在 BuzzFeed 成立后的很长一段时间里，收入几乎都来自原生广告。根据乔纳·佩雷蒂在官网发布的“BuzzFeed 2020 年计划”(BuzzFeed in 2020)显示，最近推出了许多新的业务，70%的收入都来自这些新业务。如 BuzzFeed 创建食品品牌 Tasty。该品牌下设独立网站、App、网上商店和多个社交网站账号，并涵盖 Proper Tasty、Tasty Demais、Tasty Miam、Einfach Tasty 等数个子品牌。围绕 Tasty 品牌，通过发布植入式广告的方式，打造出了 Tasty 品牌的冰激凌产品，并联合沃尔玛推出厨具，以及与 McCormick 香料公司合作，将五种混合调味品推向市场。这极大方便了用户生活。

(二)译言网：众筹翻译平台

1.译言网简介

译言网是由张雷、赵嘉敏、赵恺这三位在美国硅谷工作的中国工程师创立的一个有影响力的开放翻译平台，是内容提供方和译者活动社区。译言的口号是“发现，翻译，阅读中文之外的互联网精华”。译言网的译者们通过“众筹”翻译的方式，将中文之外的互联网精华内容翻译成中文或将优秀中文内容翻译为外文。任何人都可以通过一定的认定程序成为“译言”上的翻译者，通过推荐或认领等方式协作翻译、知识分享，相互学习，共同进步。

2.需求与用户

译言网的创始人一直关注创业，讨论过很多想法，从互联网上读了很多有关创业的文章，于是产生了将所关注内容翻译成中文、分享给国内有兴趣的读者的想法。于是很快搭好了一个多人博客平台，起名叫“言多必得”。译言网的雏形就诞生了。

3.产品服务与创新②

在不同的发展阶段，译言网提供的产品与服务围绕“翻译”这一核心主题不断演化，大致经历了如下几个阶段。

---

① 参见康瑾：《原生广告的概念、属性与问题》，《现代传播》2015 年第 3 期。

② 参见峰瑞资本：《译言创业十年往事——中国第一家众包翻译社区的无数生死关口》，钛媒体，2016 年 10 月 8 日，https://www.tmtpost.com/2497629.html，该部分引用了创业当事人的口述与回忆文章。

(1)博客平台上创始团队翻译 IT 创业相关内容

在"言多必得"阶段,译言网的平台架构是多人博客,平台与参与者决定了最初的服务是以创始人为主的翻译分享。例如,最开始的文章主题相对集中,基本都是与 IT 创业相关的内容,包括互联网技术、风险投资和商业模式等,如《做一个天使投资者》《白手起家的艺术》等,为国内 IT 从业者提供了新鲜的国际资讯、前沿理论与技术。

在这个阶段,项目总结起来有三大特点:平台支撑是博客,内容生产者是创业团队,内容也是创始人关注的 IT 创业相关内容。

(2)Web 2.0 构架下的众筹翻译

"言多必得"博客聚集了许多志同道合的用户,用户开始参与翻译项目。lalaice(网名)翻译的《开放 MySpace 的价值》作为第一篇团队之外人员翻译的文章出现在"言多必得"上,作者还受创始团队的委托,代表"言多必得"参加了第二届中文网志年会[①]。

越来越多的朋友加入了译者行列,这时候"言多必得"所使用的多人博客框架已经无法胜任译者及用户的需求了。在美国在线(American Online, AOL)工作过的创始人之一赵恺对互联网产品和技术很在行,在他的带领下,"言多必得"团队搭建了一个 Web 2.0 平台,并改名为"译言"。团队的力量是巨大的,如 2008 年 5 月汶川地震后,译言率先在互联网上发起"地震救灾"协作翻译项目,组织 600 多名译者在一周内翻译了十万字的地震救灾资料。[②]

创始人之一张雷说:"译言把千千万万小的利他和利己的行为聚合起来,成就了巨大的利他的成果。"译言网的成员被称为"Yeeyanese"(译言人)。[③]

译言人可以发起翻译项目,也可以加入别人或官方发起的翻译项目,申请成为翻译者或项目的负责人。申请者通过提交基本信息、试译相关篇章,经过审核后可以认定为项目的参与者。

---

① "中文网志年会"于 2005 年首次召开,中国的知名博客作家、网络评论家、网络设计师等相关人员一年一度汇聚一堂,探讨、交流网络新媒体经验与各种创新技术经验,当时在全球具有一定的影响力。会议以 blog 为中心,涉及了 Web 2.0 的各个方面以呈现中文网志空间在过去一年中的巨大变化和对整个社会、文化、商业、技术的综合推动力。前五届分别在上海、杭州、北京、广州、连州等地举行,2010 年拟在上海召开,但因故取消,年会也因此中断。

② 参见美国紧急事务管理局:《地震安全手册》,译言译,2013 年 4 月 23 日,http://www.infzm.com/contents/89890。

③ 参见郑廷鑫、杨潇:《译言:互联网盗火者》,《南方人物周刊》2009 年第 2 期。

发展到此阶段，译言网依托多人协作翻译的“众筹翻译”平台，广泛汇聚了社会翻译者的力量，项目的主题也不再局限于创始人关注的“IT 创业”。

(3)商业模式:从翻译服务到出版

2007 年 4 月，在美国的三位创始人与国内的四个股东一起注册了公司。到 2007 年底，译言的发展到了一个平台期:用户增长放缓，而且没有商业模式。2008 年下半年，股东们开始认真讨论译言的商业化问题。当时译言网有三个选项:一是与英国《卫报》合作，帮助其拓展中文读者群体；二是用众包翻译的模式为其他机构(主要是媒体)提供翻译服务；三是是翻译出版。在随后的发展过程中，译言三个选项都进行了尝试，成为不同时期的盈利模式。2009 年 2 月份的股东会决定了译言未来主打外媒中文化和众包翻译这两个方向，5 月份译言跟《卫报》正式签订了合作协议，跟《卫报》正式合作后，《卫报》中文版就挂在译言的域名下。同期也承接了来自网易、腾讯等门户的一些翻译工作。

到 2010 年 10 月份，译言网与中信出版联手，通过网上公开招募的方式，从全球 300 多个报名译者中选出五名优秀者，在一个月内完成了《史蒂夫·乔布斯传》的翻译工作，并以此为条件争取到了《史蒂夫·乔布斯传》电子版在 iOS 平台上的独家发行权。

2012 年 7 月 2 日，译言网正式发起“译言古登堡计划”，遵循了开放版权、协作翻译和数字出版的流程，商业模式基本成型。

(4)内容生产模式:用互联网思维与技术做翻译

三位创始人都是在海外读书工作的中国人。赵嘉敏与张雷是清华大学自动化系的本科同班同学，去国外读书，毕业后前者在甲骨文做技术开发，后者则在美国在线工作。三人均对 IT 创业相关的文章感兴趣，翻译了许多相关文章，有向国内介绍优秀文章的冲动与基础，专业背景又让团队能够快速地将想法转化为产品。创始人的经历、专业与兴趣点，决定了他们创业过程中能够将创意迅速地转化成“言多必得”与“译言”，并成为平台初期内容最重要的翻译者。

在译言的诞生与发展过程中，互联网思维与互联网技术使其诞生了与传统翻译工作不一样的内容生产模式。互联网将无数的“网络翻译家”连接在一起，并释放出巨大的能量，并在短时间内完成传统翻译模式不能完成的工作。如前文提到，汶川地震发生后，600 多名译者参与到相关资料翻译中，5 月 14 日凌晨，美国国家紧急救援局(FEMA)网站上的《地震搜救手册》翻译完成,PDF 版本可以供人们免费下载;5 月 16 日凌晨,世界卫生组织的《灾后防疫分析》等资料也都陆续翻译校对完稿,供人们免费下载,译言网在一周内翻译了十万字的地震救灾资料。

基于互联网技术构建的平台,身处各地的翻译者可以同时分工进行一个项目的翻译工作、完成网络校稿,并保留所有过程性信息。这些特点也保证了参与翻译工作成员的贡献被详细记录。

本节我们将译言网等作为平台型新媒体项目进行分析,但通过上文我们可以看到,译言公司是将译言网作为提供服务的平台,将翻译内容作为产出。我们将其定位为平台型创业公司,是在译言网发展成熟后,其成为聚合翻译者与优质内容的平台,内容的发掘与生产更多的是靠用户来完成,而非项目成员完成,译言网工具与平台的属性日益增强。

第三节 "互联网+"创新案例分析

2015 年,《国务院关于积极推进"互联网+"行动的指导意见》指出,"互联网+"是把互联网的创新成果与经济社会各领域深度融合,推动技术进步、效率提升和组织变革,提升实体经济创新力和生产力,形成更广泛的以互联网为基础设施和创新要素的经济社会发展新形态。广义上的网络与新媒体创新创业包含了传统行业的网络化转型,即政策文本与产业语境中的"互联网+"创新创业。本节以"互联网+教育"为代表,选取了欧洲的"DCDS:数字素养发展平台"与国内的"麦课在线:安全教育解决方案"进行分析。

一、DCDS:数字素养发展平台

(一)DCDS 简介

"数字素养发展系统"(Digital Competences Development System, DCDS)是由希腊公开大学的 DAISSy 研究小组开发的一个集测评、学习、认证为一体的综合性平台,服务于希腊、拉脱维亚、意大利、罗马尼亚和西班牙等国家低技能成年人的数字素养提升。网址为:http://www.dcds-project.eu。

（二）需求与用户

随着计算机、互联网等技术的快速发展与应用，数字素养作为一种跨学科综合性素养逐渐被关注，数字素养是现代公民的基本素养之一已成共识。欧盟将数字素养作为终身学习的八项关键素养之一。但欧洲约有四分之一的成年人数字素养水平不高，面临被社会淘汰的风险。在这种情况下，DCDS项目旨在建立一个框架，为低技能的欧洲成年人口提供就业、个人发展、社会包容和积极参与社会事务所需的基本数字素养。

（三）产品服务与创新

1.学习内容与混合式教学服务

DCDS是个在线学习平台，支持采用线上线下结合的混合学习方法，针对不同基础的学习者提供不同的服务策略。对于零基础的学习者，首先采取线下培训的方式帮助其学习最基本的软硬件操作技能、学习平台的使用技能等。平台提供以下六方面的功能与服务。

(1)自我评估工具(SAT:Self-Assessment Tool):学习者在开始培训之前可以进行自测，以帮助他们确定其数字素养的水平和差距。

(2)学习路径(LP:Learning Path)推荐功能:它将学习者档案中的信息与SAT的结果结合在一起，以便向老师(学习者)建议应该优先考虑的学习路径。

(3)由DigComp能力组成的不同学习路径:其中包含的学习材料可以补充老师在每个面对面课程中的解释。学习路径是由基本学习单元构成的，这些基本学习单元聚合为可变持续时间的模块。目前提供了四个学习路径:基础(必修)(Base)、通信和社交媒体(Communication and Social Media)、数字内容创建(Digital Content Creation)、探索信息和通信技术(Exploring Information and Communication Technologies)。

(4)评估测试(包括学习测验和实践练习):以帮助学习者和培训者评估学习进度和学习情况。

(5)徽章:通过所有模块测试的学习者将获得的徽章。成功完成某个LP和模块时，也会得到徽章。

(6)论坛服务:可与老师和学习者进行交流。

2.创新与优势

2019年在分析了国际上44个数字素养评价工具(其中7个工具是在全

球范围内或多个国家层面实施)的基础上,联合国教科文组织提出了《关于数字素养监测评价工具的建议》,为国际数字素养评价工具的开发与使用提供参考。在建议中提出了数字素养评价的五条原则:

(1)评价工具可以像欧盟统计局(Digital Skills Indicator,DSI)一样,采用基于自我报告(self-reporting)的量表。量表应具备以"最低熟练程度"(minimum level of proficiency)衡量单个数字素养;评价可以在受控的网络环境中或使用移动应用程序进行,也可以采取纸面调查;时间不超过 15 分钟。

(2)评价工具应像丹麦"数字素养轮"(Digital Competence Wheel,DCW),采用五级量表的自我报告反馈进行自我评价,测试时间应在 10～15 分钟之间。研究结果将给出如何在当地环境下提高个人数字读写能力的建议,比如通过推荐课程和学习资源等方式。

(3)测评应在 3 种不同的语言、3 个不同的国家,至少 1000 名受访者中进行试点,以验证项目。应组建国际研究指导小组,评价并提高测试项和程序的质量,提高评价的信度和效度。

(4)为了增加外部有效性,用户界面可以通过单独的、附加的基于知识(knowledge-based)的在线测试(可以在 PIX 开源代码的基础上二次开发)来增强自我报告工具;基于知识的测试项目应按照循证评价设计(Evidence-Centered Assessment Design,ECD)方法组成,并为多维项目反应理论(Multidimensional Item Response Theory,MIRT)分析做好准备。测试者可以分享评价报告和相关的微证书(如开放徽章)。

(5)基于知识的测评工具的软件架构应该类似于 PIX。软件和测试项目应该遵循 Github 托管的相关协议。用户界面应该是响应性的,保证测试可以在智能手机和平板电脑上进行;测试项与测试程序应具备开放接口,允许迁移到现有的国家评价平台。需要特别注意满足国家或地区对隐私和数据保护的高标准:数据在早期阶段是匿名的,不存储测试者的私人信息。应用程序编程接口(API)应该支持基于知识的测评工具与用于诊断性自我评价的档案进行整合。

DCDS 同样以 DigComp 作为参考框架,提供了从自测、学习、认证系列服务,具备了 PIX 的自适应性,根据学习者的水平进行学习路径与学习内容的推荐。在测试环节则通过自我评估与附加的基于知识(knowledge-based)的在线测试相结合,提高了测试的有效性。通过发放徽章、提供在线学习社区等提高了学习者的参与度。

二、麦课在线:安全教育解决方案

(一)案例简介

麦课在线成立于2006年,是一家提供“互联网+安全教育”服务的公司,通过安全微伴、VR安全体验馆、安全生活学习馆等提供系统化的安全教育解决方案。安全微伴是基于互联网并汇聚了大量的安全课程的教育云平台。它是基于HTML5技术的App,采用与高校合作的方式。该平台提供电子学习档案能实现对学生学习情况的全面记录,并配备专门的安全辅导教师进行答疑,在线考试系统还会提供资源类型丰富、涵盖全部课程内容的考试题库。超感安全实训教室包括VR安全体验馆和安全生活学习馆,是线下的安全场景模拟教室。VR安全体验馆涵盖宿舍防火及逃生训练、交通安全、大客车乘车安全、防恐怖袭击、防踩踏等五个安全场景,让学习者能够真实体验各种类型的安全技能训练。安全生活学习馆涵盖“安全微课”“生活微课”“文化修养”三类课程内容。

麦课在线获得了全国高校保卫协会的专家认可,各地保卫协会出具了对麦课在线课程及其线下产品的推荐函。

(二)需求与用户

麦课在线安全教育主要针对的是学校开展安全教育的需要与薄弱的开课能力之间的矛盾,提供系统化的解决方案。

通常学校的安全工作可以分为两部分:一部分是学校的安全安保工作,另一部分是安全教育工作。大部分学校的安全安保工作有专门的保卫处来负责,但是安全教育往往局限在人身安全和财产安全教育上,没有考虑到其他安全教育内容,如:艾滋病预防、心理健康、求职安全等。这类被忽略的安全问题,其实已经越来越受到社会,甚至学校、学习者个人的重视,但是不同学校的开课能力差异很大,很多学校缺少资源、技术和方法,难以通过有限的人力和财力制作有针对性的课程内容。学校对于开展安全教育课程的需求与学校薄弱的开课能力之间产生了矛盾。麦课在线通过互联网云平台技术,汇聚优质社会资源,协同学校、企业和社会机构,共建共享安全教育课程。

(三)产品服务与创新

1.汇聚社会优质资源

通过多主体参与改变教育供给,汇聚优质资源解决单一学校开课能力不足问题。安全教育课程涉及人身安全、心理健康、疫病防控等多个维度,需要社会各方面专业人士和机构的支持,对于单一学校而言很难通过有限的资金获取相应的社会资源。利用互联网技术,企业可以协同社会机构和个人,集中学校的资金,在更大范围内汇聚优质教育资源,来共建安全教育课程,从而解决单一学校资源不足导致的开课难问题。使用互联网云技术,能够突破地域的限制,实现优质安全教育资源的共享,解决不同学校安全教育资源差异大的问题。

麦课在线一方面充分运用社会资源补给传统高校安全教育,另一方面利用社会力量来办学,成为学校教育的有力补充,实现了优质教育资源的汇聚共享和教育供给方式的变革。

在传统的教育服务模式中,教师往往需要负责从课程设计、课程制作、课程教学、课程评价的整个流程;而在麦课在线的教育服务模式中,每个环节都有多名专业人员参与其中。例如,课程资源的开发汇聚了教师学科专业、教学设计师、平面设计师、多媒体工程师来共同制作;学习支持服务汇聚了大数据分析师、学习服务专员、在线客服和新媒体运营来共同进行;线下实训馆汇聚了系统工程师、教学产品开发者和线下培训师来共同完成。麦课在线通过协同和组织社会专业开发团队,让安全教育课程由原来单一教师的责任变成了群体智慧汇聚的成果。

2.新技术使用

麦课在线推出的“安全微伴”在线教育平台,主要针对学生提供课程学习服务和针对学校提供课程管理服务。安全微伴平台是学校与优质资源的连接桥梁,麦课在线将汇聚的优质资源制作为课程放到平台中,学生通过平台完成课程的学习。同时,通过安全微伴平台,学校可以对学生进行数据化的管理。

应用大数据实现课程智能推送、安全电子档案、学生学情分析。课程智能推送是指麦课会在课前对学生的安全知识基础进行测试,根据测试结果推送个别化的课程内容以及考试试题。安全电子档案是麦课记录学生学习情况的电子档案,学生可以通过电子档案了解自己的学习状态,学校也能通过电子档案对学生的学习情况进行管理。学情分析是指平台根据学生的课程学习和测试结果进行分析，发现安全知识的薄弱点，识别安全知识较为薄弱的学习者，并对这类学习者进行督促和提醒。

超感安全实训教室包括 VR 安全体验馆和安全实训教室，是线下的安全场景模拟教室。超感安全实训教室配备了虚拟现实技术、智能一体机等仪器，可以模拟一些安全操作类场景，如灭火训练、结绳训练、防踩踏训练等，帮助学生提升消防意识、预防恐怖袭击、进行急救等安全实用技能。

传统的安全教育开展形式几乎无法记录学习资料和学习数据。对于学校而言，学生的学习成效难以判断，学生个体的安全管理档案难以建立。而通过麦课在线安全教育平台，学校可以从后台管理端获得学生的学习数据，根据数据分析结果，学校可以有针对性地采取措施以及对学生进行安全管理。

3.“互联网＋”实现安全教育的前置

前置学习的课程模式是指将安全教育提前到学生进入高校前的这段时间。学生在拿到高校录取通知书之后，就根据学校的要求学习为期 4 周的新生安全教育课程，直到学生平安到校。

学生收到录取通知书到顺利到校这段时间，是学生刚进入社会、家长放松管理、学校难以管理，但是容易发生安全问题的安全管理空白期。麦课在线用在线学习的方式，解决了原有安全教育覆盖不到入学前的问题。同时，大部分学校对于安全教育没有专项预算或者预算较少，大学期间全覆盖的安全教育课程对于学校而言是一笔巨大的费用，前置学习的课程模式降低了学校的资金压力，使得更多的高校能够购买安全教育服务。

【本章小结】

互联网、大数据、人工智能、云计算为代表的新一代信息技术，不仅改变了媒体行业，逼迫传统媒体纷纷转型，成立新媒体部门，在网络与新媒体环境下发力。同时，像社会新的“操作系统”一样，生活的方方面面基于网络与新媒体不断变革。这对各行各业的从业者都是新的挑战，但同时意味着新的产品形态、新的服务形式的出现，新的创新创业生态正在形成，为创业者提供了前所未有的机会。

【思考与训练】

1.思考新媒体环境下传统媒体该如何转型？

2.探讨译言网的翻译模式与有道、谷歌翻译等互联网翻译服务项目的异同？

3.不同类型新媒体创新创业过程中可能遇到的挑战有哪些？

4.选取特定领域，撰写一份行业发展现状与趋势调查报告。

5.按照大学生创新创业计划项目、创青春或大学生“互联网+”创新创业大赛的要求撰写一份创业计划书。

【延伸阅读】

1.吴金希:《创新生态体系论》，清华大学出版社 2015 年版。

2.[美]E. M. 罗杰斯:《创新的扩散》（第 5 版），唐兴通、郑常青、张延臣译，电子工业出版社 2016 年版。

3.[美]克莱顿·克里斯坦森:《创新者的窘境》（全新修订版），胡建桥译，中信出版社 2014 年版。

4.[挪]詹·法格博格、[美]戴维·莫利、[美]理查德·纳尔逊:《牛津创新手册》，柳卸林等译，知识产权出版社 2009 年版。

5.央视纪录片《互联网时代》（全 10 集），哔哩哔哩，2019 年 10 月 15 日，https://www.bilibili.com/video/av71290722。

6.峰瑞资本:《译言创业十年往事——中国第一家众包翻译社区的无数生死关口》，钛媒体，2016 年 10 月 8 日，https://www.tmtpost.com/2497629.html。

7.商业模式画布官网:https://www.strategyzer.com。

8.《“挑战杯”三十年足迹》，中青在线，2019 年 11 月 8 日，http://news.cyol.com/co/2019-11/08/content_18229285.htm。

9.《创青春〈创·课十讲〉》，哔哩哔哩，2020 年 3 月 15 日，https://www.bilibili.com/video/av96448040。

10.《国务院关于积极推进“互联网+”行动的指导意见》（国发〔2015〕40 号），中华人民共和国中央人民政府网，2015 年 7 月 4 日，http://www.gov.cn/zhengce/content/2015-07/04/content_10002.htm。

后　记

多方努力，终于成稿。

自读大学起开始关注互联网，并尝试互联网与新媒体相关的创新与创业，从教后指导学生创立新媒体工作室，开设网络与新媒体相关课程，常感叹新媒体技术更新之快。

随着媒介技术的发展与传媒行业的转型，“网络与新媒体”成为传媒类专业的核心课程之一。在修订专业培养方案、制定课程大纲的过程中，翻阅了大量网络与新媒体相关的教材和著作，发现不同学者编著的版本之间风格迥异，有些侧重理论，有些偏向实务。随着国家对大学生创新创业教育愈发重视，推进“双创”教育与专业教育深度融合，于是萌发了编写一本适用于应用型高校传媒类专业本科生的《网络与新媒体》“专创融合”教材的念头。

感谢山东省新闻传播学类专业教学指导委员会与山东大学出版社，让这个念头转变为行动。感谢张成良老师以及出版社编辑们的认真审读，也特别感谢学界各位同仁的鼎力支持，在大家的共同努力下让本教材从最初简单的框架逐渐内容丰满。

还要感谢网络与新媒体时代，让跨越时空的交流与协作如此便利。教材的编写者来自不同的院校，编写过程又碰上新冠肺炎疫情，自始至终都未谋面，仅通过网络沟通达成共识，并完成书稿的撰写。教材的具体完成情况如下：全书由高欣峰确定编撰宗旨、篇章设计与相关体例规范，高欣峰与郑青华进行统稿。庄妍（青岛农业大学动漫与传媒学院）完成第一章，何美晶（青岛农业大学动漫与传媒学院）完成第二章，胡剑南（烟台大学文学与新闻传播学院）完成第三章，许金普（青岛农业大学动漫与传媒学院）完成第四章，郑青华（烟台大学文学与新闻传播学院）完成第五章、第六章，宋守山（青岛科技大学传媒学院）完成第七章、第八章，肖辛育（烟台大学文学与新闻传播学院)完成第九章,高欣峰(青岛农业大学动漫与传媒学院)完成第十章。

教材编写过程中参考了大量正式出版的、网络发布的文献,在此对文献的作者表示诚挚的感谢。

最后,由于编者水平有限,依然存在很多不足,期待读者批评、方家指正。

高欣峰

2021 年 10 月 26 日